银行业专业人员职业资格考试教材

个人理财
（初级）

银行业专业人员职业资格考试研究组 编

严格依据银行业专业人员职业资格考试大纲编写

扫描二维码
获取天一网校 APP

关注天一金融课堂
获取增值服务

西南财经大学出版社
Southwestern University of Finance & Economics Press

中国 · 成都

图书在版编目(CIP)数据

个人理财:初级/银行业专业人员职业资格考试研究组编.—成都:西南财经大学出版社,2022.12

(银行业专业人员职业资格考试教材)

ISBN 978-7-5504-5595-5

Ⅰ.①个…　Ⅱ.①银…　Ⅲ.①私人投资—银行业务—中国—资格考试—教材　Ⅳ.①F832.48

中国版本图书馆 CIP 数据核字(2022)第 202234 号

银行业专业人员职业资格考试教材:个人理财(初级)

YINHANGYE ZHUANYE RENYUAN ZHIYE ZIGE KAOSHI JIAOCAI:GEREN LICAI(CHUJI)

银行业专业人员职业资格考试研究组　编

责任编辑:冯　梅
责任校对:张　博
封面设计:天　一
责任印制:朱曼丽

出版发行	西南财经大学出版社(四川省成都市光华村街 55 号)
网　　址	http://cbs.swufe.edu.cn
电子邮件	bookcj@swufe.edu.cn
邮政编码	610074
电　　话	028-87353785
印　　刷	河南承创印务有限公司
成品尺寸	185mm×260mm
印　　张	15.5
字　　数	384 千字
版　　次	2022 年 12 月第 1 版
印　　次	2022 年 12 月第 1 次印刷
书　　号	ISBN 978-7-5504-5595-5
定　　价	56.00 元

CONTENTS →

附 录 理财师金融服务技巧

第一章
个人理财概述

考情直击

本章主要内容是个人理财相关要素、发展历程及原因等的介绍,其中第三节在此基础上介绍了理财师的执业资格和要求。通过分析近几年的考试情况,本章的常考内容有个人理财业务的相关主体及分类、理财师的执业资格等。本章内容主要以了解为基础,在历次考试中所占分值较少,约为6分。

考纲要求

知识解读

第一节 个人理财及相关定义

一、个人理财概述

（一）个人理财定义

个人理财就是在了解、分析客户情况的基础上，根据其人生、财务目标和风险偏好，通过综合有效地管理其资产、债务、收入和支出，实现理财目标的过程。可以从以下三点进一步理解个人理财：

第一，不是客户自己理财，而是专业人员提供资产管理服务。

第二，不是产品推销，而是提供个性化综合金融服务和非金融服务。

第三，不是仅仅针对客户某个生命阶段，而是针对客户一生的理财过程。

要点点拨

《商业银行理财业务监督管理办法》规定：理财业务是指商业银行接受投资者委托，按照与投资者事先约定的投资策略、风险承担和收益分配方式，对受托的投资者财产进行投资和管理的金融服务。

知识加油站

个人理财业务涉及的市场范围较广，包括货币市场、债券市场、股票市场、金融衍生品市场、外汇市场、保险市场、贵金属市场、房地产市场、收藏品市场等。

个人理财业务的风险大多是由个人和商业银行共同承担的。储蓄业务的资金运用方向是不定的，个人理财业务的资金运用是定向的，根据投资者的需要，在理财合同中进行规定。

（二）资产管理、财富管理及私人银行业务的定义

1. 资产管理业务

资产管理业务是指银行、信托、基金、证券、期货、保险资产管理机构、金融资产投资公司等金融机构接受投资者委托，对受托的投资者财产进行投资和管理的金融服务。

2. 财富管理业务

财富管理整合了私人银行业务、资产管理业务以及证券经纪业务，是在分析客户自身财务状况的基础上发掘客户财富管理需求，为客户量身定制财富管理目标和计划，帮助客户选择理财产品和服务，最终实现其财富目标而提供的一系列金融服务和全方位非金融服务的经营行为。

3. 私人银行业务

私人银行业务是私人银行为高净值客户提供专业化、个性化、综合化金融服务和全方位非金融服务的经营行为。

知识加油站

财富管理包括财富积累、资产配置、财富保障和财富分配。

真题精练

【例1·单项选择题】下列关于商业银行个人理财业务的表述中，正确的是（ ）。

A. 个人理财业务的风险由商业银行独自承担

B. 个人理财业务的资金运用是非定向的

C. 个人理财业务是属于储蓄业务的一种高风险业务

D. 个人理财业务是商业银行提供的一种综合性服务

D 个人理财业务的风险大多是由个人和商业银行共同承担的。储蓄业务的资金运用方向是不定的，个人理财业务的资金运用是定向的，根据投资者的需要，在理财合同中进行规定。

二、个人理财业务相关主体 ★★

相关主体	内容
个人客户	个人客户是个人理财业务的需求方，也是金融机构如商业银行个人理财业务的服务对象
商业银行	商业银行是个人理财业务的供给方，是个人理财服务的提供商之一
非银行金融机构	除银行外，证券公司、基金公司、信托公司、保险公司、租赁公司以及一些资产管理公司等金融机构也为个人客户提供理财服务
互联网金融机构	典型业务模式有网络银行、P2P 借贷平台、网络资产交易平台、众筹平台、网络经纪（代销基金、保险、证券等产品及相关资讯服务）、网络征信、第三方支付及金融产品搜索引擎等
第三方理财机构	第三方理财机构是指独立的中介理财机构，其不同于银行、证券、保险等大型金融机构，因绝大多数第三方理财机构没有自己的产品，再加上竞争压力和创新努力，因而能够客观地分析客户的财务状况和理财需求，帮助客户选择合适的金融产品和产品组合，提供综合性的理财规划服务
律师、会计师事务所	律师、会计师事务所越来越多地涉及个人理财，如家族信托、企业股权结构设计和税务筹划等客户财产传承、保全等财务问题
监管机构	监管机构负责制定理财业务的行业规范，对业务主体以及业务活动进行监管，以促进个人理财业务健康有序发展。个人理财业务相关的监管机构包括中国人民银行、国务院金融稳定发展委员会、中国银保监会、中国证监会、国家外汇管理局等

真题精练

【例2·单项选择题】个人理财业务的供给方是（　　）。

A. 商业银行　　B. 个人客户

C. 监管机构　　D. 单位客户

A　商业银行是个人理财业务的供给方，是个人理财服务的提供商之一。

【例3·单项选择题】下列不属于互联网金融机构的是（　　）。

A. 网络征信　　B. P2P借贷平台

C. 租赁公司　　D. 众筹平台

C　互联网金融机构的典型业务模式有网络银行、P2P借贷平台、网络资产交易平台、众筹平台、网络经纪（代销基金、保险、证券等产品及相关资讯服务）、网络征信、第三方支付及金融产品搜索引擎等。

三、银行个人理财业务分类 ★★★

（一）理财顾问服务和综合理财服务

按是否接受客户委托和授权对客户资金进行投资和管理，理财业务可分为理财顾问服务和综合理财服务。

	理财顾问服务	综合理财服务
定义	理财顾问服务是指商业银行向客户提供财务分析与规划、投资建议、个人投资产品推介等专业化服务	综合理财服务是指商业银行在向客户提供理财顾问服务的基础上，接受客户的委托和授权，按照与客户事先约定的投资计划和方式进行投资和资产管理的业务活动
特点	理财顾问服务是一种针对个人客户的专业化服务，区别于为销售储蓄存款、信贷产品等进行的产品介绍、宣传和推介等一般性业务咨询活动	与理财顾问服务相比，综合理财服务更加突出个性化服务，与客户形成的法律关系也有所不同
收益和风险	客户接受商业银行和理财人员提供的理财顾问服务后，可自行管理和运用资金，并获取和承担由此产生的收益和风险	在综合理财服务活动中，客户授权银行代表客户按照合同约定的投资方向和方式，进行投资和资产管理，投资收益与风险由客户或客户与银行按照约定方式获取或承担

知识加油站

商业银行为销售储蓄存款产品、信贷产品等进行的产品介绍、宣传和推介等一般性业务咨询活动，不属于理财顾问服务。

（二）理财业务、财富管理业务与私人银行业务

银行往往根据客户类型（主要是资产规模）进行理财业务分类。个人理财业务可分为理财业务（服务）、财富管理业务（服务）和私人银行业务（服务）三个层次。银行为不同客户提供不同层次的理财服务，其中**私人银行业务（服务）内容最为全面**。

一般而言，理财业务是面向所有客户提供的基础性服务，财富管理业务是面向中高端客户提供的服务，而私人银行业务则是仅面向高净值客户提供的服务。

私人银行业务是一种向高净值客户提供的金融服务，它不仅为客户提供投资理财产品，还为客户进行个人理财，利用信托、保险、基金等金融工具维护客户资产在风险、流动和盈利三者之间的精准平衡，同时也提供与个人理财相关的一系列法律、财务、税务、财产继承、子女教育等专业顾问服务，其目的是通过全球性的财务咨询及投资顾问，达到财富保值、增值、继承、捐赠等目标。

一般而言，私人银行业务具有以下三个特征：

（1）准入门槛高。

（2）综合化服务。

（3）个性化服务。

教你一招

	理财业务	财富管理业务	私人银行业务
客户等级	最低	居中	最高
服务种类	最少	居中	最多

真题精练

【例4·单项选择题】下列关于私人银行业务的描述中，错误的是（　　）。

A. 实际上属于综合化服务

B. 金融机构可从中收取服务费

C. 限于为客户提供资产管理、投资规划

D. 向个人业务中高资产净值客户提供全方位理财业务

C　私人银行业务是专门面向高净值客户进行的一项业务，为高资产净值的客户提供个人财产投资与管理等综合性服务。私人银行业务具有的特征是：（1）准入门槛高。（2）综合化服务。（3）个性化服务。银行等金融机构可以从中收取服务费。

【例5·单项选择题】下列关于综合理财服务的描述中，错误的是（　　）。

A. 理财顾问服务属于综合理财服务中的一种

B. 综合理财服务中，银行可以让客户承担一部分风险

C. 与理财顾问服务相比，综合理财服务更强调个性化

D. 可进一步划分为理财计划和私人银行业务两类

A　由个人理财业务的分类可知，个人理财业务包括理财顾问服务和综合理财服务，其中综合理财服务包括私人银行业务和理财计划两类，故A项错误。

四、工作流程与主要内容 ★

(一)工作流程

(1)**接触客户，建立信任关系**。发现潜在理财客户，通过接触、发现需求和相互认可，然后正式确立理财师，为客户提供理财规划服务。

(2)**收集、整理和分析客户的家庭财务状况**。需要系统全面地收集客户信息，并对收集到的信息按标准化的格式进行分类和整理，进行专业的分析。

(3)**明确客户的理财目标**。理财师需要和客户一起明确未来的财务目标和期望。

(4)**制订理财规划方案**。理财规划方案需要根据客户提供的信息和需求，决定是采取单项理财目标的规划，还是采取涵盖客户所有主要理财目标的综合理财规划方案。

(5)**理财规划方案的执行**。执行理财规划方案需要遵循了解原则、诚信原则及连续性原则。同时，还需注意时间因素、人员因素及资金成本因素，规范客户档案管理。

(6)**后续跟踪服务**。在制订方案并提交给客户开始执行后，理财师仍需要根据新情况来不断地调整方案，帮助客户使其财务安排更好地适应变化，达到预定的理财目标。

知识加油站

按理财目标的重要性划分，理财目标可划分为必须实现的理财目标和期望实现的理财目标。

(二)主要内容

个人理财核心内容包括：

(1)家庭收支和债务管理。

(2)财富保障与规划。

(3)教育投资规划。

(4)退休养老规划。

(5)投资规划。

(6)税务规划。

(7)财富传承规划。

(8)中小企业主理财规划。

第二节　个人理财业务的发展及原因

一、个人理财业务的发展 ★

(一)国外个人理财业务的发展

个人理财业务最早在美国兴起，并首先在美国发展成熟，其发展大致经历了以下阶段。

个人理财业务萌芽时期

20世纪30年代到60年代通常被认为是个人理财业务的萌芽时期。这个阶段个人理财业务的主要形式为保险产品和基金产品的销售服务。其主要特征是:个人金融服务的重心都放在了共同基金和保险产品的销售上,几乎没有金融机构为了销售产品而专门建立一套流程或方法来建立与客户的关系、搜集数据和进行综合财务规划。因此,在这个时期,专门雇用理财人员或金融企业为客户做一个全面的理财规划服务的观念还未形成。

个人理财业务形成与发展时期

20世纪60年代到80年代,通常被认为是个人理财业务的形成与发展时期。1969年,国际理财规划师协会(IAFP)应运而生。IAFP的成立和定位标志着个人理财业务开始向专业化发展。

个人理财业务成熟时期

20世纪90年代中后期,个人理财业务日趋成熟。理财业务模式已从销售金融产品获取佣金为主转变成帮助客户实现其生活、财务目标,为他们做专业的咨询服务并获得咨询佣金。理财产品也逐渐取代银行存款,成为商业银行归集社会资金的重要工具。与传统存款不同的是,通过理财产品归集资金并进行投资,商业银行获得的是佣金收入,而不是利息收入。与此同时,各高校以学科项目来设置理财专业的数量在增加,理财服务趋向专业化,专业协会、资格认证组织纷纷成立,理财专业人员的收入也大幅增加。这些都标志着个人理财业务开始向专业化发展。

(二)国内个人理财业务的发展与状况

20世纪80年代末到90年代是我国商业银行个人理财业务的萌芽阶段。当时商业银行开始向客户提供专业化投资顾问和个人外汇理财服务,但大多数的居民还没有理财意识和概念。

从21世纪初到2005年是我国商业银行个人理财业务的形成时期。这一时期,理财产品、理财环境、理财观念和意识以及理财师专业队伍的建设均取得了显著的进步。2005年9月,银行业监督管理机构发布了《商业银行个人理财业务管理暂行办法》(以下简称《办法》),界定了商业银行个人理财业务范畴,规范了商业银行个人理财业务管理,并同时下发了《商业银行个人理财业务风险管理指引》(以下简称《指引》),对商业银行个人理财业务风险管理提出了指导意见。

2018年4月27日,中国人民银行、中国银保监会、中国证券监督管理委员会、国家外汇管理局联合发布了《关于规范金融机构资产管理业务的指导意见》(以下简称资管新规),资管新规按照资产管理产品的类型制定统一的监管标准,对同类资产管理业务作出一致性规定。随着资管新规的推进,大资管时代的来临,净值型理财产品逐渐成为理财市场的主流。

2018年12月2日,中国银保监会发布了《商业银行理财子公司管理办法》,银行理财正式进入理财子公司发展新阶段。作为非银行金融机构,理财子公司在产品准入、销售分销和投资管理等方面与公募基金和资金信托计划站在了同一起跑线上,加上银行固有的渠道优势和信誉优势,理财子公司必然会成为资产管理行业中重要的参与者。

知识加油站

商业银行个人理财业务的发展能有效发挥金融市场功能，促进社会资源的优化配置。

二、国内个人理财业务迅速发展的原因 ★

（一）经济发展、居民财富的积累

我国城乡居民的收入不断增加，积累了大量财富，这为个人理财行业的发展奠定了扎实的财务基础。个人可支配收入中用来进行个人理财投资的比例弹性较大，整体收入水平的上升已然成为个人理财业务发展的支撑基石。日渐庞大的储蓄存款余额为个人理财业务的发展创造了巨大的市场空间。**当前中国处于经济转型期，产业资本出现了大量闲置资金。这些经济社会背景均为我国个人理财行业的发展奠定了基础**。

（二）理财需求上升

居民不断提升的理财意识和不断增加的理财需求是促进我国个人理财业务发展的重要动力。财务缺口带来的财务需求，是个人理财业务发展的动力之一。家庭风险管理、税收安排等一系列金融服务的综合规划，个人金融资产的合理利用、税务筹划、遗产继承和事业继承等，这些全方面、多样化的理财需求成为个人理财业务发展的直接推动力。

（三）大众理财技能欠缺

居民缺乏相应的基本投资理财知识和法律保护意识，再加上时间和精力有限，催生了人们对专业金融机构和专业理财师的需求。

从人才需求推动行业发展的角度看，个人理财业务发展的原因有：

（1）大众自身缺乏必要的金融知识，难以制订适合自身特点的理财方案，无法进行科学合理的金融产品选择和资产配置。

（2）大众对于选定的金融工具很难正确应用，无法获得较好的投资收益或合理分散风险，必须借助专业金融人士的帮助。

（3）专业金融机构和专业理财师在信息、设备、决策制定等方面有优势，更具专业性，能为大众提供便利。

（四）投资理财工具日趋丰富

我国金融市场正在不断发展和完善，金融投资工具日渐丰富，为满足日益增长的个人理财需求提供了日趋丰富的投资工具和交易方式。个人理财产品也逐步从单一化向多元化转变，资产配置也从区域化向全球化转变。不断推陈出新的金融投资工具正在扩展着个人投资理财的空间。

（五）金融机构转型的客观需要

随着利率市场化和金融脱媒的不断推进，商业银行的存贷利率差不断缩小，国内银行将工作重点从追求传统存贷款业务收入转向追求个人理财等非利差收入的综合性金融服务上来。

真题精练

【例6·多项选择题】个人理财业务迅速发展的原因有(　　)。

A. 理财需求上升　　B. 居民财富的积累

C. 理财技能欠缺　　D. 投资理财工具日趋丰富

E. 金融机构转型的客观需要

ABCDE　个人理财业务在我国的兴起和迅速发展有多方面的原因，主要因素概括为以下五方面：(1)经济发展、居民财富的积累。(2)理财需求上升。(3)大众理财技能欠缺。(4)投资理财工具日趋丰富。(5)金融机构转型的客观需要。

第三节　理财师的执业资格和要求

一、理财师队伍状况 ★

(一)理财师与理财从业人员

项目	内容
理财师的定义	理财师，又称理财规划师或财富管理理师，一般是指经过专业资格认证，即持有相关从业资格牌照、代表金融机构为客户提供理财规划专业服务的专业人士
个人理财业务人员的定义	商业银行个人理财业务人员是指那些能够为客户提供理财规划服务的业务人员，以及其他与个人理财业务销售和管理活动紧密相关的专业人员，而非一般性业务咨询人员
个人理财专业化服务活动的表现	商业银行提供的个人理财专业化服务活动表现为两种性质： (1)商业银行充当理财顾问，向客户提供咨询，属于顾问性质。 (2)商业银行按照与客户事先约定的投资计划和方式进行投资和资产管理的业务活动，属于受托性质。 可见，个人理财业务是建立在委托—代理关系基础之上的银行业务，是一种个性化、综合化的服务活动

(二)理财师队伍发展状况

1. 理财师队伍扩张迅速

近十多年来，中国的理财师队伍建设从无到有，在经济快速发展、居民财富增长等因素影响下，理财师队伍迅速增长，素质不断提高，这主要取决于以下三个因素：

(1)理财服务需求强烈。

(2)行业自理和规范管理。

(3)理财师职业发展前景较好。

2. 理财师素质水平参差不齐

理财规划服务是一项知识性、技术性和实战性非常强的综合性业务，它对理财师的专业素质要求很高。一名优秀的理财师应该熟练掌握投资、保险、法律、财务和税收等多方面的知识，具备丰富的实务操作经验。

目前，我国理财行业发展时间较短，理财师水平参差不齐，而且普遍比较年轻。

3. 市场认可度有待提高

理财师的市场认可度不高的原因如下：

(1) 由于现阶段理财师素质水平参差不齐，实战经验少，客户对理财师的信任度和依赖度不强，理财师的市场认可度有待提高。

(2) 客户的理财观念尚存在一定的误区，不少人还停留在仅追求高收益的层级，对于理财真正的内涵和功能理解不深刻，他们中的大部分人认为理财就是投资，就是选择高收益的产品，不需要理财师的专业指导，这也造成了理财师的市场认可度有待提高。

(3) 中国资本市场不健全，投资渠道匮乏，基金、股票、债券、保险品种相对单一，外汇资本项目尚未放开，金融衍生产品还在起步阶段，这使得中国现有的理财市场受到一定限制，无法满足高端客户的个性化需求。

高端客户对理财师的专业化服务的接受度上升空间很大。

真题精练

【例 7 · 多项选择题】理财师队伍迅速扩张的原因有（　　）。

A. 理财服务需求强烈　　B. 行业自理和规范管理

C. 理财师职业发展前景较好　　D. 投资理财工具日趋丰富

E. 市场认可度高

ABC　理财师队伍迅速增长，这主要取决于以下三个因素：(1) 理财服务需求强烈。(2) 行业自理和规范管理。(3) 理财师职业发展前景较好。

（三）理财业务专业委员会简介

中国银行业协会理财业务专业委员会（以下简称“理财专业委员会”）成立于 2012 年 12 月，是中国银行业协会领导下的专业工作组织，依照《中国银行业协会章程》和《中国银行业协会理财业务专业委员会工作规则》开展工作。理财专业委员会的宗旨是规范银行理财业务行为，完善银行理财业务行业标准，优化理财营销服务流程，维护银行业理财产品市场秩序，开展普及理财知识教育宣传工作，保护金融消费者合法权益，履行风险揭示与告知义务，建立健全舆情沟通协调机制，更好地促进银行业理财业务健康持续发展。

理财业务专业委员会的工作原则是：**依法合规、公平公正、诚信自律、为民利民**。

二、理财师的职业特征 ★

特征	内容
顾问性	在理财规划服务中，金融机构或理财师一般不涉及客户财务资源的具体操作，只提供建议，最终决策权在客户。如果客户接受建议并实施，因此产生的所有收益或风险均由客户拥有或承担。但如果涉及代客操作，一定要合乎有关规定，按照规定的流程并签署必要的客户委托授权书和其他代理客户投资所必需的法律文件
专业性	理财规划服务是一项涉及业务范围广、专业性很强的服务，要求理财师或从业人员具有扎实的金融基础知识和专业技能
综合性	理财规划服务包括但不仅限于财务、法律、投资和债务管理、保险、税务等，还兼顾客户家庭财务、非财务状况以及不同时期变化的需求
规范性	金融机构和理财师提供理财顾问服务必须熟悉和遵守相关的法律法规，应具有标准的服务流程、健全的管理体系以及明确的相关部门和人员的责任
长期性	理财规划服务旨在帮助客户实现长期理财目标，不能只追求短期的收益
动态性	理财规划服务需根据客户的财务状况、理财目标、宏观经济和投资市场、工具等状况以及其他重要因素变化提供动态性的方案建议。理财师必须充分了解客户，不间断跟踪、评估和修正客户的理财方案、投资建议

教你一招

理财师的职业特征可以通过对其特点对比，理解区分记忆。在考试中，可能以单选题形式，让考生判断一段内容描述的是哪种特征，也可能以多选题的形式考查理财师的职业特征。

真题精练

【例 8 · 单项选择题】在理财规划服务中，金融机构或理财师一般不涉及客户财务资源的具体操作，只提供建议，最终决策权在客户。这一说法体现了理财师职业的（ ）特点。

A. 综合性　　B. 规范性

C. 专业性　　D. 顾问性

D　理财师的职业特征包括顾问性、专业性、综合性、规范性、长期性和动态性。其中，顾问性是指在理财规划服务中，金融机构或理财师一般不涉及客户财务资源的具体操作，只提供建议，最终决策权在客户。

三、理财师的执业资格 ★★★

（一）“4E”执业资格

“4E”由教育（education）、考试（examination）、工作经验（experience）和职业道德（ethics）四部分组成。

1. 教育

按照“4E”标准要求，教育是理财师资格认证的首要环节。获得理财师资格必须通过规定的基本课程的学习，课程学习的内容包括跨行业的知识，主要有金融、投资、法律、保险、税务、员工福利和社会保障、遗产处置等方面。

2. 考试

教育是成为合格理财师的基础，能够让参与者全面系统地掌握金融理财原理、工具、方法和程序。但是，教育的效果必须通过考试才能体现出来，参加学习、通过培训并不能确保成为一名合格的理财师，还必须通过考试来检验申请人对理财知识和技能的掌握。考试除了考核候选人在教育培训阶段所学的理论知识外，还考察其熟练运用理论知识解决现实生活中客户复杂财务问题的能力。也就是说，合格的理财师必须理论知识和实际技能两者并重。

3. 工作经验

理财从业人员通过了理财师资格认证考试之后，还不能立即被授予理财师资格证书，还要根据其工作经验和从业记录等进行资格审核。理财师资格申请者需具备适当的金融理财实际从业经验，才能获得理财师专业资格证书。

4. 职业道德

我国金融机构理财师尤其是银行理财师的职业道德要求为**遵纪守法、保守秘密、正直守信、客观公正、勤勉尽职、专业胜任**六项。

项目	内容
遵纪守法	作为理财师，遵纪守法是基本要求。理财师应在各项法律法规许可的前提下，守法合规地从事理财活动。理财师从事的工作包括理财产品销售、合同签订、税务筹划、证券投资等，涉及许多相关法律制度，须严格遵守执行
保守秘密	理财师在未经客户或所在机构明确同意的情况下，不得泄露任何客户或所在机构的相关信息，包括客户的个人信息、家庭信息、资产信息等隐私信息及所在机构的商业秘密
正直守信	理财师在为客户提供专业理财服务时，应当遵守正直守信原则，即踏踏实实地为客户提供应该提供的理财服务，不得以诱导或夸大事实等方式销售，不得因为个人的利益而损害客户的利益
客观公正	在理财业务开展过程中，理财师应公正对待每一位客户、委托人、合伙人或所在的机构，在提供服务过程中，不应受到经济利益、人情关系等因素影响，对可能发生的利益冲突要及时向有关方面披露

（续表）

项目	内容
勤勉尽职	**要求理财师在开展理财业务过程中，应勤恳周到、及时有效地完成工作。** 理财师应始终保持严谨、审慎的工作作风，讲究细节、忠于职守，在合法合规的前提下最大限度地维护客户的个人利益
专业胜任	理财师必须具备良好的专业素养，持续不间断地学习更新专业知识，做到对市场环境、监管政策的及时研判，同时不断进行工作总结与反思，这样才能成为一名合格胜任的理财师

知识加油站

根据保守秘密原则规定，金融理财师在以下情况可以使用客户信息：建立咨询或经纪人账户、为达成交易或协议中所默许的其他情形；依法要求披露信息；针对失职投诉，金融理财师进行申辩时；与客户之间产生民事纠纷需要披露时。根据专业胜任原则要求，金融理财师应当在所能胜任的范围内为客户提供金融理财服务。在尚不具备胜任能力的领域，金融理财师可以聘请专家协助工作或向专业人员咨询或将客户介绍给其他相关组织。

教你一招

需要注意，职业道德要求在考试中常涉及单选题，比如：以实际案例举例的形式考查理财师违反或者符合哪种职业道德要求；或者多选题，考查理财师职业道德要求的内容。

此外，《银行业金融机构从业人员职业操守指引》从尊重客户、保护隐私、遵纪守法、廉洁从业等方面对理财从业人员提出了明确要求。2018 年银保监会颁布的《商业银行理财业务监督管理办法》也明确要求，商业银行应当建立健全理财业务人员的资格认定、培训、考核评价和问责制度，确保理财业务人员具备必要的专业知识、行业经验和管理能力，充分了解相关法律、行政法规、监管规定以及理财产品的法律关系、交易结构、主要风险及风险管控方式，遵守行为准则和职业道德标准。

真题精练

【例 9 · 单项选择题】理财师的下列行为符合信息保密准则要求的是（　　）。

A. 与本机构同事谈论客户的社会地位

B. 将长期没有业务往来的客户名单透漏给其他单位

C. 在受雇期间妥善保存客户资料及其交易信息档案

D. 离职后将原工作单位客户信息向新工作单位领导汇报

C　理财师在未经客户或所在机构明确同意的情况下，不得泄露任何客户或所在机构的相关信息，包括客户的个人信息、家庭信息、资产信息等核心隐私，以及所在机构的商业秘密。

【例10·多项选择题】理财师的“4E”执业资格有（　　）。

A. 教育　　B. 考试

C. 工作经验　　D. 专业能力

E. 职业道德

ABCE　“4E”由教育（education）、考试（examination）、工作经验（experience）和职业道德（ethics）四部分组成。

（二）理财师的社会责任

我国理财行业正处于快速成长中，其长期健康发展需要大家一起努力，理财师有着义不容辞和无可替代的职责。

理财师是国家金融政策和金融法规的重要传导者

理财师应积极、主动宣传与理财业务相关的各类市场相关法规、法律知识，引导客户了解国家金融政策和法规，避免其因对政策的不了解，而无法行使和维护自身的权利。理财师必须洞悉各项政策法规对国家宏观经济的影响，及时向客户传导政策法规的变化，以修正客户的理财方案。

理财师是正确的投资理念的重要宣导者

理财师应倡导健康的投资理念，引导客户设立切实可行的理财目标，不应只关注产品的收益性，而忽视投资的风险性。尽量弱化客户追求短期的收益，树立长期投资的观念，引导客户根据自己的风险承受能力选择合适的投资产品，树立正确的投资理念，以避免投资损失给其生活造成较为严重的负面影响。

理财师是理财风险的揭示者

理财师在为客户制订理财规划或提供理财建议时，必须正确揭示其中的风险。通过揭示理财相关风险让客户了解和区分不同产品和理财方案的风险特征，坚持“卖者尽责”与“买者自负”的有机统一，尤其是让客户理解“买者自负”的基本原则。

理财师是客户声音的反馈者

理财师应积极了解客户对产品或服务的需求，及时向金融机构反馈。对于客户的建议和意见要认真听取，逐级报告，始终忠实地代表客户的利益，反映客户的需求，做客户声音的反馈者。

真题精练

【例 11 · 多项选择题】理财师的社会责任包括(　　)。

A. 理财师是理财产品的销售者

B. 理财师是客户声音的反馈者

C. 理财师是理财风险的揭示者

D. 理财师是正确的投资理念的重要宣导者

E. 理财师是国家金融政策和金融法规的重要传导者

BCDE　我国理财师的社会责任包括:(1)理财师是国家金融政策和金融法规的重要传导者。(2)理财师是正确的投资理念的重要宣导者。(3)理财师是理财风险的揭示者。(4)理财师是客户声音的反馈者。

↓码上看总结↓

章节自测

一、单项选择题（在以下各小题所给出的四个选项中，只有一个选项符合题目要求，请将正确选项的代码填入括号内）

1. 商业银行为个人客户提供的财务分析、财务规划、投资顾问、资产管理等专业化服务活动是指（　　）。
   A. 理财计划　　B. 综合理财业务
   C. 个人理财业务　　D. 理财顾问服务
2. 下列关于客户和商业银行在理财规划服务中的角色的描述中，正确的是（　　）。
   A. 商业银行只提供建议，最终决策权在客户
   B. 客户只提供建议，最终决策权在商业银行
   C. 商业银行提供建议并做出决策，客户不参与
   D. 客户提供建议并做出决策，商业银行不参与
3. 商业银行服务种类最全的业务是（　　）。
   A. 财富管理业务　　B. 理财顾问服务
   C. 理财计划　　D. 私人银行业务
4. （　　）是个人理财业务的需求方。
   A. 个人客户　　B. 商业银行
   C. 政府部门　　D. 非银行金融机构
5. 下列选项中，不属于私人银行业务的特征的是（　　）。
   A. 准入门槛高　　B. 综合化服务
   C. 目标客户单一　　D. 个性化服务
6. （　　）负责制定理财业务的行业规范。
   A. 中国银保监会　　B. 商业银行
   C. 监管机构　　D. 中国人民银行
7. 综合理财服务是建立在商业银行向客户提供的（　　）的基础上。
   A. 理财计划　　B. 投资建议
   C. 财务分析与规划　　D. 理财顾问服务
8. 从客户等级来看，理财业务的客户范围相对（　　），但服务种类相对（　　）。
   A. 较窄；较多　　B. 较广；较窄
   C. 居中；居中　　D. 较窄；较窄
9. 我国商业银行个人理财业务的萌芽阶段是（　　）。
   A. 20 世纪 30 年代到 60 年代　　B. 20 世纪 60 年代到 80 年代
   C. 20 世纪 80 年代末到 90 年代　　D. 21 世纪初到 2005 年
10. 个人理财业务最早兴起于（　　）。
   A. 瑞士　　B. 英国
   C. 美国　　D. 日本

11. 理财规划服务包括但不仅限于财务、法律、投资和债务管理、保险、税务等，还兼顾客户家庭财务、非财务状况以及不同时期变化的需求。这体现了理财师职业的（　　）。

A. 顾问性　　B. 综合性
C. 长期性　　D. 规范性

12. 个人理财业务是建立在（　　）关系基础之上的银行业务。

A. 存款业务　　B. 法定代理
C. 委托—代理　　D. 贷款业务

13. 理财师要以自己的专业水准来判断，坚持客观性，不带任何个人感情。这体现了理财师（　　）的职业道德准则。

A. 正直守信　　B. 客观公正
C. 专业胜任　　D. 勤勉尽职

14. 理财师“4E”资格认证的首要环节是（　　）。

A. 考试　　B. 教育
C. 职业道德　　D. 工作经验

15. 个人理财业务表现为两种性质，分别是（　　）。

A. 委托性质和代理性质
B. 顾问性质和受托性质
C. 存款性质和贷款性质
D. 委托性质和受托性质

16. 下列选项中，不属于我国理财师市场认可度不高的原因的是（　　）。

A. 居民理财意识薄弱
B. 我国资本市场不健全，投资渠道匮乏
C. 客户的理财观念尚存在一定的误区
D. 理财师素质水平参差不齐，客户对理财师的信任度和依赖度不强

二、多项选择题（在以下各小题所给出的选项中，至少有两个选项符合题目要求，请将正确选项的代码填入括号内）

1. 个人理财业务根据客户的资产规模进行分类，可以分为（　　）。

A. 理财服务　　B. 财富管理服务
C. 理财顾问服务　　D. 综合理财服务
E. 私人银行服务

2. 个人理财业务的核心内容有（　　）。

A. 税务规划　　B. 财富保障与规划
C. 退休养老规划　　D. 中小企业主理财规划
E. 家庭收支和债务管理

3. 个人理财业务相关的监管机构有（　　）。

A. 中国银保监会　　B. 中国证监会
C. 国家发改委　　D. 中国人民银行
E. 国家外汇管理局

4. 理财顾问服务是指商业银行向客户提供的(　　)等专业化服务。

A. 投资建议
B. 私人银行
C. 理财计划
D. 财务分析与规划
E. 个人投资产品推介

5. 与理财顾问服务相比,综合理财服务的特点体现在(　　)。

A. 综合理财服务更强调个性化的服务
B. 在综合理财服务中所产生的投资收益和风险由客户自行承担
C. 与客户形成的法律关系有所不同
D. 在综合理财服务活动中,客户授权银行代表客户按照合同约定的投资方向和方式,进行投资和资产管理
E. 综合理财服务建立在理财顾问服务的基础上

6. 按是否接受客户委托和授权对客户资金进行投资和管理,理财业务可以分为(　　)。

A. 理财服务
B. 理财顾问服务
C. 综合理财服务
D. 财富管理服务
E. 私人银行服务

7. 在20世纪70年代到80年代初期,个人理财业务的主要内容有(　　)。

A. 税务筹划
B. 参与有限合伙
C. 帮助客户实现生活、财务目标
D. 提供年金系列产品
E. 投资于另类投资产品

8. 从人才需求推动行业发展的角度看,个人理财业务发展的原因包括(　　)。

A. 居民收入和储蓄金额增加,国内产业资本出现了大量闲置资金
B. 大众自身缺乏必要的金融知识,难以制订适合自身特点的理财方案
C. 大众对于选定的金融工具很难正确应用,必须借助专业金融人士的帮助
D. 不断推陈出新的金融投资工具正在扩展着个人投资理财的空间
E. 专业金融机构和专业理财师在信息、设备、决策制定等方面有优势,更具专业性,能为大众提供便利

9. 从国际银行业的发展经验看,个人理财业务具有(　　)等优势,在商业银行业务发展中占据着重要位置。

A. 风险低
B. 收益高
C. 批量大
D. 业务范围广
E. 经营收益稳定

10. 下列选项中,属于我国理财师的职业特征的有(　　)。

A. 顾问性
B. 专业性
C. 动态性
D. 多样性
E. 固定性

11. 理财业务专业委员会的工作原则包括(　　)。

A. 公平公正
B. 诚信自律
C. 为民利民
D. 勤勉尽职
E. 依法合规

三、判断题(请判断以下各小题的正误,正确的选 A,错误的选 B)

1. 财富管理业务是面向所有客户提供的基础性服务。（　　）
   A. 正确　　B. 错误
2. 就定义来说,个人理财与财富管理很难区分,本质上是一致的。（　　）
   A. 正确　　B. 错误
3. 国际理财规划师协会(IAFP)的成立和定位标志着个人理财业务开始向专业化发展。（　　）
   A. 正确　　B. 错误
4. 我国理财师的社会责任之一是理财师是金融市场的监督者。（　　）
   A. 正确　　B. 错误

答案详解

一、单项选择题

1. C。【解析】《商业银行个人理财业务管理暂行办法》中对个人理财业务的定义是:商业银行为个人客户提供的财务分析、财务规划、投资顾问、资产管理等专业化服务活动。

2. A。【解析】在理财规划服务中,金融机构或理财师一般不涉及客户财务资源的具体操作,只提供建议,最终决策权在客户。

3. D。【解析】私人银行业务服务内容最为全面,除了提供金融产品外,更重要的是提供全面的服务。

4. A。【解析】个人客户是个人理财业务的需求方,也是金融机构个人理财业务的服务对象。

5. C。【解析】私人银行业务具有以下三个特征:(1)准入门槛高。(2)综合化服务。(3)个性化服务。

6. C。【解析】监管机构负责制定理财业务的行业规范,对业务主体以及业务活动进行监管,以促进个人理财业务健康有序发展。

7. D。【解析】综合理财服务是指商业银行在向客户提供理财顾问服务的基础上,接受客户的委托和授权,按照与客户事先约定的投资计划和方式进行投资和资产管理的业务活动。

8. B。【解析】从客户等级来看,理财业务的客户范围相对较广,但服务种类相对较窄;私人银行客户等级最高,服务种类最为齐全;财富管理客户则居两者之中,客户等级高于理财业务客户但低于私人银行客户,服务种类超过理财业务客户但少于私人银行客户。

9. C。【解析】20 世纪 80 年代末到 90 年代是我国商业银行个人理财业务的萌芽阶段。

10. C。【解析】个人理财业务最早在美国兴起,并首先在美国发展成熟。

11. B。【解析】理财师的职业特征包括顾问性、专业性、综合性、规范性、长期性和动态性。其中,综合性是指理财规划服务包括但不仅限于财务、法律、投资和债务管理、保险、税务等,还兼顾客户家庭财务、非财务状况以及不同时期变化的需求。

12. C。【解析】个人理财业务是建立在委托—代理关系基础之上的银行业务,是一种个性化、综合化的服务活动。

13. B。【解析】客观公正就是理财师要以自己的专业水准来判断,坚持客观性,不带任何个人感情。在理财业务开展过程中，应公正对待每一位客户、委托人、合伙人或所在的机构。

14. B。【解析】理财师“4E”认证标准由教育(education)、考试(examination)、工作经验(experience)和职业道德(ethics)四部分组成。按照“4E”标准要求，教育是理财师资格认证的首要环节，是成为合格理财师的基础。

15. B。【解析】个人理财业务中专业化服务活动表现为两种性质：一是商业银行充当理财顾问，向客户提供咨询，属于顾问性质；二是商业银行按照与客户事先约定的投资计划和方式进行投资和资产管理的业务活动，属于受托性质。

16. A。【解析】理财规划师的市场认可度不高的原因如下：(1)由于现阶段理财师素质水平参差不齐，实战经验弱，客户对理财师的信任度和依赖度不强，理财师的市场认可度有待提高。(2)客户的理财观念尚存在一定的误区，不少人还停留在仅追求高收益率的层级，对于理财真正的内涵和功能理解不深刻，他们中的大部分人认为理财就是投资，就是选择高收益的产品，不需要理财师的专业指导，这也造成了理财师的市场认可度有待提高。(3)中国资本市场不健全，投资渠道匮乏，基金、股票、债券、保险品种相对单一，外汇资本项目尚未放开，金融衍生产品还在起步阶段，这使得中国现有的理财市场受到一定限制，无法满足高端客户的个性化需求。高端客户对理财师的专业化服务的接受度上升空间很大。

二、多项选择题

1. ABE。【解析】银行往往根据客户类型(主要是资产规模)进行理财业务分类。个人理财业务可分为理财业务(服务)、财富管理业务(服务)和私人银行业务(服务)三个层次。

2. ABCDE。【解析】个人理财核心内容包括：(1)家庭收支和债务管理。(2)财富保障与规划。(3)教育投资规划。(4)退休养老规划。(5)投资规划。(6)税务规划。(7)财富传承规划。(8)中小企业主理财规划。

3. ABDE。【解析】个人理财业务相关的监管机构包括国务院金融稳定发展委员会、中国人民银行、中国银保监会、中国证券监督管理委员会、国家外汇管理局等。

4. ADE。【解析】理财顾问服务是指商业银行向客户提供财务分析与规划、投资建议、个人投资产品推介等专业化服务。

5. ACDE。【解析】综合理财服务是指商业银行在向客户提供理财顾问服务的基础上，接受客户的委托和授权，按照与客户事先约定的投资计划和方式进行投资和资产管理的业务活动。与理财顾问服务相比，综合理财服务更加突出个性化服务，与客户形成的法律关系也有所不同。在综合理财服务活动中，客户授权银行代表客户按照合同约定的投资方向和方式，进行投资和资产管理，投资收益与风险由客户或客户与银行按照约定方式获取或承担。

6. BC。【解析】按是否接受客户委托和授权对客户资金进行投资和管理，理财业务可以分为理财顾问服务和综合理财服务。根据客户类型(主要是资产规模)进行理财业务分类，理财业务可分为理财业务(服务)、财富管理业务(服务)和私人银行业务(服务)三个层次。

7. ABDE。【解析】在20世纪70年代到80年代初期，个人理财业务的主要内容是税务筹划、提供年金系列产品、参与有限合伙(即投资者投资合伙企业但只承担有限责任)以及投资于另类投资产品(如黄金、白银等贵金属)。

8. BCE。【解析】从人才需求推动行业发展的角度看,个人理财业务发展的原因有:(1)大众自身缺乏必要的金融知识,难以制订适合自身特点的理财方案,无法进行科学合理的金融产品选择和资产配置。(2)大众对于选定的金融工具很难正确应用,很难获得较好的投资收益或合理分散风险,必须借助专业金融人士的帮助。(3)专业金融机构和专业理财师在信息、设备、决策制定等方面有优势,更具专业性,能为大众提供便利。

9. ACDE。【解析】从国际银行业的发展经验看,个人理财业务具有批量大、风险低、业务范围广、经营收益稳定等优势,在商业银行业务发展中占据着重要位置。

10. ABC。【解析】我国理财师的职业特征包括:(1)顾问性。(2)专业性。(3)综合性。(4)规范性。(5)长期性。(6)动态性。

11. ABCE。【解析】理财业务专业委员会的工作原则是依法合规、公平公正、诚信自律、为民利民。

三、判断题

1. B。【解析】一般而言,理财业务是面向所有客户提供的基础性服务,财富管理业务是面向中高端客户提供的服务,而私人银行业务则是仅面向高净值客户提供的服务。

2. A。【解析】个人理财与财富管理就定义来说,即在专业化服务的工具和方法上,两者很难区分,本质上是一致的。

3. A。【解析】1969 年,国际理财规划师协会(IAFP)应运而生,IAFP 的成立和定位标志着个人理财业务开始向专业化发展。

4. B。【解析】我国理财师的社会责任包括:(1)理财师是国家金融政策和金融法规的重要传导者。(2)理财师是正确的投资理念的重要宣导者。(3)理财师是理财风险的揭示者。(4)理财师是客户声音的反馈者。

第二章 个人理财业务相关法律法规

考情直击

本章主要内容是与理财规划、理财业务相关的法律法规。通过分析近几年的考试情况，本章的常考内容为《中华人民共和国民法典》《中华人民共和国合伙企业法》《中华人民共和国个人独资企业法》《商业银行理财业务监督管理办法》《关于规范金融机构资产管理业务的指导意见》《公开募集证券投资基金销售机构监督管理办法》《商业银行代理保险业务管理办法》等其他相关法律法规。本章内容较为重要，在历次考试中分值占比较高，为 17 ~21 分。

考纲要求

个人理财业务相关法律法规

考试内容	能力等级
中国的法律体系	了解
《中华人民共和国民法典》中与个人理财业务相关的规定	掌握
《中华人民共和国个人独资企业法》《中华人民共和国合伙企业法》中与个人理财业务相关的规定	熟悉
各类理财产品及其销售相关的法律法规	掌握

知识解读

第一节 理财师的法律法规基础知识

一、法律知识的重要性

理财师的职业道德准则中的第一要点就是理财师要遵纪守法。遵纪守法不仅是理财师作为一个公民需要遵守的行为规范,更是理财师开展工作时需要掌握的基本原则。

熟悉掌握工作中所涉及的法律法规,是理财师开展一切理财活动的基础。

具备法律意识,掌握基本的法律知识,是理财师顺利开展日常业务的重要保障。

法律意识是一定社会的公民对法律和法律对象的主观把握方式,是社会主体对法律的知识、意志和情感的总和。法律配置资源的方法是明确主体、确认产权和规范物权以及债权,具体表现在:

(1)法律将人们按照一定依据划分为具有特定属性的主体,如国家、组织、个人。

(2)法律规定人们对物的财产权利,如公有、共有和私有。

(3)法律规范人们处理物权的行为,如占有、使用、收益和处分。

(4)法律使人们的社会关系上升为法律关系,即法定权利和义务关系。

(5)法律约束人们的行为,即假定、处理和制裁。

(6)法律规范由国家强制力保证实施。

所以,法律是人们的行为规范。

法律文化的科学性就在于法律教人们透过社会现象看问题本质。法律的规范性、强制性和深层逻辑性决定法律是理财师设计理财方案和服务客户的最重要的内容和依据,良好的法律意识是理财师需要具备的基本素质。

二、中国的法律体系 ★

中国特色社会主义法律体系,是以宪法为统帅,以法律为主干,以行政法规、地方性法规为重要组成部分,由宪法相关法、民法商法、行政法、经济法、社会法、刑法、诉讼与非诉讼程序法等多个法律部门组成的有机统一整体。

在理财师的实际工作中主要涉及法律体系中的法律和行政规章两部分。

项目	内容
法律	《中华人民共和国民法典》《中华人民共和国商业银行法》《中华人民共和国证券法》《中华人民共和国证券投资基金法》《中华人民共和国保险法》《中华人民共和国信托法》等
行政规章	行政规章是由政府机构依照相应法律进行细化后的规则,更加贴近理财师的实际工作,是理财师执业的主要依据。其主要包括《商业银行理财业务监督管理办法》《公开募集证券投资基金销售机构监督管理办法》《证券期货经营机构私募资产管理业务管理办法》《证券期货经营机构私募资产管理计划运作管理规定》等

真题精练

【例1·单项选择题】中国特色社会主义法律体系，是以（　　）为统帅，以（　　）为主干。

A. 宪法；法律　　B. 刑法；法律

C. 宪法；刑法　　D. 法律；行政法规

A　中国特色社会主义法律体系，是以宪法为统帅，以法律为主干，以行政法规、地方性法规为重要组成部分，由宪法相关法、民法商法、行政法、经济法、社会法、刑法、诉讼与非诉讼程序法等多个法律部门组成的有机统一整体。

三、民事法律关系 ★★★

个人理财业务活动中法律关系的主体有金融机构和客户。金融机构和客户是两个平等的民事主体，金融机构为客户进行的财务分析、财务规划、投资顾问、资产管理等专业化服务活动，是基于两者之间确定的民事活动。民事主体之间进行的民事活动，应当遵守《中华人民共和国民法典》的规定。

（一）民事法律行为的基本原则

《中华人民共和国民法典》的规定如下：

第五条　民事主体从事民事活动，应当遵循**自愿原则**，按照自己的意思设立、变更、终止民事法律关系。

第六条　民事主体从事民事活动，应当遵循**公平原则**，合理确定各方的权利和义务。

第七条　民事主体从事民事活动，应当遵循**诚信原则**，秉持诚实，恪守承诺。

第八条　民事主体从事民事活动，不得违反法律，不得违背公序良俗。

第九条　民事主体从事民事活动，应当有利于节约资源、保护生态环境。

第一百三十三条　民事法律行为是民事主体通过意思表示设立、变更、终止民事法律关系的行为。

要点点拨

平等的民事法律主体之间进行的民事法律活动，应当遵循民事法律的自愿、公平、诚信原则，不得违背公序良俗。

真题精练

【例2·单项选择题】（　　）是指民事主体通过意思表示设立、变更、终止民事法律关系的行为。

A. 民事法律行为　　B. 民事责任行为

C. 民事代理行为　　D. 民事权利行为

A　民事法律行为是指民事主体通过意思表示设立、变更、终止民事法律关系的行为。

（二）民事法律关系主体

民事主体包括自然人、法人和非法人组织。在特殊情况下，国家也可以作为民事主体。《中华人民共和国民法典》的规定如下。

1. 自然人

项目	内容
民事权利能力	第十三条　自然人从出生时起到死亡时止，具有民事权利能力，依法享有民事权利，承担民事义务
民事行为能力	第十七条　**18周岁以上的自然人为成年人。不满18周岁的自然人为未成年人。** 第十八条　成年人为完全民事行为能力人，可以独立实施民事法律行为。 **16周岁以上的未成年人，以自己的劳动收入为主要生活来源的，视为完全民事行为能力人。** 第十九条　8周岁以上的未成年人为限制民事行为能力人，实施民事法律行为由其法定代理人代理或者经其法定代理人同意、追认；但是，可以独立实施纯获利益的民事法律行为或者与其年龄、智力相适应的民事法律行为。 第二十条　不满8周岁的未成年人为无民事行为能力人，由其法定代理人代理实施民事法律行为。 第二十一条　不能辨认自己行为的成年人为无民事行为能力人，由其法定代理人代理实施民事法律行为。 8周岁以上的未成年人不能辨认自己行为的，适用前款规定。 第二十二条　不能完全辨认自己行为的成年人为限制民事行为能力人，实施民事法律行为由其法定代理人代理或者经其法定代理人同意、追认；但是，可以独立实施纯获利益的民事法律行为或者与其智力、精神健康状况相适应的民事法律行为。 第二十三条　无民事行为能力人、限制民事行为能力人的监护人是其法定代理人。 个人理财业务的客户应当是具有完全民事行为能力的自然人，以及无民事行为能力人、限制民事行为能力人的法定代理人

教你一招

18周岁和8周岁为完全民事行为能力人、限制民事行为能力人和无民事行为能力人之间的界限。但需要注意：16周岁以上，以自己劳动收入为主要生活来源的也属于完全民事行为能力人，此处为常考点。

2. 法人

第五十七条　法人是具有民事权利能力和民事行为能力，依法独立享有民事权利和承担民事义务的组织。

教你一招

法人其实就是把组织给拟人化了，赋予它人格，叫做法人，能让他在出事的时候独立承担，可以把法人想成一个公司。

第五十八条　法人应当依法成立。

法人应当有自己的名称、组织机构、住所、财产或者经费。法人成立的具体条件和程序，依照法律、行政法规的规定。

第七十六条　以取得利润并分配给股东等出资人为目的成立的法人，为营利法人。

营利法人包括有限责任公司、股份有限公司和其他企业法人等。

第八十七条　为公益目的或者其他非营利目的成立，不向出资人、设立人或者会员分配所取得利润的法人，为非营利法人。

非营利法人包括事业单位、社会团体、基金会、社会服务机构等。

第九十六条　本节规定的机关法人、农村集体经济组织法人、城镇农村的合作经济组织法人、基层群众性自治组织法人，为特别法人。

要点点拨

法人应当具备下列条件：依法成立；有自己的名称、组织机构和住所；有自己的财产或者经费。

真题精练

【例 3 · 单项选择题】根据《中华人民共和国民法典》的规定，下列可以开办个人理财业务的是（　　）。

A. 14 周岁的未成年人

B. 7 周岁的未成年人

C. 16 周岁但依靠父母生活的未成年人

D. 限制民事行为能力人的法定代理人

D　个人理财业务的客户应当是具有完全民事行为能力的自然人，以及无民事行为能力人、限制民事行为能力人的法定代理人。A 项和 C 项都是限制民事行为能力人，B 项是无民事行为能力人。

【例 4 · 判断题】汪某今年 17 岁，北京人，以自己的劳动收入为主要生活来源，汪某属于限制民事行为能力人。（　　）

A. 正确　　B. 错误

B　16 周岁以上的未成年人，以自己的劳动收入为主要生活来源的，视为完全民事行为能力人。

3. 非法人组织

第一百零二条　非法人组织是不具有法人资格，但是能够依法以自己的名义从事民事活动的组织。

非法人组织包括个人独资企业、合伙企业、不具有法人资格的专业服务机构等。

（三）民事代理制度

《中华人民共和国民法典》的规定如下：

1. 代理的基本含义

第一百六十一条　民事主体可以通过代理人实施民事法律行为。

依照法律规定、当事人约定或者民事法律行为的性质，应当由本人亲自实施的民事法律行为，不得代理。

第一百六十二条　代理人在代理权限内，以被代理人名义实施的民事法律行为，对被代理人发生效力。

第一百六十四条　代理人不履行或者不完全履行职责，造成被代理人损害的，应当承担民事责任。

代理人和相对人恶意串通，损害被代理人合法权益的，代理人和相对人应当承担连带责任。

2. 代理的种类

第一百六十三条　**代理包括委托代理和法定代理。**

委托代理人按照被代理人的委托行使代理权。法定代理人依照法律的规定行使代理权。

第一百六十五条　委托代理授权采用书面形式的，授权委托书应当载明代理人的姓名或者名称、代理事项、权限和期限，并由被代理人签名或者盖章。

第一百六十七条　**代理人知道或者应当知道代理事项违法仍然实施代理行为，或者被代理人知道或者应当知道代理人的代理行为违法未作反对表示的，被代理人和代理人应当承担连带责任。**

第一百六十八条　代理人不得以被代理人的名义与自己实施民事法律行为，但是被代理人同意或者追认的除外。

代理人不得以被代理人的名义与自己同时代理的其他人实施民事法律行为，但是被代理的双方同意或者追认的除外。

第一百七十一条　**行为人没有代理权、超越代理权或者代理权终止后，仍然实施代理行为，未经被代理人追认的，对被代理人不发生效力。**

相对人可以催告被代理人自收到通知之日起30日内予以追认。被代理人未作表示的，视为拒绝追认。行为人实施的行为被追认前，善意相对人有撤销的权利。撤销应当以通知的方式作出。

行为人实施的行为未被追认的，善意相对人有权请求行为人履行债务或者就其受到的损害请求行为人赔偿。但是，赔偿的范围不得超过被代理人追认时相对人所能获得的利益。

相对人知道或者应当知道行为人无权代理的，相对人和行为人按照各自的过错承担责任。

第一百七十二条　行为人没有代理权、超越代理权或者代理权终止后，仍然实施代理行为，相对人有理由相信行为人有代理权的，代理行为有效。

3. 代理终止

委托代理终止

有下列情形之一的，委托代理终止：

(1)代理期限届满或者代理事务完成。

(2)被代理人取消委托或者代理人辞去委托。

(3)代理人丧失民事行为能力。

(4)代理人或者被代理人死亡。

(5)作为代理人或者被代理人的法人、非法人组织终止。

法定代理终止

有下列情形之一的，法定代理终止：

(1)被代理人取得或者恢复完全民事行为能力。

(2)代理人丧失民事行为能力。

(3)代理人或者被代理人死亡。

(4)法律规定的其他情形。

真题精练

【例5·多项选择题】根据规定，委托代理终止的情形包括(　　)。

A. 代理人死亡

B. 被代理人死亡

C. 代理人丧失民事行为能力

D. 代理期间届满或者代理事务完成

E. 被代理人取得或者恢复民事行为能力

ABCD　委托代理终止的情形有：(1)代理期限届满或者代理事务完成。(2)被代理人取消委托或者代理人辞去委托。(3)代理人丧失民事行为能力。(4)代理人或者被代理人死亡。(5)作为代理人或者被代理人的法人、非法人组织终止。

第二节　理财规划中的法律法规

一、合同法律制度 ★★★

(一)合同的概念

合同是当事人之间权利和义务关系的协议。《中华人民共和国民法典》第四百六十四条规定，合同是民事主体之间设立、变更、终止民事法律关系的协议。

(二)合同的订立

当事人订立合同，应当具有相应的民事权利能力和民事行为能力。

《中华人民共和国民法典》的规定如下：

第四百六十九条　当事人订立合同，可以采用**书面形式、口头形式或者其他形式**。书面形式是合同书、信件、电报、电传、传真等可以有形地表现所载内容的形式。以电子数据交换、电子邮件等方式能够有形地表现所载内容，并可以随时调取查用的数据电文，视为书面形式。

第五百零一条　当事人在订立合同过程中知悉的商业秘密或者其他应当保密的信息，无论合同是否成立，不得泄露或者不正当地使用；泄露、不正当地使用该商业秘密或者信息，造成对方损失的，应当承担赔偿责任。

要点点拨

当事人依法可以委托代理人订立合同。

真题精练

【例6·单项选择题】下列关于合同订立的说法中，错误的是(　　)。

A. 当事人依法可以委托代理人订立合同

B. 当事人订立合同，有书面形式、口头形式和其他形式

C. 当事人订立合同，应当具有完全民事权利能力和民事行为能力

D. 当事人在订立合同过程中知悉的商业秘密，不得泄露或者不正当地使用

C　当事人订立合同，应当具有相应的民事权利能力和民事行为能力。

(三)格式条款合同

《中华人民共和国民法典》的规定如下：

第四百九十六条　**格式条款是当事人为了重复使用而预先拟定，并在订立合同时未与对方协商的条款。**

采用格式条款订立合同的，提供格式条款的一方应当遵循公平原则确定当事人之间的权利和义务，并采取合理的方式提示对方注意免除或者减轻其责任等与对方有重大利害关系的条款，按照对方的要求，对该条款予以说明。提供格式条款的一方未履行提示或者说明义务，致使对方没有注意或者理解与其有重大利害关系的条款的，对方可以主张该条款不成为合同的内容。

第四百九十八条　对格式条款的理解发生争议的，应当按照通常理解予以解释。**对格式条款有两种以上解释的，应当作出不利于提供格式条款一方的解释。格式条款和非格式条款不一致的，应当采用非格式条款。**

(四)合同的效力

《中华人民共和国民法典》的规定如下：

第五百零二条　依法成立的合同，自成立时生效，但是法律另有规定或者当事人另有

约定的除外。

依照法律、行政法规的规定，合同应当办理批准等手续的，依照其规定。未办理批准等手续影响合同生效的，不影响合同中履行报批等义务条款以及相关条款的效力。应当办理申请批准等手续的当事人未履行义务的，对方可以请求其承担违反该义务的责任。

依照法律、行政法规的规定，合同的变更、转让、解除等情形应当办理批准等手续的，适用前款规定。

第五百零三条　无权代理人以被代理人的名义订立合同，被代理人已经开始履行合同义务或者接受相对人履行的，视为对合同的追认。

第五百零四条　法人的法定代表人或者非法人组织的负责人超越权限订立的合同，除相对人知道或者应当知道其超越权限外，该代表行为有效，订立的合同对法人或者非法人组织发生效力。

第五百零五条　当事人超越经营范围订立的合同的效力，应当依照本法第一编第六章第三节和本编的有关规定确定，不得仅以超越经营范围确认合同无效。

第五百零六条　合同中的下列免责条款无效：

(1) 造成对方人身损害的。

(2) 因故意或者重大过失造成对方财产损失的。

第五百零七条　合同不生效、无效、被撤销或者终止的，不影响合同中有关解决争议方法的条款的效力。

知识加油站

根据《中华人民共和国民法典》的相关规定，基于重大误解、以欺诈手段实施、受第三人欺诈或胁迫等签订的合同，属于可撤销合同。当事人可以向人民法院或仲裁机关提出撤销合同的请求。

（五）合同的履行

《中华人民共和国民法典》的规定如下：

第五百零九条　当事人应当按照约定全面履行自己的义务。

当事人应当遵循诚信原则，根据合同的性质、目的和交易习惯履行通知、协助、保密等义务。

当事人在履行合同过程中，应当避免浪费资源、污染环境和破坏生态。

项目	内容
同时履行抗辩权	第五百二十五条　当事人互负债务，没有先后履行顺序的，应当同时履行。一方在对方履行之前有权拒绝其履行请求。一方在对方履行债务不符合约定时，有权拒绝其相应的履行请求
先履行抗辩权	第五百二十六条　当事人互负债务，有先后履行顺序，应当先履行债务一方未履行的，后履行一方有权拒绝其履行请求。先履行一方履行债务不符合约定的，后履行一方有权拒绝其相应的履行请求

（续表）

项目	内容
不安抗辩权	第五百二十七条　应当先履行债务的当事人，有确切证据证明对方有下列情形之一的，可以中止履行： (1)经营状况严重恶化。 (2)转移财产、抽逃资金，以逃避债务。 (3)丧失商业信誉。 (4)有丧失或者可能丧失履行债务能力的其他情形。 当事人没有确切证据中止履行的，应当承担违约责任

教你一招

通过三者特点对比，区分合同履行过程中当事人的三种抗辩权。考试中可能考查抗辩权的类型，也可能给出定义考查属于哪种抗辩权。

真题精练

【例7·单项选择题】应当先履行债务的当事人，有确切证据证明对方经营状况已严重恶化的，可以中止履行债务，这种权利指的是(　　)。

A. 先履行抗辩权　　B. 后履行抗辩权

C. 不安抗辩权　　D. 同时履行抗辩权

C　不安抗辩权是指应当先履行债务的当事人，有确切证据证明对方有下列情形之一的，可以中止履行：(1)经营状况严重恶化。(2)转移财产、抽逃资金，以逃避债务。(3)丧失商业信誉。(4)有丧失或者可能丧失履行债务能力的其他情形。

(六)违约责任

《中华人民共和国民法典》的规定如下：

第五百七十七条　当事人一方不履行合同义务或者履行合同义务不符合约定的，应当承担继续履行、采取补救措施或者赔偿损失等违约责任。

要点点拨

违约责任的承担形式主要有：

(1)违约金责任。

(2)赔偿损失。

(3)继续履行。

(4)定金责任。

(5)采取补救措施。

二、物权法律制度 ★★★

《中华人民共和国民法典》的规定如下：

第一百一十四条　民事主体依法享有物权。

物权是权利人依法对特定的物享有直接支配和排他的权利，包括所有权、用益物权和担保物权。

1. 所有权

第二百四十条　所有权人对自己的不动产或者动产，依法享有占有、使用、收益和处分的权利。

2. 用益物权

第三百二十三条　用益物权人对他人所有的不动产或者动产，依法享有占有、使用和收益的权利。

3. 担保物权

第三百八十七条　债权人在借贷、买卖等民事活动中，为保障实现其债权，需要担保的，可以依照本法和其他法律的规定设立担保物权。

第三人为债务人向债权人提供担保的，可以要求债务人提供反担保。反担保适用本法和其他法律的规定。

4. 抵押

第三百九十四条　为担保债务的履行，债务人或者第三人不转移财产的占有，将该财产抵押给债权人的，债务人不履行到期债务或者发生当事人约定的实现抵押权的情形，债权人有权就该财产优先受偿。

前款规定的债务人或者第三人为抵押人，债权人为抵押权人，提供担保的财产为抵押财产。

可抵押的财产

债务人或者第三人有权处分的下列财产可以抵押：

(1)建筑物和其他土地附着物。

(2)建设用地使用权。

(3)海域使用权。

(4)生产设备、原材料、半成品、产品。

(5)正在建造的建筑物、船舶、航空器。

(6)交通运输工具。

(7)法律、行政法规未禁止抵押的其他财产。

抵押人可以将前述所列财产一并抵押。

不得抵押的财产

下列财产不得抵押：

(1)土地所有权。

(2)宅基地、自留地、自留山等集体所有土地的使用权，但是法律规定可以抵押的除外。

(3)学校、幼儿园、医疗机构等为公益目的成立的非营利法人的教育设施、医疗卫生设施和其他公益设施。

(4)所有权、使用权不明或者有争议的财产。

(5)依法被查封、扣押、监管的财产。

(6)法律、行政法规规定不得抵押的其他财产。

知识加油站

设立抵押权，当事人应当采取书面形式订立抵押合同。

真题精练

【例8·多项选择题】根据《中华人民共和国民法典》的规定，债务人或第三人可以抵押的财产有（ ）。

A. 土地所有权

B. 建设用地使用权

C. 学校、幼儿园、医疗机构等为公益目的成立的非营利法人的教育设施、医疗卫生设施和其他公益设施

D. 生产设备、原材料、半成品、产品

E. 海域使用权

BDE 债务人或者第三人有权处分的下列财产可以抵押：(1)建筑物和其他土地附着物。(2)建设用地使用权。(3)海域使用权。(4)生产设备、原材料、半成品、产品。(5)正在建造的建筑物、船舶、航空器。(6)交通运输工具。(7)法律、行政法规未禁止抵押的其他财产。

5. 质押

第四百二十五条 为担保债务的履行，债务人或者第三人将其动产出质给债权人占有的，债务人不履行到期债务或者发生当事人约定的实现质权的情形，债权人有权就该动产优先受偿。

前款规定的债务人或者第三人为出质人，债权人为质权人，交付的动产为质押财产。

第四百二十六条 法律、行政法规禁止转让的动产不得出质。

第四百四十条 债务人或者第三人有权处分的下列权利可以出质：

(1)**汇票、本票、支票**。

(2)**债券、存款单**。

(3)**仓单、提单**。

(4)**可以转让的基金份额、股权**。

(5)**可以转让的注册商标专用权、专利权、著作权等知识产权中的财产权**。

(6)**现有的以及将有的应收账款**。

(7)**法律、行政法规规定可以出质的其他财产权利**。

真题精练

【例9·单项选择题】根据《中华人民共和国民法典》的规定，债务人或者第三人有权处分的下列权利中不可以出质的是（ ）。

A. 现有的以及将有的应收账款

B. 仓单、提单

C. 汇票、支票、本票

D. 个人有权处理的国有的机器、交通运输工具和其他财产

D 债务人或者第三人有权处分的下列权利可以出质:(1)汇票、本票、支票。(2)债券、存款单。(3)仓单、提单。(4)可以转让的基金份额、股权。(5)可以转让的注册商标专用权、专利权、著作权等知识产权中的财产权。(6)现有的以及将有的应收账款。(7)法律、行政法规规定可以出质的其他财产权利。

三、婚姻法律制度 ★★★

《中华人民共和国民法典》的规定如下:

1. 夫妻的共同财产

第一千零六十二条　夫妻在婚姻关系存续期间所得的下列财产,为夫妻的共同财产,归夫妻共同所有:

(1)工资、奖金、劳务报酬。

(2)生产、经营、投资的收益。

(3)知识产权的收益。

(4)继承或者受赠的财产,但是本法第一千零六十三条第三项规定的除外。

(5)其他应当归共同所有的财产。

夫妻对共同财产,有平等的处理权。

2. 夫妻一方的个人财产

第一千零六十三条　下列财产为夫妻一方的个人财产:

(1)一方的婚前财产。

(2)一方因受到人身损害获得的赔偿或者补偿。

(3)遗嘱或者赠与合同中确定只归一方的财产。

(4)一方专用的生活用品。

(5)其他应当归一方的财产。

教你一招

考试中常以单选题形式考查哪些财产属于夫妻一方或共同财产,谨记夫妻一方个人财产的内容,做这类题就可以得心应手了。

3. 婚姻关系存续期间以及婚前财产的约定

第一千零六十五条　男女双方可以约定婚姻关系存续期间所得的财产以及婚前财产归各自所有、共同所有或者部分各自所有、部分共同所有。约定应当采用书面形式。没有约定或者约定不明确的,适用本法第一千零六十二条、第一千零六十三条的规定。

夫妻对婚姻关系存续期间所得的财产以及婚前财产的约定,对双方具有法律约束力。

夫妻对婚姻关系存续期间所得的财产约定归各自所有,夫或者妻一方对外所负的债务,相对人知道该约定的,以夫或者妻一方的个人财产清偿。

4. 离婚

第一千零八十五条　离婚后,子女由一方直接抚养的,另一方应当负担部分或者全部抚养费。负担费用的多少和期限的长短，由双方协议；协议不成的，由人民法院判决。

前款规定的协议或者判决，不妨碍子女在必要时向父母任何一方提出超过协议或者判决原定数额的合理要求。

第一千零八十七条　离婚时，夫妻的共同财产由双方协议处理；协议不成的，由人民法院根据财产的具体情况，按照照顾子女、女方和无过错方权益的原则判决。

对夫或者妻在家庭土地承包经营中享有的权益等，应当依法予以保护。

第一千零八十八条　夫妻一方因抚育子女、照料老年人、协助另一方工作等负担较多义务的，离婚时有权向另一方请求补偿，另一方应当给予补偿。具体办法由双方协议；协议不成的，由人民法院判决。

第一千零八十九条　**离婚时，夫妻共同债务应当共同偿还**。共同财产不足清偿或者财产归各自所有的，由双方协议清偿；协议不成的，由人民法院判决。

第一千零九十条　离婚时，如果一方生活困难，有负担能力的另一方应当给予适当帮助。具体办法由双方协议；协议不成的，由人民法院判决。

第一千零九十二条　夫妻一方隐藏、转移、变卖、毁损、挥霍夫妻共同财产，或者伪造夫妻共同债务企图侵占另一方财产的，在离婚分割夫妻共同财产时，对该方可以少分或者不分。离婚后，另一方发现有上述行为的，可以向人民法院提起诉讼，请求再次分割夫妻共同财产。

真题精练

【例 10 · 单项选择题】根据《中华人民共和国民法典》的规定，离婚时，原为夫妻共同生活所负的债务，应以共同财产偿还，共同财产不足清偿时，(　　)。

A. 由双方协议清偿　　B. 由双方各清偿一半

C. 由经济条件好的一方清偿　　D. 由人民法院判决

A　《中华人民共和国民法典》第一千零八十九条规定，离婚时，夫妻共同债务应当共同偿还。共同财产不足清偿或者财产归各自所有的，由双方协议清偿；协议不成的，由人民法院判决。

四、继承法律制度 ★★★

《中华人民共和国民法典》的规定如下：

1. 遗产继承的方式

第一千一百二十二条　遗产是自然人死亡时遗留的个人合法财产。

依照法律规定或者根据其性质不得继承的遗产，不得继承。

第一千一百二十三条　继承开始后，按照法定继承办理；有遗嘱的，按照遗嘱继承或者遗赠办理；有遗赠扶养协议的，按照协议办理。

第一千一百二十四条　继承开始后，继承人放弃继承的，应当在遗产处理前，以书面形式作出放弃继承的表示；没有表示的，视为接受继承。

受遗赠人应当在知道受遗赠后 60 日内，作出接受或者放弃受遗赠的表示；到期没有表示的，视为放弃受遗赠。

2. 遗产继承人的顺序

第一千一百二十七条　遗产按照下列顺序继承：

（1）第一顺序：配偶、子女、父母。

（2）第二顺序：兄弟姐妹、祖父母、外祖父母。

继承开始后，由第一顺序继承人继承，第二顺序继承人不继承；没有第一顺序继承人继承的，由第二顺序继承人继承。

本编所称子女，包括婚生子女、非婚生子女、养子女和有扶养关系的继子女。

本编所称父母，包括生父母、养父母和有扶养关系的继父母。

本编所称兄弟姐妹，包括同父母的兄弟姐妹、同父异母或者同母异父的兄弟姐妹、养兄弟姐妹、有扶养关系的继兄弟姐妹。

3. 代位继承

第一千一百二十八条　被继承人的子女先于被继承人死亡的，由被继承人的子女的直系晚辈血亲代位继承。

被继承人的兄弟姐妹先于被继承人死亡的，由被继承人的兄弟姐妹的子女代位继承。

代位继承人一般只能继承被代位继承人有权继承的遗产份额。

4. 丧偶儿媳、女婿的继承权

第一千一百二十九条　**丧偶儿媳对公婆，丧偶女婿对岳父母，尽了主要赡养义务的，作为第一顺序继承人**。

5. 遗产分配

第一千一百三十条　同一顺序继承人继承遗产的份额，一般应当均等。

对生活有特殊困难又缺乏劳动能力的继承人，分配遗产时，应当予以照顾。

对被继承人尽了主要扶养义务或者与被继承人共同生活的继承人，分配遗产时，可以多分。

有扶养能力和有扶养条件的继承人，不尽扶养义务的，分配遗产时，应当不分或者少分。

继承人协商同意的，也可以不均等。

6. 遗嘱继承

第一千一百三十三条　自然人可以依照本法规定立遗嘱处分个人财产，并可以指定遗嘱执行人。

自然人可以立遗嘱将个人财产指定由法定继承人中的一人或者数人继承。

自然人可以立遗嘱将个人财产赠与国家、集体或者法定继承人以外的组织、个人。

自然人可以依法设立遗嘱信托。

第一千一百三十四条　自书遗嘱由遗嘱人亲笔书写，签名，注明年、月、日。

第一千一百三十五条　代书遗嘱应当有两个以上见证人在场见证，由其中一人代书，并由遗嘱人、代书人和其他见证人签名，注明年、月、日。

第一千一百三十六条　打印遗嘱应当有两个以上见证人在场见证。遗嘱人和见证人应当在遗嘱每一页签名，注明年、月、日。

第一千一百三十七条　以录音录像形式立的遗嘱，应当有两个以上见证人在场见证。

遗嘱人和见证人应当在录音录像中记录其姓名或者肖像，以及年、月、日。

第一千一百三十八条　遗嘱人在危急情况下，可以立口头遗嘱。口头遗嘱应当有两个以上见证人在场见证。危急情况消除后，遗嘱人能够以书面或者录音录像形式立遗嘱的，所立的口头遗嘱无效。

第一千一百三十九条　公证遗嘱由遗嘱人经公证机构办理。

第一千一百四十条　下列人员不能作为遗嘱见证人：

(1)无民事行为能力人、限制民事行为能力人以及其他不具有见证能力的人。

(2)继承人、受遗赠人。

(3)与继承人、受遗赠人有利害关系的人。

第一千一百四十一条　遗嘱应当为缺乏劳动能力又没有生活来源的继承人保留必要的遗产份额。

第一千一百四十二条　遗嘱人可以撤回、变更自己所立的遗嘱。

立遗嘱后，遗嘱人实施与遗嘱内容相反的民事法律行为的，视为对遗嘱相关内容的撤回。

立有数份遗嘱，内容相抵触的，以最后的遗嘱为准。

第一千一百四十三条　无民事行为能力人或者限制民事行为能力人所立的遗嘱无效。

遗嘱必须表示遗嘱人的真实意思，受欺诈、胁迫所立的遗嘱无效。

伪造的遗嘱无效。

遗嘱被篡改的，篡改的内容无效。

第一千一百四十四条　遗嘱继承或者遗赠附有义务的，继承人或者受遗赠人应当履行义务。没有正当理由不履行义务的，经利害关系人或者有关组织请求，人民法院可以取消其接受附义务部分遗产的权利。

教你一招

代书遗嘱、打印遗嘱、以录音录像形式立的遗嘱、口头遗嘱，应当有两个以上见证人在场见证，此处为常考点。

真题精练

【例11·单项选择题】下列不属于遗产第一顺序继承人的是(　　)。

A. 父母　　B. 子女

C. 祖父母　　D. 配偶

C　遗产第一顺序继承人包括配偶、子女、父母。第二顺序继承人包括兄弟姐妹、祖父母、外祖父母。

五、个人独资企业法 ★★

个人独资企业是按照《中华人民共和国个人独资企业法》在中国境内设立的，由一个自然人投资，财产为投资人个人所有，投资人以其个人财产对企业债务承担无限责任的经营实体。

《中华人民共和国个人独资企业法》的有关规定如下：

项目	内容
个人独资企业的设立	第八条　设立个人独资企业应当具备下列条件： (1)投资人为一个自然人。 (2)有合法的企业名称。 (3)有投资人申报的出资。 (4)有固定的生产经营场所和必要的生产经营条件。 (5)有必要的从业人员
个人独资企业的运营	第十八条　个人独资企业投资人在申请企业设立登记时明确以其家庭共有财产作为个人出资的，应当依法以家庭共有财产对企业债务承担无限责任。 第十九条　个人独资企业投资人可以自行管理企业事务，也可以委托或者聘用其他具有民事行为能力的人负责企业的事务管理。 投资人委托或者聘用他人管理个人独资企业事务，应当与受托人或者被聘用的人签订书面合同，明确委托的具体内容和授予的权利范围。 受托人或者被聘用的人员应当履行诚信、勤勉义务，按照与投资人签订的合同负责个人独资企业的事务管理。 投资人对受托人或者被聘用的人员职权的限制，不得对抗善意第三人
个人独资企业的解散和清算	第二十七条　个人独资企业解散，由投资人自行清算或者由债权人申请人民法院指定清算人进行清算。 **投资人自行清算的，应当在清算前15日内书面通知债权人，无法通知的，应当予以公告**。债权人应当在接到通知之日起30日内，未接到通知的应当在公告之日起60日内，向投资人申报其债权。 第二十八条　个人独资企业解散后，原投资人对个人独资企业存续期间的债务仍应承担偿还责任，但债权人在5年内未向债务人提出偿债请求的，该责任消灭。 第二十九条　个人独资企业解散的，财产应当按照下列顺序清偿： (1)所欠职工工资和社会保险费用。 (2)所欠税款。 (3)其他债务。 第三十条　清算期间，个人独资企业不得开展与清算目的无关的经营活动。在按前条规定清偿债务前，投资人不得转移、隐匿财产。 第三十一条　个人独资企业财产不足以清偿债务的，投资人应当以其个人的其他财产予以清偿

真题精练

【例12·单项选择题】个人独资企业解散，投资人自行清算的，应当在清算前（　）日内书面通知债权人。

A. 10　　B. 15

C. 20　　D. 30

B 《中华人民共和国个人独资企业法》第二十七条规定，投资人自行清算的，应当在清算前15日内书面通知债权人，无法通知的，应当予以公告。债权人应当在接到通知之日起30日内，未接到通知的应当在公告之日起60日内，向投资人申报其债权。

六、合伙企业法 ★★

《中华人民共和国合伙企业法》所称合伙企业，是指自然人、法人和其他组织依照本法在中国境内设立的普通合伙企业和有限合伙企业。

普通合伙企业由普通合伙人组成，合伙人对合伙企业债务承担无限连带责任。《中华人民共和国合伙企业法》对普通合伙人承担责任的形式有特别规定的，从其规定。

有限合伙企业由普通合伙人和有限合伙人组成，普通合伙人对合伙企业债务承担无限连带责任，有限合伙人以其认缴的出资额为限对合伙企业债务承担责任。

（一）普通合伙企业

《中华人民共和国合伙企业法》的有关规定如下：

1. 合伙企业的设立

第十四条　设立合伙企业，应当具备下列条件：

（1）有2个以上合伙人。合伙人为自然人的，应当具有完全民事行为能力。

（2）有书面合伙协议。

（3）有合伙人认缴或者实际缴付的出资。

（4）有合伙企业的名称和生产经营场所。

（5）法律、行政法规规定的其他条件。

2. 合伙人的出资方式

第十六条　**合伙人可以用货币、实物、知识产权、土地使用权或者其他财产权利出资，也可以用劳务出资。**

合伙人以实物、知识产权、土地使用权或者其他财产权利出资，需要评估作价的，可以由全体合伙人协商确定，也可以由全体合伙人委托法定评估机构评估。

合伙人以劳务出资的，其评估办法由全体合伙人协商确定，并在合伙协议中载明。

第十七条　合伙人应当按照合伙协议约定的出资方式、数额和缴付期限，履行出资义务。

以非货币财产出资的，依照法律、行政法规的规定，需要办理财产权转移手续的，应当依法办理。

3. 合伙人财产的转让

第二十二条 **除合伙协议另有约定外，合伙人向合伙人以外的人转让其在合伙企业中的全部或者部分财产份额时，须经其他合伙人一致同意。**

合伙人之间转让在合伙企业中的全部或者部分财产份额时，应当通知其他合伙人。

第二十三条 **合伙人向合伙人以外的人转让其在合伙企业中的财产份额的，在同等条件下，其他合伙人有优先购买权；但是，合伙协议另有约定的除外。**

第二十四条 合伙人以外的人依法受让合伙人在合伙企业中的财产份额的，经修改合伙协议即成为合伙企业的合伙人，依照本法和修改后的合伙协议享有权利，履行义务。

4. 合伙人财产的出质

第二十五条 合伙人以其在合伙企业中的财产份额出质的，须经其他合伙人一致同意；未经其他合伙人一致同意，其行为无效，由此给善意第三人造成损失的，由行为人依法承担赔偿责任。

5. 合伙人财产的继承

第五十条 合伙人死亡或者被依法宣告死亡的，对该合伙人在合伙企业中的财产份额享有合法继承权的继承人，按照合伙协议的约定或者经全体合伙人一致同意，从继承开始之日起，取得该合伙企业的合伙人资格。

有下列情形之一的，合伙企业应当向合伙人的继承人退还被继承合伙人的财产份额：

（1）继承人不愿意成为合伙人。

（2）法律规定或者合伙协议约定合伙人必须具有相关资格，而该继承人未取得该资格。

（3）合伙协议约定不能成为合伙人的其他情形。

合伙人的继承人为无民事行为能力人或者限制民事行为能力人的，经全体合伙人一致同意，可以依法成为有限合伙人，普通合伙企业依法转为有限合伙企业。全体合伙人未能一致同意的，合伙企业应当将被继承合伙人的财产份额退还该继承人。

6. 合伙人的退伙

第五十一条 合伙人退伙，其他合伙人应当与该退伙人按照退伙时的合伙企业财产状况进行结算，退还退伙人的财产份额。退伙人对给合伙企业造成的损失负有赔偿责任的，相应扣减其应当赔偿的数额。

退伙时有未了结的合伙企业事务的，待该事务了结后进行结算。

第五十二条 退伙人在合伙企业中财产份额的退还办法，由合伙协议约定或者由全体合伙人决定，可以退还货币，也可以退还实物。

（二）有限合伙企业

《中华人民共和国合伙企业法》的有关规定如下：

第六十一条 有限合伙企业由 2 个以上 50 个以下合伙人设立；但是，法律另有规定的除外。

有限合伙企业至少应当有一个普通合伙人。

第七十二条 有限合伙人可以将其在有限合伙企业中的财产份额出质；但是，合伙协议另有约定的除外。

第七十三条 **有限合伙人可以按照合伙协议的约定向合伙人以外的人转让其在有限**

合伙企业中的财产份额，但应当提前30日通知其他合伙人。

第七十四条　有限合伙人的自有财产不足清偿其与合伙企业无关的债务的，该合伙人可以以其从有限合伙企业中分取的收益用于清偿；债权人也可以依法请求人民法院强制执行该合伙人在有限合伙企业中的财产份额用于清偿。

人民法院强制执行有限合伙人的财产份额时，应当通知全体合伙人。在同等条件下，其他合伙人有优先购买权。

第八十一条　有限合伙人退伙后，对基于其退伙前的原因发生的有限合伙企业债务，以其退伙时从有限合伙企业中取回的财产承担责任。

真题精练

【例13·单项选择题】下列关于普通合伙人出资的表述中，错误的是（　　）。

A. 普通合伙人可以用货币出资

B. 普通合伙人可以用知识产权出资

C. 普通合伙人可以用土地使用权出资，但不可以用劳务出资

D. 普通合伙人以实物出资，需要评估作价的，可以由全体合伙人协商确定，也可以由全体合伙人委托法定评估机构评估

C　《中华人民共和国合伙企业法》第十六条规定，合伙人可以用货币、实物、知识产权、土地使用权或者其他财产权利出资，也可以用劳务出资。

第三节　银行销售及代理销售产品相关法律法规

一、商业银行理财产品涉及的重要法律法规 ★★★

2018年4月27日，中国人民银行、中国银保监会、中国证券监督管理委员会、国家外汇管理局联合发布了《关于规范金融机构资产管理业务的指导意见》，**明确资产管理产品主要包括银行非保本理财产品，资金信托，证券公司、证券公司子公司、基金管理公司、基金管理公司子公司、期货公司、期货公司子公司、保险资产管理机构、金融资产投资公司发行的资产管理产品等。**

2018年9月26日，银保监会发布《商业银行理财业务监督管理办法》，作为《关于规范金融机构资产管理业务的指导意见》配套实施细则，主要内容包括：严格区分公募和私募理财产品，加强投资者适当性管理；规范产品运作，实行净值化管理；规范资金池运作，防范“影子银行”风险；去除通道，强化穿透管理；设定限额，控制集中度风险；加强流动性风险管控，控制杠杆水平；加强理财投资合作机构管理，强化信息披露，保护投资者合法权益；实行产品集中登记，加强理财产品合规性管理等。

2018年12月2日，银保监会发布了《商业银行理财子公司管理办法》。该办法的制定主要遵循了以下原则：一是对标资管新规和理财新规。二是做好与同类机构监管制度对照衔接。三是强化投资者保护。

2020 年 7 月 31 日，经国务院同意，人民银行会同国家发展改革委、财政部、银保监会、证监会、外汇局等部门，充分考虑新冠肺炎疫情影响实际，在资管新规框架下，审慎研究决定，延长资管新规过渡期至 2021 年年底。

另外一些重要的部门规章还包括：2016 年 5 月 13 日，银监会发布的《中国银监会关于规范商业银行代理销售业务的通知》；2017 年 8 月 23 日，银监会发布的《银行业金融机构销售专区录音录像管理暂行规定》；2020 年 1 月 25 日实施的《关于进一步规范金融营销宣传行为的通知》。

（一）理财产品分类

《商业银行理财业务监督管理办法》对商业银行理财产品从不同维度进行分类管理。

项目	内容
公募理财产品和私募理财产品	第八条　**商业银行根据募集方式的不同，将理财产品分为公募理财产品和私募理财产品**。 公募理财产品是指商业银行面向不特定社会公众公开发行的理财产品。公开发行的认定标准按照《中华人民共和国证券法》执行。 私募理财产品是指商业银行面向合格投资者非公开发行的理财产品。合格投资者是指具备相应风险识别能力和风险承受能力，投资于单只理财产品不低于一定金额且符合下列条件的自然人、法人或者依法成立的其他组织： （1）**具有 2 年以上投资经历，且满足家庭金融净资产不低于 300 万元人民币，或者家庭金融资产不低于 500 万元人民币，或者近 3 年本人年均收入不低于 40 万元人民币**。 （2）**最近 1 年末净资产不低于 1 000 万元人民币的法人或者依法成立的其他组织**。 （3）**国务院银行业监督管理机构规定的其他情形**。 私募理财产品的投资范围由合同约定，可以投资于债权类资产和权益类资产等。权益类资产是指上市交易的股票、未上市企业股权及其受(收)益权
固定收益类理财产品、权益类理财产品、商品及金融衍生品类理财产品和混合类理财产品	第九条　**商业银行应当根据投资性质的不同，将理财产品分为固定收益类理财产品、权益类理财产品、商品及金融衍生品类理财产品和混合类理财产品**。 （1）固定收益类理财产品投资于存款、债券等债权类资产的比例不低于 80%。 （2）**权益类理财产品投资于权益类资产的比例不低于 80%**。 （3）商品及金融衍生品类理财产品投资于商品及金融衍生品的比例不低于 80%。 （4）混合类理财产品投资于债权类资产、权益类资产、商品及金融衍生品类资产且任一资产的投资比例未达到前三类理财产品标准。 非因商业银行主观因素导致突破前述比例限制的，商业银行应当在流动性受限资产可出售、可转让或者恢复交易的 15 个交易日内将理财产品投资比例调整至符合要求，国务院银行业监督管理机构规定的特殊情形除外

（续表）

项目	内容
封闭式理财产品和开放式理财产品	第十条 商业银行应当根据运作方式的不同，将理财产品分为封闭式理财产品和开放式理财产品。 封闭式理财产品是指有确定到期日，且自产品成立日至终止日期间，投资者不得进行认购或者赎回的理财产品。 开放式理财产品是指自产品成立日至终止日期间，理财产品份额总额不固定，投资者可以按照协议约定，在开放日和相应场所进行认购或者赎回的理财产品

（二）理财产品适当性及宣传、销售管理要求

1.《关于进一步规范金融营销宣传行为的通知》对金融营销宣传行为进行了规范

金融营销宣传行为是指金融产品或金融服务经营者利用各种宣传工具或方式，就金融产品或金融服务进行宣传、推广的行为。

（1）建立健全金融营销宣传内控制度和管理机制。

（2）建立健全金融营销宣传行为监测工作机制。

（3）加强对业务合作方金融营销宣传行为的监督。

（4）不得非法或超范围开展金融营销宣传活动。

（5）不得以欺诈或引人误解的方式对金融产品或金融服务进行营销宣传。

（6）不得以损害公平竞争的方式开展金融营销宣传活动。

（7）不得利用政府公信力进行金融营销宣传。

（8）不得损害金融消费者知情权。

（9）不得利用互联网进行不当金融营销宣传。

（10）不得违规向金融消费者发送金融营销宣传信息。

（11）金融产品或金融服务经营者不得开展法律法规和国务院金融管理部门认定的其他违法违规金融营销宣传活动。

2.《关于规范金融机构资产管理业务的指导意见》对资产管理产品的发行、销售行为的规定

第六条 金融机构发行和销售资产管理产品，应当坚持“了解产品”和“了解客户”的经营理念，加强投资者适当性管理，向投资者销售与其风险识别能力和风险承担能力相适应的资产管理产品。禁止欺诈或者误导投资者购买与其风险承担能力不匹配的资产管理产品。金融机构不得通过拆分资产管理产品的方式，向风险识别能力和风险承担能力低于产品风险等级的投资者销售资产管理产品。金融机构应当加强投资者教育，不断提高投资者的金融知识水平和风险意识，向投资者传递“卖者尽责、买者自负”的理念，打破刚性兑付。

第九条 金融机构代理销售其他金融机构发行的资产管理产品，应当符合金融监督管理部门规定的资质条件。未经金融监督管理部门许可，任何非金融机构和个人不得代理销售资产管理产品。

金融机构应当建立资产管理产品的销售授权管理体系，明确代理销售机构的准入标

准和程序，明确界定双方的权利与义务，明确相关风险的承担责任和转移方式。

金融机构代理销售资产管理产品，应当建立相应的内部审批和风险控制程序，对发行或者管理机构的信用状况、经营管理能力、市场投资能力、风险处置能力等开展尽职调查，要求发行或者管理机构提供详细的产品介绍、相关市场分析和风险收益测算报告，进行充分的信息验证和风险审查，确保代理销售的产品符合本意见规定并承担相应责任。

知识加油站

《关于规范金融机构资产管理业务的指导意见》第十五条第三款规定，为降低期限错配风险，金融机构应当强化资产管理产品久期管理，封闭式资产管理产品期限不得低于90天。资产管理产品直接或者间接投资于非标准化债权类资产的，非标准化债权类资产的终止日不得晚于封闭式资产管理产品的到期日或者开放式资产管理产品的最近一次开放日。

第十六条第二款规定，金融机构应当控制资产管理产品所投资资产的集中度：

（1）单只公募资产管理产品投资单只证券或者单只证券投资基金的市值不得超过该资产管理产品净资产的10%。

（2）同一金融机构发行的全部公募资产管理产品投资单只证券或者单只证券投资基金的市值不得超过该证券市值或者证券投资基金市值的30%。其中，同一金融机构全部开放式公募资产管理产品投资单一上市公司发行的股票不得超过该上市公司可流通股票的15%。

（3）同一金融机构全部资产管理产品投资单一上市公司发行的股票不得超过该上市公司可流通股票的30%。

金融监督管理部门另有规定的除外。

第十七条规定，金融机构应当按照资产管理产品管理费收入的10%计提风险准备金，或者按照规定计量操作风险资本或相应风险资本准备。风险准备金余额达到产品余额的1%时可以不再提取。风险准备金主要用于弥补因金融机构违法违规、违反资产管理产品协议、操作错误或者技术故障等给资产管理产品财产或者投资者造成的损失。金融机构应当定期将风险准备金的使用情况报告金融管理部门。

真题精练

【例14·单项选择题】根据《关于规范金融机构资产管理业务的指导意见》，金融机构应当控制资产管理产品所投资资产的集中度，其中，单只公募资产管理产品投资单只证券的市值不得超过该产品净资产的（　　）。

A. 5%　　B. 20%

C. 10%　　D. 30%

C 《关于规范金融机构资产管理业务的指导意见》第十六条第二款规定，单只公募资产管理产品投资单只证券或者单只证券投资基金的市值不得超过该资产管理产品净资产的10%。

3.《商业银行理财业务监督管理办法》对银行理财产品销售行为的规范

第二十五条　商业银行理财产品销售是指商业银行将本行发行的理财产品向投资者进行宣传推介和办理认购、赎回等业务活动。

第二十六条　商业银行销售理财产品，应当加强投资者适当性管理，向投资者充分披露信息和揭示风险，**不得宣传或承诺保本保收益，不得误导投资者购买与其风险承受能力不相匹配的理财产品**。

商业银行理财产品宣传销售文本应当全面、如实、客观地反映理财产品的重要特性，充分披露理财产品类型、投资组合、估值方法、托管安排、风险和收费等重要信息，所使用的语言表述必须真实、准确和清晰。

商业银行发行理财产品，不得宣传理财产品预期收益率，在理财产品宣传销售文本中只能登载该理财产品或者本行同类理财产品的过往平均业绩和最好、最差业绩，并以醒目文字提醒投资者“理财产品过往业绩不代表其未来表现，不等于理财产品实际收益，投资须谨慎”。

第二十七条　商业银行应当采用科学合理的方法，根据理财产品的投资组合、同类产品过往业绩和风险水平等因素，对拟销售的理财产品进行风险评级。

理财产品风险评级结果应当以风险等级体现，由低到高至少包括一级至五级，并可以根据实际情况进一步细分。

第二十八条　商业银行应当对非机构投资者的风险承受能力进行评估，确定投资者风险承受能力等级，由低到高至少包括一级至五级，并可以根据实际情况进一步细分。

商业银行不得在风险承受能力评估过程中误导投资者或者代为操作，确保风险承受能力评估结果的真实性和有效性。

第二十九条　商业银行只能向投资者销售风险等级等于或低于其风险承受能力等级的理财产品，并在销售文件中明确提示产品适合销售的投资者范围，在销售系统中设置销售限制措施。

商业银行不得通过对理财产品进行拆分等方式，向风险承受能力等级低于理财产品风险等级的投资者销售理财产品。

其他资产管理产品投资于商业银行理财产品的，商业银行应当按照穿透原则，有效识别资产管理产品的最终投资者。

第三十条　商业银行应当根据理财产品的性质和风险特征，设置适当的期限和销售起点金额。

商业银行发行公募理财产品的，单一投资者销售起点金额不得低于 1 万元人民币。

商业银行发行私募理财产品的，**合格投资者投资于单只固定收益类理财产品的金额不得低于 30 万元人民币，投资于单只混合类理财产品的金额不得低于 40 万元人民币，投资于单只权益类理财产品、单只商品及金融衍生品类理财产品的金额不得低于 100 万元人民币**。

第三十一条　商业银行只能通过本行渠道（含营业网点和电子渠道）销售理财产品，或者通过其他商业银行、农村合作银行、村镇银行、农村信用合作社等吸收公众存款的银行业金融机构代理销售理财产品。

第三十二条　商业银行通过营业场所向非机构投资者销售理财产品的，应当按照国务院银行业监督管理机构的相关规定实施理财产品销售专区管理，并在销售专区内对每只理财产品销售过程进行录音录像。

第三十三条　商业银行应当按照国务院银行业监督管理机构的相关规定，妥善保存理财产品销售过程涉及的投资者风险承受能力评估、录音录像等相关资料。

商业银行应当依法履行投资者信息保密义务，建立投资者信息管理制度和保密制度，防范投资者信息被不当采集、使用、传输和泄露。商业银行与其他机构共享投资者信息的，应当在理财产品销售文本中予以明确，征得投资者书面授权或者同意，并要求其履行投资者信息保密义务。

第三十四条　**商业银行应当建立理财产品销售授权管理体系，制定统一的标准化销售服务规程，建立清晰的报告路线，明确分支机构业务权限，并采取定期核对、现场核查、风险评估等方式加强对分支机构销售活动的管理**。

真题精练

【例15·单项选择题】商业银行应当建立理财产品销售授权管理体系，制定统一的标准化销售服务规程，建立清晰的报告路线，明确分支机构业务权限，并采取(　　)等方式加强对分支机构销售活动的管理。

A. 不定期核对、现场核查、风险评估

B. 定期核对、非现场核查、风险评估

C. 定期核对、现场核查、风险评估

D. 不定期核对、非现场核查、风险评估

C　商业银行应当建立理财产品销售授权管理体系，制定统一的标准化销售服务规程，建立清晰的报告路线，明确分支机构业务权限，并采取定期核对、现场核查、风险评估等方式加强对分支机构销售活动的管理。

4.《中国银监会关于规范商业银行代理销售业务的通知》对商业银行代销理财产品代销行为的规范

第二十二条　商业银行应当按照国务院金融监督管理机构的规定确定代销业务的销售渠道。通过营业网点代销产品的，应当按照银保监会有关规定在专门区域销售，销售专区应当具有明显标识。

第二十三条　商业银行应当在营业网点或官方网站提供查询代销产品信息的渠道，建立代销产品分类目录，明示代销产品的代销属性、发行机构、合格投资者范围等信息，不得将代销产品与存款或其他自身发行的理财产品混淆销售。

第二十四条　商业银行应当使用合作机构提供的实物或电子形式的代销产品宣传资料和销售合同，全面、客观地揭示代销产品风险。国务院金融监督管理机构另有规定的除外。

代销产品宣传资料首页显著位置应当标明合作机构名称，并配备以下文字说明：“本产品由××机构(合作机构)发行与管理,代销机构不承担产品的投资、兑付和风险管理责任”。

第二十五条　**商业银行应当对客户风险承受能力进行评估,确定客户风险承受能力评级,并只能向客户销售等于或低于其风险承受能力的代销产品**。国务院金融监督管理机构另有规定的除外。

风险承受能力评估依据应当包括但不限于客户年龄、财务状况、投资经验、投资目的、收益预期、风险偏好、流动性要求、风险认识和风险损失承受程度等。

第二十六条　商业银行应当告知客户代销业务流程和收费标准,代销产品的发行机构、产品属性、主要风险和风险评级情况,以及商业银行与合作机构各自的责任和义务等信息。

第二十七条　商业银行应当向客户提供并提示其阅读相关销售文件,包括风险提示文件,以请客户抄写风险提示等方式充分揭示代销产品的风险,销售文件应当由客户签字逐一确认,国务院金融监督管理机构另有规定的除外。通过电子渠道销售的,应由客户通过符合法律、行政法规要求的电子方式逐一确认。

第二十八条　商业银行应当加强员工行为管理,对销售人员及其代销产品范围进行明确授权,并在营业网点公示。

第二十九条　销售人员应当具备代销业务相关的法律法规、金融、财务等专业知识、技能和相应的岗位资格,遵守国务院金融监督管理机构、行业协会和商业银行指定的销售人员行为准则和职业道德标准,并充分了解所代销产品的属性和风险特征。

第三十一条　商业银行通过营业网点开展代销业务的,应当根据国务院金融监督管理机构的相关规定实施录音录像,完整客观地记录营销推介、风险和关键信息提示、客户确认和反馈等重点销售环节。

第三十三条　商业银行从事代销业务,不得有以下情形:

(1)**未经授权或超越授权范围开展代销业务,假借所属机构名义私自推介、销售未经审批的产品,或在销售区域内存放未经审批的非本行产品销售文件和资料**。

(2)**将代销产品作为存款或其自身发行的理财产品进行销售,或者采取夸大宣传、虚假宣传等方式误导客户购买产品**。

(3)**违背客户意愿将代销产品与其他产品进行捆绑销售**。

(4)**由销售人员违规代替客户签署代销业务相关文件,或者代替客户进行代销产品购买等操作、代替客户持有或安排他人代替客户持有代销产品**。

(5)**为代销产品提供直接或间接、显性或隐性担保,包括承诺本金或收益保障**。

(6)**给予合作机构及其工作人员,或者向合作机构及其工作人员收取、索要代销协议约定以外的利益**。

(7)**国务院金融监督管理机构禁止的其他情形**。

第三十五条　**商业银行不得允许非本行人员在营业网点从事产品宣传推介、销售等活动**。

(三)销售专区录音录像管理及相关要求

《银行业金融机构销售专区录音录像管理暂行规定》对理财及代销产品销售期间的录音录像行为做出进一步规范:

第四条　银行业金融机构在营业场所销售自有理财产品及代销产品的，应进行销售专区建设并安装配备录音录像设备。个别面积较小、确实不具备设置独立销售专区条件的营业场所，可设置固定销售专柜，并按照专区“双录”相关规定进行管理。

银行业金融机构在营业场所销售自有理财产品及代销产品，应在销售专区内进行，不得在销售专区外进行产品销售活动。消费者通过自助终端等电子设备进行自主购买的除外。

第五条　银行业金融机构应在销售专区内配备包含“销售专区”（或“销售专柜”）、“录音录像”字样的明显标识，在显著位置以醒目字体提醒消费者可通过信息查询平台、网站或其他媒介了解产品相关信息，并进行明确的风险提示。

第六条　银行业金融机构销售人员应遵循相关监管要求并具有理财及代销业务相应资格，销售人员相关信息及其销售资格应在专区内进行公示，法律法规另有规定的除外。除本机构工作人员外，禁止其他任何人员在营业场所开展营销活动。

第七条　银行业金融机构应建立统一的产品信息查询平台，并由专门部门负责平台的信息录入及管理工作。产品信息查询平台应收录全部在售及存续期内金融产品的基本信息，凡未在平台上收录的产品，一律不得销售。产品信息查询平台应建立产品分类目录，严格区分自有与代销、公募与私募等不同产品类型，充分披露产品信息，产品信息涵盖产品类型、发行机构、风险等级、合格投资者范围、收费标准、收费方式等内容。

银行业金融机构应在营业场所配备可登录产品信息查询平台的终端或提供纸质产品目录，便于消费者查询、核实产品信息。银行业金融机构不得借助信息查询平台公开宣传私募产品。

第八条　银行业金融机构在销售专区内提供的产品宣传资料应真实、合法，全面反映产品的主要属性，严禁使用诱惑性、误导性的文字夸大收益或隐瞒重要信息。产品宣传资料应包含对产品风险的揭示，并以醒目、浅显易懂的文字表达。其中，代销产品宣传资料首页显著位置还应标明合作机构名称，并包含以下文字声明：“本产品由××机构（合作机构）发行与管理，代销机构不承担产品的投资、兑付和风险管理责任”。

第九条　银行业金融机构应在销售专区内公布本机构咨询举报电话，以便消费者进行产品信息咨询及确认，举报误导销售、私售产品等违规行为。

第十条　银行业金融机构应对自有理财产品及代销产品的销售过程进行同步录音录像，完整客观地记录营销推介、相关风险和关键信息提示、消费者确认和反馈等重点销售环节，消费者确认内容应至少包括其充分了解销售人员所揭示的产品风险等。银行业金融机构进行上述录音录像行为应征得消费者同意，如其不同意则不能销售产品。

第十一条　银行业金融机构应在自助终端等电子设备中对产品风险信息进行充分披露，同时还应提示消费者如有销售人员介入进行营销推介，则应停止自助终端购买操作，转至销售专区内购买。严禁销售人员在自助终端等电子设备上代客操作购买产品。

第十二条　银行业金融机构应保障录音录像质量，确保影音资料清晰、完整、连贯。

（1）录像可明确辨认销售人员和消费者的面部特征。

（2）录音可明确辨识销售人员和消费者的语言表述，并与录像画面保持同步。

第十三条　**银行业金融机构应将录音录像资料至少保留到产品终止日起6个月后或**

合同关系解除日起6个月后，发生纠纷的要保留到纠纷最终解决后。银行业金融机构代销其他非银行业金融机构的产品时，国务院金融监督管理机构对录音录像资料保存期限另有规定的，从其规定。

第十四条　银行业金融机构应对存储的录音录像资料进行严格管理，不可人为更改、涂抹或删除，并确保能够实现快速精准的检索调阅。

第十五条　银行业金融机构应对录音录像资料数据进行备份，并妥善保管备份数据。

第十六条　银行业金融机构应对录音录像数据存储及管理系统采取有效的信息安全措施，切实保障消费者信息安全权。

第十七条　银行业金融机构应遵照保密管理相关规定，在录音录像资料存储期限届满时按要求对相关资料进行销毁。

教你一招

理财产品是有风险的，为了防止客户不认，要留有证据，不仅有声音，还有录像，双重保险。

（四）法律责任

《商业银行理财业务监督管理办法》针对以下情形做出了明确的法律责任规定：

第七十条　商业银行从事理财业务活动，有下列情形之一的，由国务院银行业监督管理机构责令改正，并处20万元以上50万元以下罚款；情节特别严重或者逾期不改正的，可以责令停业整顿或者吊销其经营许可证；构成犯罪的，依法追究刑事责任：

（1）**提供虚假的或者隐瞒重要事实的报表、报告等文件、资料的。**

（2）**未按照规定进行风险揭示或者信息披露的。**

（3）**根据《关于规范金融机构资产管理业务的指导意见》经认定存在刚性兑付行为的。**

（4）**拒绝执行《商业银行理财业务监督管理办法》第六十八条规定的措施的。**

（5）**严重违反《商业银行理财业务监督管理办法》规定的其他情形。**

第七十一条　商业银行从事理财业务活动，未按照规定向银行业监督管理机构报告或者报送有关文件、资料的，由银行业监督管理机构依照《中华人民共和国银行业监督管理法》第四十七条的规定，予以处罚。

第七十二条　商业银行从事理财业务活动的其他违法违规行为，由银行业监督管理机构依照《中华人民共和国银行业监督管理法》《中华人民共和国商业银行法》等法律法规予以处罚。

第七十三条　商业银行从事理财业务活动，违反有关法律、行政法规以及国家有关银行业监督管理规定的，银行业监督管理机构除依照《商业银行理财业务监督管理办法》第七十条至第七十二条规定处罚外，还可以依照《中华人民共和国银行业监督管理法》第四十八条和《金融违法行为处罚办法》的相关规定，对直接负责的董事、高级管理人员和其他直接责任人员进行处理；涉嫌犯罪的，依法移送司法机关处理。

二、基金代销业务涉及的法律法规 ★★★

《公开募集证券投资基金销售机构监督管理办法》对基金代销业务的规定如下。

（一）基金销售机构注册资格

第三条 基金销售机构及其从业人员从事基金销售业务，基金服务机构及其从业人员从事与基金销售相关的服务业务，应当遵守法律法规、中国证监会规定以及基金合同、基金销售协议等约定，遵循自愿、公平的原则，诚实守信，谨慎勤勉，廉洁从业，恪守职业道德和行为规范，不得损害国家利益、社会公共利益和投资人的合法权益。

第七条 申请注册基金销售业务资格，应当具备下列条件：

（1）财务状况良好，运作规范。

（2）有与基金销售业务相适应的营业场所、安全防范等设施，办理基金销售业务的信息管理平台符合中国证监会的规定。

（3）具备健全高效的业务管理和风险管理制度，反洗钱、反恐怖融资及非居民金融账户涉税信息尽职调查等制度符合法律法规要求，基金销售结算资金管理、投资者适当性管理、内部控制等制度符合中国证监会的规定。

（4）取得基金从业资格的人员不少于20人。

（5）最近3年没有受到刑事处罚或者重大行政处罚；最近1年没有因相近业务被采取重大行政监管措施；没有因重大违法违规行为处于整改期间，或者因涉嫌重大违法违规行为正在被监管机构调查；不存在已经影响或者可能影响公司正常运作的重大变更事项，或者重大诉讼、仲裁等事项。

（6）中国证监会规定的其他条件。

第八条 商业银行、证券公司、期货公司、保险公司、保险经纪公司、保险代理公司、证券投资咨询机构申请注册基金销售业务资格，应当具备下列条件：

（1）本办法第七条规定的条件。

（2）有负责基金销售业务的部门。

（3）财务风险监控等监管指标符合国家金融监督管理部门的规定。

（4）负责基金销售业务的部门取得基金从业资格的人员不低于该部门员工人数的1/2，部门负责人取得基金从业资格，并具备从事基金业务2年以上或者在金融机构5年以上的工作经历；分支机构基金销售业务负责人取得基金从业资格。

（5）中国证监会规定的其他条件。

（二）基金销售业务规范相关要求

第十五条 基金销售机构办理基金销售业务，应当与基金管理人签订书面销售协议，明确双方权利义务。未经签订书面销售协议，基金销售机构不得办理基金的销售。

第十六条 基金销售机构开展基金宣传推介活动，应当坚持长期投资理念和客观、真实、准确的原则。

基金销售机构应当集中统一制作和使用基金宣传推介材料，并对内容的合规性进行内部审查，相关审查材料应当存档备查。基金宣传推介材料的管理规范，由中国证监会另行制定。

1. 基金销售流程规范

第十七条 基金销售机构应当按照中国证监会的规定了解投资人信息，坚持投资人利益优先和风险匹配原则，根据投资人的风险承担能力销售不同风险等级的产品，把合适的基金产品销售给合适的投资人。

基金销售机构应当加强投资者教育，引导投资人充分认识基金产品的风险收益特征。投资人购入基金前，基金销售机构应当提示投资人阅读基金合同、招募说明书、基金产品资料概要，提供有效途径供投资人查询，并以显著、清晰的方式向投资人揭示投资风险。

基金销售机构应当推动定期定额投资、养老储备投资等业务发展，促进投资人稳健投资，杜绝诱导投资人短期申赎、频繁申赎行为。

第十八条　基金销售机构应当根据反洗钱、反恐怖融资及非居民金融账户涉税信息尽职调查等法律法规要求履行相关职责，有效识别投资人身份，核对投资人的有效身份证件，登记投资人身份基本信息，确保基金账户持有人名称与有效身份证件中记载的名称一致，留存有效身份证件的复印件或者影印件，了解投资人资金来源的合法性，向基金管理人提供客户法定基本身份信息等反洗钱必要信息，并为基金管理人履行反洗钱、反恐怖融资及非居民金融账户涉税信息尽职调查等相关职责提供协助。

第十九条　基金销售机构应当按照法律法规、中国证监会的规定和基金合同、份额发售公告、招募说明书等文件的约定，办理基金份额的认购、申购和赎回，不得擅自拒绝接受投资人的申请。

投资人认购、申购基金份额，应当全额交付款项，中国证监会规定的特殊基金品种除外。

投资人在基金合同约定之外的日期和时间提出申购、赎回申请的，作为下一个交易日的交易处理，其基金份额申购、赎回价格为下次办理基金份额申购、赎回时间所在开放日的价格。

第二十条　基金销售机构、基金销售支付机构应当按照法律法规、基金合同和基金销售协议等的规定，归集、划转基金销售结算资金，确保基金销售结算资金安全、及时划付，并将赎回、分红及未成功认购、申购的款项划入投资人认购、申购时使用的结算账户。中国证监会就特殊基金品种、特殊业务类型另有规定的，从其规定。

第二十一条　基金销售机构应当按照法律法规和中国证监会规定以及基金合同、招募说明书和基金销售协议等的约定收取销售费用，并如实核算、记账；未经招募说明书载明，不得对不同投资人适用不同费率。

基金销售机构按照中国证监会的规定，为投资人提供除基金合同、招募说明书约定服务以外的增值服务的，可以向投资人收取增值服务费。

第二十二条　基金销售机构应当按照下列要求持续为投资人提供信息服务：

（1）及时告知投资人其认购、申购、赎回的基金名称以及基金份额的确认日期、确认份额和金额等信息。

（2）提供有效途径供投资人实时查询其所持基金的基本信息。

（3）定期向投资人主动提供基金保有情况信息。

（4）按照中国证监会的规定，做好有关信息传递工作，向投资人及时提供对其投资决策有重大影响的信息。

（5）中国证监会规定的其他要求。

基金销售机构应当与投资人约定提供前款规定信息的方式。

2. 禁止性规定

第二十四条　基金销售机构及其从业人员从事基金销售业务，不得有下列情形：

（1）虚假记载、误导性陈述或者重大遗漏。

（2）违规承诺收益、本金不受损失或者限定损失金额、比例。

（3）预测基金投资业绩，或者宣传预期收益率。

（4）误导投资人购买与其风险承担能力不相匹配的基金产品。

（5）未向投资人有效揭示实际承担基金销售业务的主体、所销售的基金产品等重要信息，或者以过度包装服务平台、服务品牌等方式模糊上述重要信息。

（6）采取抽奖、回扣或者送实物、保险、基金份额等方式销售基金。

（7）在基金募集申请完成注册前，办理基金销售业务，向公众分发、公布基金宣传推介材料或者发售基金份额。

（8）未按照法律法规、中国证监会规定、招募说明书和基金份额发售公告规定的时间销售基金，或者未按照规定公告即擅自变更基金份额的发售日期。

（9）挪用基金销售结算资金或者基金份额；违规利用基金份额转让等形式规避基金销售结算资金闭环运作要求、损害投资人资金安全。

（10）利用或者承诺利用基金资产和基金销售业务进行利益输送或者利益交换。

（11）违规泄露投资人相关信息或者基金投资运作相关非公开信息。

（12）以低于成本的费用销售基金。

（13）实施歧视性、排他性、绑定性销售安排。

（14）中国证监会规定禁止的其他情形。

真题精练

【例16·多项选择题】根据《公开募集证券投资基金销售机构监督管理办法》的规定，下列属于基金销售机构禁止性行为的有（　　）。

A. 虚假记载、误导性陈述　　B. 预测基金投资业绩

C. 宣传预期收益率　　D. 采取抽奖、回扣等方式销售基金

E. 以低于成本的费用销售基金

ABCDE　根据《公开募集证券投资基金销售机构监督管理办法》第二十四条的规定，上述五个选项均属于基金销售机构禁止的行为。

（三）基金销售行为内部控制与风险管理

第二十三条　基金销售机构可以委托其他基金销售机构办理基金销售中后台处理等活动，具体规定由中国证监会另行制定。

第二十五条　基金销售机构应当按照审慎经营的原则，建立健全并有效执行基金销售业务的内部控制与风险管理制度，完善内部责任追究机制，确保基金销售业务符合法律法规和中国证监会的规定。

第二十六条　基金销售机构应当指定专门合规风控人员对基金销售业务的经营运作

情况进行审查、监督和检查，并保障合规风控人员履职的独立性和有效性。

第二十七条　基金销售机构应当对基金管理人、基金产品进行审慎调查和风险评估，充分了解产品的投资范围、投资策略、风险收益特征等，并设立产品准入委员会或者专门小组，对销售产品准入实行集中统一管理。

第二十八条　基金销售机构应当建立健全投资人基金交易账户和资金账户管理制度，保障投资人信息安全和资金安全。

第二十九条　基金销售机构应当确保基金销售信息管理平台安全、高效运行，建立符合规定的灾难备份系统和应急预案。

第三十条　基金销售机构应当建立健全基金销售业务内部考核机制，坚持以投资人利益为核心和长期投资的理念，将基金销售保有规模、投资人长期投资收益等纳入分支机构和基金销售人员考核评价指标体系，并加大对存量基金产品持续销售、定期定额投资等业务的激励安排，不得将基金销售收入作为主要考核指标，不得实施短期激励，不得针对认购期基金实施特别的考核激励。

基金销售机构应当强化人员资质管理，确保基金销售人员具有基金从业资格。未经基金销售机构聘任，任何人员不得从事基金销售活动，中国证监会另有规定的除外。

基金销售机构应当建立健全基金销售人员持续培训机制，加强对基金销售人员行为的监督和检查，并建立相关人员的离任审计或者离任审查制度。基金销售人员不得从事与基金销售业务有利益冲突的业务活动。

第三十一条　基金销售机构应当建立健全业务范围管控制度，审慎评估基金销售业务与其依法开展或者拟开展的其他业务之间可能存在的利益冲突，完善利益冲突防范机制。

基金销售机构应当采取有效隔离措施，避免因其他业务风险影响基金销售业务稳健运行。

基金销售机构应当保持对基金销售业务的持续投入，确保实质展业及业务连续性。

第三十二条　基金销售机构应当对分支机构基金销售活动、基金销售信息技术系统实行集中统一管理，不得与他人合资、合作经营管理分支机构，不得将分支机构承包或者委托给他人经营管理。

第三十三条　**基金销售机构应当建立健全档案管理制度，妥善保管投资人的开户资料和与基金销售业务有关的其他资料。投资人身份资料自业务关系结束当年计起至少保存20年，与基金销售业务有关的其他资料自业务发生当年计起至少保存20年。**

真题精练

【例17·单项选择题】基金销售机构应当建立健全档案管理制度，妥善保管投资人的开户资料和与基金销售业务有关的其他资料。投资人身份资料自业务关系结束当年计起至少保存（　　）年，与基金销售业务有关的其他资料自业务发生当年计起至少保存（　　）年。

A. 15;10　　　B. 15;15

C. 20;20　　　D. 20;15

Ⓒ 基金销售机构应当建立健全档案管理制度，妥善保管投资人的开户资料和与基金销售业务有关的其他资料。投资人身份资料自业务关系结束当年计起至少保存20年，与基金销售业务有关的其他资料自业务发生当年计起至少保存20年。

（四）法律责任

第五十条　中国证监会及其派出机构按照审慎监管原则，可以要求基金销售相关机构及其股东、实际控制人报送相关信息、材料，定期或者不定期对基金销售相关机构从事基金销售业务及相关服务业务的情况进行非现场或者现场检查。

基金销售相关机构及其股东、实际控制人、从业人员等应当配合检查、调查，提供的信息、资料应当及时、真实、准确、完整。

第五十一条　独立基金销售机构发生下列事项的，应当在5个工作日内向住所地中国证监会派出机构备案：

（1）**变更公司章程、名称、住所、组织形式、经营范围、注册资本、高级管理人员**。

（2）**新增持有5%以上股权的股东，变更控股股东、实际控制人**。

（3）**持有5%以上股权的股东变更姓名、名称，或者质押所持独立基金销售机构的股权**。

（4）**设立、撤销分支机构，变更分支机构名称、营业场所**。

（5）**对外进行股权投资或者提供担保**。

（6）**中国证监会规定的其他事项**。

住所地中国证监会派出机构收到备案材料后应当进行核查，发现备案事项不符合法律、行政法规及中国证监会规定的，应当责令整改。

第五十二条　基金销售机构的业务许可证自颁发之日起，有效期3年。基金销售机构不存在下列情形的，其业务许可证有效期予以延续，每次延续的有效期为3年：

（1）无法持续符合本办法第七条第（1）项至第（4）项规定的基础性展业条件，且未得到有效整改。

（2）合规内控严重缺失，被中国证监会或者其派出机构采取责令暂停办理相关业务的行政监管措施，且未在要求期限内有效整改。

（3）未实质开展公募基金销售业务，最近一个会计年度基金（货币市场基金除外）销售日均保有量低于5亿元。

（4）中国证监会规定的其他情形。

基金销售机构存在本条第一款所列情形的，中国证监会派出机构可作出不予延续其业务许可证有效期的决定。业务许可证有效期届满的基金销售机构，不得继续从事基金销售业务。

第五十三条　**基金销售相关机构违反法律、行政法规、本办法及中国证监会其他规定，法律法规有规定的，依照其规定处理；法律法规没有规定的，中国证监会及其派出机构可以采取监管谈话、出具警示函、责令改正、责令处分有关人员、责令暂停办理相关业务等行政监管措施，对相关主管人员、直接责任人员，可以采取监管谈话、出具警**

示函、公开谴责、认定为不适当人选等行政监管措施，发现违法行为涉嫌犯罪的，移送司法机关处理。

第五十四条 中国证监会及其派出机构依法责令基金销售机构暂停办理相关业务的,可以责令其暂停下列一项或者多项业务:

(1)接受新投资人开立交易账户申请。

(2)签订新的销售协议,增加销售新产品。

(3)办理公募基金份额认购、申购或者私募基金份额参与。

基金销售机构被责令暂停办理相关业务的,可以办理销户、赎回、转托管转出等业务。

第五十五条 基金销售机构申请注册基金销售业务资格,隐瞒有关情况或者提供虚假材料的,中国证监会派出机构不予注册,并给予警告;已经注册的,撤销注册,对相关主管人员和其他直接责任人员给予警告,并处 3 万元以下罚款。国家金融监督管理部门监管的机构存在上述情况的,移交相关金融监督管理部门处理。

第五十六条 基金销售机构有下列情形的,依照《中华人民共和国证券投资基金法》第一百三十七条、第一百三十九条、第一百四十四条规定处理:

(1)未向投资人充分揭示投资风险并误导其购买与其风险承担能力不相当的公募基金、私募证券投资基金等产品的。

(2)挪用公募基金、私募证券投资基金等产品销售结算资金或者份额的。

(3)未按照本办法第四章要求建立风险管理制度和灾难备份系统,存在重大风险隐患、引发重大风险事件或者丧失经营能力的。

(4)泄露与公募基金、私募证券投资基金等产品份额持有人、投资运作相关的非公开信息的。

第五十七条 基金销售机构有下列情形之一,且情节严重的,除法律法规另有规定外,给予警告,并处 3 万元以下罚款;对相关主管人员和其他直接责任人员,给予警告,并处 3 万元以下罚款:

(1)违反本办法第十五条至第二十二条、第二十四条规定从事基金销售业务的。

(2)未按照本办法第四章规定建立健全并有效执行基金销售业务内部控制及风险管理制度的。

(3)未按照本办法第四十条规定与基金销售结算资金监督机构签订监督协议、开立基金销售结算专用账户的。

(4)未按照本办法第四十二条规定进行数据交换和报送的。

(5)违反本办法第六章规定销售私募基金的。

(6)未按照本办法第五十条、第五十一条规定,配合监督检查、履行备案报告义务的。

第五十八条 基金销售机构有下列情形之一的,中国证监会依法注销其业务许可证,并予以公告:

(1)业务许可证有效期不予延续且有效期届满的。

(2)基金销售业务资格被依法撤销或者终止的。

(3)基金销售机构依法终止的。

(4)法律法规规定的其他情形。

第五十九条　基金销售机构有下列情形之一的，基金管理人等应当妥善办理有关投资人的赎回、转托管转出等业务，基金销售相关机构应当配合：

（1）业务许可证被注销的。

（2）丧失经营能力，无法为投资人办理基金销售业务的。

（3）中国证监会规定的其他情形。

第六十条　基金销售支付机构从事公募基金、私募证券投资基金销售支付业务有下列情形的，依照《中华人民共和国证券投资基金法》第一百三十八条、第一百三十九条、第一百四十四条规定处理：

（1）未按照规定划付公募基金、私募证券投资基金等产品销售结算资金的。

（2）挪用公募基金、私募证券投资基金等产品销售结算资金或者份额的。

（3）未建立风险管理制度和灾难备份系统的。

（4）泄露与公募基金、私募证券投资基金等产品份额持有人、投资运作相关的非公开信息的。

基金销售支付机构被停止基金销售支付业务的，基金销售机构和基金销售结算资金监督机构应当妥善处理有关投资人基金份额的赎回、转托管转出等业务。

三、私募资产管理业务涉及的法律法规 ★★★

2015 年 3 月，证监会发布实施《证券期货经营机构落实资产管理业务“八条底线”禁止行为细则》。

2017 年 5 月 26 日，证监会发布《上市公司股东、董监高减持股份的若干规定》，新增了对私募股权和风险投资影响较大的股份减持时间要求，进一步规范私募业务的开展。

2018 年 4 月 27 日《关于规范金融机构资产管理业务的指导意见》发布后，配套细则陆续出台。

2018 年 10 月 22 日，证监会正式印发《证券期货经营机构私募资产管理业务管理办法》，对证券期货经营机构从事私募资产管理业务的业务管理与运作提出具体规范标准。

由中国证券监督管理委员会于 2020 年第 7 次委务会审议通过的《公开募集证券投资基金销售机构监督管理办法》，自 2020 年 10 月 1 日起施行。有关重要法律条款如下：

第四十四条　基金销售机构除开展公募基金销售业务外，依法从事私募基金销售业务的，参照适用本办法第三章、第四章的规定，法律法规及中国证监会另有规定的除外。

第四十五条　基金销售机构应当以非公开方式向合格投资者销售私募基金，不得通过公众传播媒体、互联网、公开营业场所等平台或者手机短信、微信等渠道公开或者变相公开宣传推介私募基金。

第四十六条　**基金销售机构销售私募基金，应当充分了解投资人信息，收集、核验投资人资产证明、收入证明或者纳税凭证等材料，对投资人风险识别能力和风险承担能力进行评估，并要求投资人承诺投资资金为自有资金，不存在非法汇集他人资金等情况**。

基金销售机构应当就合格投资者确认、投资者适当性匹配、风险揭示、自有资金投资等事项履行投资人签字确认等程序。

第四十七条　基金销售机构应当销售符合法律法规和中国证监会规定的私募基金，

对拟销售私募基金进行审慎调查和风险评估，充分了解产品的投资范围、投资策略、投资集中度、杠杆水平、风险收益特征等。销售文件应当按照规定全面说明产品特征并充分揭示风险。基金销售机构不得销售未在产品合同等法律文件中明确限定投资范围、投资集中度、杠杆水平的私募基金。

基金销售机构合规风控人员应当对私募基金销售准入出具专项合规和风险评估报告，签字确认并存档备查。

第四十八条 基金销售机构应当针对私募基金销售业务建立专门的利益冲突识别、评估和防范机制。

基金销售机构应当对存在关联关系的私募基金管理人及私募基金履行严格的利益冲突评估机制，经评估无法有效防范利益冲突的，不得销售相关产品；经评估确定可以销售的，应当以书面形式向投资人充分披露，并在销售行为发生时由投资人签字确认。

第四十九条 基金销售机构应当参照本办法第四十条的规定开立私募基金销售结算专用账户，并参照中国证监会规定的基金销售结算资金划转流程进行资金交收。

四、保险代理业务涉及的相关法律法规 ★★★

《商业银行代理保险业务管理办法》第一条规定，为加强对商业银行代理保险业务监督管理，保护消费者合法权益，促进商业银行代理保险业务规范健康发展，根据《中华人民共和国保险法》《中华人民共和国商业银行法》《中华人民共和国银行业监督管理法》等有关法律、行政法规，制定本办法。

(一)业务准入

第八条 商业银行经营保险代理业务，应当具备下列条件：

(1)**具有中国银保监会或其派出机构颁发的金融许可证。**

(2)**主业经营情况良好，最近2年无重大违法违规记录(已采取有效整改措施并经中国银保监会及其派出机构认可的除外)。**

(3)**已建立符合中国银保监会规定的保险代理业务信息系统。**

(4)**已建立保险代理业务管理制度和机制，并具备相应的专业管理能力。**

(5)**法人机构和一级分支机构已指定保险代理业务管理责任部门和责任人员。**

(6)**中国银保监会规定的其他条件。**

第九条 商业银行代理保险业务信息系统应具备以下条件：

(1)具备与管控保险产品销售风险相适应的技术支持系统和后台保障能力。

(2)与保险公司业务系统对接。

(3)实现对其保险销售从业人员的管理。

(4)能够提供电子版合同材料，包括投保提示书、投保单、保险单、保险条款、产品说明书、现金价值表等文件。

(5)记录各项承保所需信息，并对各项信息的逻辑关系及真实性进行校对。

(6)中国银保监会规定的其他条件。

第十条 **中国银保监会直接监管的商业银行经营保险代理业务，应当由其法人机构向中国银保监会申请许可证。**

其他商业银行经营保险代理业务，应当由法人机构向注册所在地中国银保监会派出

机构申请许可证。

商业银行网点凭法人机构的授权经营保险代理业务。

第十一条　商业银行申请经营保险代理业务，应当提交以下申请材料：

（1）营业执照副本复印件。

（2）近两年违法违规行为情况的说明（机构成立不满两年的，提供自成立之日起的情况说明）。

（3）合作保险公司情况说明。

（4）保险代理业务信息系统情况说明。

（5）保险代理业务管理相关制度，如承保出单、佣金结算、客户服务等。

（6）保险代理业务责任部门和责任人指定情况的说明。

（7）中国银保监会规定的其他材料。

第十二条　中国银保监会及其派出机构收到商业银行经营保险代理业务申请后，可采取**谈话、函询、现场验收**等方式了解、审查申请人的市场发展战略、业务发展计划、内控制度建设、人员结构、信息系统配置及运行等有关事项，并进行风险提示。

第十三条　中国银保监会及其派出机构依法作出批准商业银行经营保险代理业务的决定的，应当向申请人颁发许可证。许可证不设有效期。申请人取得许可证后，方可开展保险代理业务。

申请人应当在取得许可证5日内按照中国银保监会规定的监管信息系统登记相关信息，登记信息至少应当包括以下内容：

（1）法人机构名称、住所或者营业场所。

（2）保险代理业务管理部门及责任人。

（3）许可证名称。

（4）业务范围。

（5）经营区域。

（6）中国银保监会规定的其他事项。

中国银保监会及其派出机构决定不予批准的，应当作出书面决定并说明理由。

第十四条　商业银行有下列情形之一的，应当自该情形发生之日起5日内，由法人机构或其授权的分支机构通过中国银保监会规定的监管信息系统报告：

（1）变更名称、住所或者营业场所。

（2）授权网点经营保险代理业务。

（3）变更网点经营保险代理业务授权。

（4）变更保险代理业务责任部门和责任人。

（5）中国银保监会规定的其他报告事项。

第十五条　商业银行应当由法人机构或其授权的分支机构在中国银保监会规定的监管信息系统中为其保险销售从业人员办理执业登记。

执业登记应当包括下列内容：

（1）姓名、性别、身份证号码、学历、照片。

（2）所在商业银行网点名称。

(3)所在商业银行投诉电话。

(4)执业登记编号。

(5)执业登记日期。

执业登记事项发生变更的,商业银行法人机构或其授权的分支机构应当自该情形发生之日起5日内,在中国银保监会规定的监管信息系统中变更执业登记。

商业银行保险销售从业人员只限于通过1家商业银行进行执业登记。

商业银行保险销售从业人员通过保险公司执业登记的,具体办法由中国银保监会另行制定。

知识加油站

《中华人民共和国保险法》第一百一十七条规定,保险代理人是根据保险人的委托,向保险人收取佣金,并在保险人授权的范围内代为办理保险业务的机构或者个人。保险代理机构包括专门从事保险代理业务的保险专业代理机构和兼营保险代理业务的保险兼业代理机构。

第一百二十七条规定,保险代理人根据保险人的授权代为办理保险业务的行为,由保险人承担责任。保险代理人没有代理权、超越代理权或者代理权终止后以保险人名义订立合同,使投保人有理由相信其有代理权的,该代理行为有效。保险人可以依法追究越权的保险代理人的责任。

(二)经营规则

第十六条　**商业银行选择合作保险公司时,应当充分考虑其偿付能力状况、风险管控能力、业务和财务管理信息系统、近两年违法违规情况等。**

保险公司选择合作商业银行时,应当充分考虑其资本充足率、风险管控能力、营业场所、保险代理业务和财务管理制度健全性、近两年违法违规情况等。

第十七条　商业银行与保险公司开展保险代理业务合作,原则上应当由双方法人机构签订书面委托代理协议,确需由一级分支机构签订委托代理协议的,该一级分支机构应当事先获得其法人机构的书面授权,并在签订协议后,及时向其法人机构备案。

商业银行与保险公司签订的委托代理协议应当包括但不限于以下主要条款:代理保险产品种类,佣金标准及支付方式,单证及宣传材料管理,客户账户及身份信息核对,反洗钱,客户信息保密,双方权利责任划分,争议的解决,危机应对及客户投诉处理机制,合作期限,协议生效、变更和终止,违约责任等。

第十八条　商业银行代理销售的保险产品应当符合中国银保监会保险产品审批备案管理的有关要求。

保险公司应当针对商业银行客户的保险需求以及商业银行销售渠道的特点,细分市场,开发多样化的、互补的保险产品。

第十九条　**商业银行对保险代理业务应当进行单独核算,对不同保险公司的代收保费、佣金进行独立核算,不得以保费收入抵扣佣金。**

保险公司委托商业银行代理销售保险产品,应当建立商业银行代理保险业务的财务独立核算及评价机制,做到新业务价值、利润及费用独立核算,应当根据审慎原则科学制定商业银行代理保险业务财务预算、业务推动政策，防止出现为了业务规模不计成本的经营行为，防范费差损风险。

第二十条　商业银行与保险公司结算佣金，应当由保险公司一级分支机构向商业银行一级分支机构或者至少二级分支机构统一转账支付；具备条件的商业银行与保险公司，应实现法人机构间佣金集中统一结算；委托地方法人银行业金融机构代理保险业务的，应当由保险公司一级分支机构向地方法人银行业金融机构统一转账支付。

第二十一条　商业银行对取得的佣金应当如实全额入账，加强佣金集中管理，合理列支其保险销售从业人员佣金，严禁账外核算和经营。

保险公司应当按照财务制度据实列支向商业银行支付的佣金。保险公司及其人员不得以任何名义、任何形式向商业银行及其保险销售从业人员支付协议规定之外的任何利益。

第二十二条　商业银行和保险公司应当建立保险代理业务台账，逐笔记录有关内容，台账至少应当包括保险公司名称、代理险种、保险单号、保险期间、缴费方式、保险销售从业人员姓名及其执业登记编号、所属网点、投保人及被保险人名称、保险金额、保险费、佣金等。

第二十三条　商业银行应当建立保险代理业务的管理制度和相关档案，包括但不限于以下内容：

（1）与保险公司签订、解除代理协议关系和持续性合作制度。

（2）保险产品宣传材料审查制度及相关档案。

（3）客户风险评估标准及相关档案。

（4）定期合规检查制度及相关档案。

（5）保险销售从业人员教育培训制度及相关档案。

（6）保险单证管理制度及相关档案。

（7）绩效考核标准。

（8）投诉处理机制和风险处理应急预案。

（9）违规行为内部追责和处罚制度。

保险公司应当制定合法、有效、稳健的商业银行代理保险业务管理制度，至少包括业务管理制度、财务管理制度、信息系统管理制度、投保单信息审查制度，并应当成立或指定专门的部门负责管理商业银行代理保险业务。

第二十四条　商业银行应当加强对其保险销售从业人员的岗前培训和后续教育，组织其定期接受法律法规、业务知识、职业道德、消费者权益保护等相关培训。其中，商业银行保险销售从业人员销售投资连结型保险产品还应至少有 1 年以上的保险销售经验，每年接受不少于 40 小时的专项培训，并无不良记录。

保险公司应当按照中国银保监会有关规定加强对其银保专管员的管理，有关规定由中国银保监会另行制定。

第二十五条　商业银行网点经营保险代理业务应当将所属法人机构许可证复印件置于营业场所显著位置。

保险公司应当切实承担对其分支机构的管理责任，不得委托没有取得许可证的商业银行或者没有取得法人机构授权的商业银行网点开展保险代理业务。

第二十六条 商业银行网点应当将其保险销售从业人员执业登记情况置于营业场所显著位置，执业登记情况应包括从业人员姓名、身份证号、照片、执业登记编号、所属网点名称等。

商业银行保险销售从业人员只能在其执业登记的商业银行网点开展保险代理业务。

第二十七条 商业银行网点应当在营业场所显著位置张贴统一制式的投保提示，并公示代销保险产品清单，包括保险产品名称和保险公司等信息。

第二十八条 **商业银行及其保险销售从业人员应当向客户全面客观介绍保险产品，应当按保险条款将保险责任、责任免除、退保费用、保单现金价值、缴费期限、犹豫期、观察期等重要事项明确告知客户，并将保险代理业务中商业银行和保险公司的法律责任界定明确告知客户。**

第二十九条 商业银行及其保险销售从业人员应当使用保险公司法人机构或经其授权的保险公司一级分支机构统一印制的保险产品宣传材料，不得设计、印刷、编写或者变更相关保险产品的宣传册、宣传彩页、宣传展板或其他销售辅助品。

第三十条 各类宣传材料应当按照保险条款全面、准确描述保险产品，要在醒目位置对经营主体、保险责任、退保费用、现金价值和费用扣除情况进行提示，不得夸大或变相夸大保险合同利益，不得承诺不确定收益或进行误导性演示，不得有虚报、欺瞒或不正当竞争的表述。

各类保险单证和宣传材料在颜色、样式、材料等方面应与银行单证和宣传材料有明显区别，不得使用带有商业银行名称的中英文字样或商业银行的形象标识，不得出现“存款”“储蓄”“与银行共同推出”等字样。

第三十一条 保险单册样式应当合理设计，封套及内页装订后为 A4 大小，封面用不小于 72 号字体标明“保险合同”字样，用不小于二号字体标明保险公司名称，用不小于三号字体标明规定的风险提示语及犹豫期提示语，保险合同中应当包含保险条款及其他合同要件。

第三十二条 商业银行及其保险销售从业人员应当对投保人进行需求分析与风险承受能力测评，根据评估结果推荐保险产品，把合适的保险产品销售给有需求和承受能力的客户。

（1）投保人存在以下情况的，向其销售的保险产品原则上应当为保单利益确定的保险产品，且保险合同不得通过系统自动核保现场出单，应当将保单材料转至保险公司，经核保人员核保后，由保险公司出单：

①投保人填写的年收入低于当地省级统计部门公布的最近 1 年城镇居民人均可支配收入或农村居民人均纯收入。

②投保人年龄超过 65 周岁或期缴产品投保人年龄超过 60 周岁。

保险公司核保时应当对投保产品的适合性、投保信息、签名等情况进行复核，发现产品不适合、信息不真实、客户无继续投保意愿等问题的不得承保。

（2）销售保单利益不确定的保险产品，包括分红型、万能型、投资连结型、变额型等人身保险产品和财产保险公司非预定收益型投资保险产品等，存在以下情况的，应当在取得投保人签名确认的投保声明后方可承保：

①趸缴保费超过投保人家庭年收入的 4 倍。

②年期缴保费超过投保人家庭年收入的 20%，或月期缴保费超过投保人家庭月收入的 20%。

③保费缴费年限与投保人年龄数字之和达到或超过 60。

④保费额度大于或等于投保人保费预算的 150%。

在投保声明中，投保人应当表明投保时了解保险产品情况，并自愿承担保单利益不确定的风险。

第三十三条　商业银行及其保险销售从业人员应当向投保人提供完整合同材料，包括投保提示书、投保单、保险单、保险条款、产品说明书、现金价值表等，指导投保人在投保单上如实、正确、完整地填写客户信息，并在人身保险新型产品投保书上抄录有关声明，不得代抄录有关语句或签字。投保提示书应当至少包括以下内容：

(1)客户购买的是保险产品。

(2)提示客户详细阅读保险条款和产品说明书，尤其是保险责任、犹豫期和退保事项、利益演示、费用扣除等内容。

(3)提示客户应当由投保人亲自抄录、签名。

(4)客户向商业银行及保险公司咨询及投诉渠道。

(5)中国银保监会规定的其他内容。

第三十四条　商业银行保险销售从业人员应当请投保人本人填写投保单。有下列情形的，可由保险销售从业人员代填：

(1)投保人填写有困难，并进行了书面授权。

(2)投保人填写有困难，且无法书面授权，在录音录像的情况下进行了口头授权。

在代填过程中，保险销售从业人员应当与投保人逐项核对填写内容，按投保人描述填写投保单。填写后，投保人确认投保单填写内容为自己真实意思表示后签字或盖章。

商业银行应当将书面授权文件、录音、录像等资料交由保险公司进行归档管理。

第三十五条　商业银行通过自动转账扣划收取保费的，应当就扣划的账户、金额、时间等内容与投保人达成协议，并有独立于投保单等其他单证和资料的银行自动转账授权书，授权书应当包括转出账户、每期转账金额、转账期限、转账频率等信息，并向投保人出具保费发票或保费划扣收据。

保险公司应当在划扣首期保费 24 小时内，或未划扣首期保费的在承保 24 小时内，以保险公司名义，通过手机短信、微信、电子邮件等方式，提示投保人，提示内容应当至少包括：保险公司名称、保险产品名称、保险期间、犹豫期起止时间、期缴保费及频次、保险公司统一客服电话。分期缴费的保险产品，鼓励采取按月缴费等符合消费者消费习惯的保费缴纳方式。在续期缴费、保险合同到期时应当采取手机短信、微信、电子邮件等方式提示投保人。投保人无手机联系方式的，应当通过电子邮件、纸质信件等方式提示。

第三十六条　商业银行代理销售的保险产品保险期间超过一年的，应当在保险合同中约定 15 日的犹豫期，并在保险合同中载明投保人在犹豫期内的权利。犹豫期自投保人收到保险单并书面签收之日起计算。

第三十七条　商业银行及其保险销售从业人员代理销售投资连结型保险产品和财产

保险公司非预定收益型投资保险产品等，应在设有销售专区以上层级的网点进行，并严格限制在销售专区内。

对于保单期限和缴费期限较长、保障程度较高、产品设计相对复杂以及需要较长时间解释说明的保险产品，商业银行应当积极开拓销售专区，通过对销售区域和销售从业人员的控制，将合适的保险产品销售给合适的客户。

第三十八条 商业银行代理销售意外伤害保险、健康保险、定期寿险、终身寿险、保险期间不短于 10 年的年金保险、保险期间不短于 10 年的两全保险、财产保险（不包括财产保险公司投资型保险）的保费收入之和不得低于保险代理业务总保费收入的 20%。

第三十九条 商业银行开展互联网保险业务和电话销售保险业务应当由其法人机构建立统一集中的业务平台和处理流程，实行集中运营、统一管理，并符合中国银保监会有关规定。

除以上业务外，商业银行每个网点在同一会计年度内只能与不超过 3 家保险公司开展保险代理业务合作。

第四十条 商业银行每个网点与每家保险公司的连续合作期限不得少于 1 年。

商业银行和保险公司应当保持合作关系和客户服务的稳定性。合作期间内，其中一方出现对合作关系有实质影响的不利情形，另一方可以提前中止合作。对商业银行与保险公司中止合作的情况，商业银行应当配合保险公司做好满期给付、退保、投诉处理等后续服务。

第四十一条 商业银行保险销售从业人员应当按照商业银行的授权销售保险产品，不得销售未经授权的保险产品或私自销售保险产品。

第四十二条 商业银行不得允许保险公司人员等非商业银行从业人员在商业银行营业场所从事保险销售相关活动。

第四十三条 商业银行及其保险销售从业人员不得将保险代理业务转委托给其他机构或个人。

第四十四条 商业银行不得通过第三方网络平台开展保险代理业务。

商业银行保险销售从业人员不得以个人名义从事互联网保险业务。

第四十五条 商业银行应当将全面、完整、真实的客户投保信息提供给保险公司并告知客户，不得截留客户投保信息，确保保险公司承保业务和客户回访工作顺利开展。

保险公司应当将客户退保、续期、满期等信息完整、真实地提供给商业银行，协助商业银行做好保险产品销售后的满期给付、续期缴费等相关客户服务。

对于到商业银行申请退保、满期给付、续期缴费业务的，商业银行和保险公司应当相互配合，及时做好相应工作。

第四十六条 商业银行不得通过篡改客户信息，以商业银行网点电话、销售从业人员及相关人员电话冒充客户联系电话等方式编制虚假客户信息。

保险公司发现客户信息不真实或由其他人员代签名的，尚未承保的，不得承保；已承保的，应当及时联系客户说明保单情况、办理相关手续，并要求商业银行予以更正。

第四十七条 商业银行和保险公司应当加强客户信息保护，防止客户信息被不当使用。

第四十八条　商业银行开展保险代理业务，应当根据中国银保监会的相关规定实施保险销售行为可回溯管理，完整客观地记录销售关键环节。

第四十九条　商业银行代理保险业务应当严格遵守审慎经营规则，不得有下列行为：

（1）将保险产品与储蓄存款、基金、银行理财产品等产品混淆销售。

（2）将保险产品收益与储蓄存款、基金、银行理财产品简单类比，夸大保险责任或者保险产品收益。

（3）将不确定利益的保险产品的收益承诺为保证收益。

（4）将保险产品宣传为其他金融机构开发的产品进行销售。

（5）通过宣传误导、降低合同约定的退保费用等手段诱导消费者提前解除保险合同。

（6）隐瞒免除保险人责任的条款、提前解除保险合同可能产生的损失等与保险合同有关的重要情况。

（7）以任何方式向保险公司及其人员收取、索要协议约定以外的任何利益。

（8）其他违反审慎经营规则的行为。

第五十条　商业银行及其保险销售从业人员在开展保险代理业务中不得有下列行为：

（1）**欺骗保险公司、投保人、被保险人或者受益人**。

（2）**隐瞒与保险合同有关的重要情况**。

（3）**阻碍投保人履行如实告知义务，或者诱导其不履行如实告知义务**。

（4）**给予或者承诺给予投保人、被保险人或者受益人保险合同约定以外的利益**。

（5）**利用行政权力、职务或者职业便利以及其他不正当手段强迫、引诱或者限制投保人订立保险合同**。

（6）**伪造、擅自变更保险合同，或者为保险合同当事人提供虚假证明材料**。

（7）**挪用、截留、侵占保险费或者保险金**。

（8）**利用业务便利为其他机构或者个人牟取不正当利益**。

（9）**串通投保人、被保险人或者受益人，骗取保险金**。

（10）**泄露在业务活动中知悉的保险人、投保人、被保险人的商业秘密**。

第五十一条　商业银行和保险公司应当在客户投诉、退保等事件发生的第一时间积极处理，实行首问负责制度，不得相互推诿，避免产生负面影响使事态扩大，并按照双方共同制定的处理办法，及时采取措施，妥善解决。

第五十二条　商业银行和保险公司应当将商业银行代理保险业务中出现的群访群诉、群体性退保等事件作为重大事件，建立重大事件联合应急处理机制，共同制定重大事件处理办法、指定专门人员、成立应急小组、建立共同信息披露机制，在出现重大事件时及时妥善做好应对工作。

第五十三条　商业银行应当在每月结束后的 15 日内通过中国银保监会规定的监管信息系统报告业务数据。

中国银保监会直接监管的商业银行和其他商业银行及其一级分支机构，应当在每个年度结束后的 30 日内分别向中国银保监会和中国银保监会派出机构报送保险代理业务情况，至少包括以下内容：

(1)保险代理业务开展情况。

(2)各险种保费收入占比情况。

(3)发生投诉及处理的相关情况。

(4)与保险公司合作情况。

(5)内控及风险管理的变化情况。

(6)其他需要报送的情况。

(三)监督管理

第五十八条　中国银保监会及其派出机构依法对商业银行代理保险业务制定相关的规章和审慎经营规则,进行现场检查和非现场监管。

第五十九条　银行业协会和保险业协会要通过加强行业自律,在维护市场秩序、促进公平竞争方面发挥积极作用。

中国银保监会及其派出机构应当督促银行业协会和保险业协会采取行业自律措施,建立行业内部沟通协调机制,加强自我约束和相互监督,共同维护市场秩序、促进公平竞争。

第六十条　中国银保监会及其派出机构可以对商业银行保险代理业务责任人进行谈话,并进行教育培训。

第六十一条　对于业务占比达不到第三十八条要求的商业银行法人机构及其一级分支机构,中国银保监会或者其省一级派出机构有权采取责令限期改正等监管措施。

第六十二条　商业银行开展保险代理业务过程中违反审慎经营规则,违反第四十八条、第四十九条行为的,中国银保监会或者其省一级派出机构应当责令限期改正;逾期未改正的,或者其行为严重危及该商业银行稳健运行、损害客户合法权益的,经中国银保监会或者其省一级派出机构负责人批准,可以采取责令暂停部分业务、停止批准开办新业务的措施。

商业银行整改后,应当向中国银保监会或者其省一级派出机构提交报告。经中国银保监会或其派出机构验收后,符合有关审慎经营规则的,应当自验收之日起 3 日内解除对其采取的前款规定的措施。

第六十三条　商业银行开展保险代理业务过程中,存在第五十条行为的,中国银保监会及其派出机构根据《中华人民共和国保险法》第一百六十五条,依法采取监管措施或实施行政处罚。

第六十四条　**商业银行作为保险产品的销售主体,依法对其保险销售从业人员的代理销售行为承担主体责任**。

中国银保监会及其派出机构在依法对商业银行实施行政处罚和采取其他监管措施时,保险公司负有责任的,应当同时依法对该行为涉及的保险公司实施行政处罚和采取其他监管措施。

中国银保监会及其派出机构将依法严厉查处商业银行代理保险业务不正当竞争等行为,加大对商业银行、保险公司及其高级管理人员管理责任的追究力度。

第六十五条　商业银行和保险公司违反本办法相关要求,中国银保监会及其派出机构应当根据《中华人民共和国保险法》《中华人民共和国商业银行法》《中华人民共和国银行业监督管理法》等法律、行政法规及有关规定，依法采取监管措施或实施行政处罚，并追究相关人员责任。

五、黄金期货交易业务涉及的法律法规 ★★★

为规范商业银行从事境内黄金期货交易业务，有效防范风险，原中国银监会于2008年3月7日颁布实施《关于商业银行从事境内黄金期货交易有关问题的通知》，它对黄金期货交易业务做出了如下规定。

第二条第九点　**商业银行从事境内黄金期货交易业务，通过我国期货行业认可的从业资格考试合格人员不少于4人，其中交易人员至少2人、风险管理人员至少2人，以上人员相互不得兼任，且无不良从业记录。**

教你一招

商业银行从事境内黄金期货交易业务应符合的条件为常考点，常设置单选题进行考查，需要谨记要求的期货从业资格合格人数，其中，交易人员和风险管理人至少各占一半，且二者互不兼任。

第七条　商业银行从事黄金期货经纪业务应取得相应资格，不得利用自有的黄金期货交易资格代理客户从事黄金期货经纪业务。

第八条　商业银行从事境内黄金期货交易，应建立必要的业务隔离制度，不得利用其黄金期货指定结算银行及指定交割金库的信息优势，为其黄金期货交易谋取不当利益。

六、个人外汇管理涉及的法律法规 ★★★

（一）《个人外汇管理办法》介绍

1. 个人外汇业务的分类和管理

第二条　个人外汇业务按照交易主体区分境内与境外个人外汇业务，按照交易性质区分经常项目和资本项目个人外汇业务。按上述分类对个人外汇业务进行管理。

第三条　**经常项目项下的个人外汇业务按照可兑换原则管理，资本项目项下的个人外汇业务按照可兑换进程管理。**

第六条　银行应通过外汇局指定的管理信息系统办理个人购汇和结汇业务，真实、准确录入相关信息，并将办理个人业务的相关材料至少保存5年备查。

2. 经常项目个人外汇管理

第十条　从事货物进出口的个人对外贸易经营者，在商务部门办理对外贸易经营权登记备案后，其贸易外汇资金的收支按照机构的外汇收支进行管理。

第十一条　个人进行工商登记或者办理其他执业手续后，可以凭有关单证办理委托具有对外贸易经营权的企业代理进出口项下及旅游购物、边境小额贸易等项下外汇资金收付、划转及结汇。

第十二条　境内个人外汇汇出境外用于经常项目支出，单笔或当日累计汇出在规定金额以下的，凭本人有效身份证件在银行办理；单笔或当日累计汇出在规定金额以上的，凭本人有效身份证件和有交易额的相关证明等材料在银行办理。

第十三条　境外个人在境内取得的经常项目项下合法人民币收入，可以凭本人有效身份证件及相关证明材料在银行办理购汇及汇出。

第十四条 境外个人未使用的境外汇入外汇，可以凭本人有效身份证件在银行办理原路汇回。

第十五条 **境外个人将原兑换未使用完的人民币兑回外币现钞时，小额兑换凭本人有效身份证件在银行或外币兑换机构办理；超过规定金额的，可以凭原兑换水单在银行办理。**

3. 资本项目个人外汇管理

第十六条 境内个人对外直接投资符合有关规定的，经外汇局核准可以购汇或以自有外汇汇出，并应当办理境外投资外汇登记。

第十七条 境内个人购买B股，进行境外权益类、固定收益类以及国家批准的其他金融投资，应当按相关规定通过具有相应业务资格的境内金融机构办理。

第十八条 **境内个人向境内保险经营机构支付外汇人寿保险项下保险费，可以购汇或以自有外汇支付。**

第十九条 境内个人在境外获得的合法资本项目收入经外汇局核准后可以结汇。

第二十条 境内个人对外捐赠和财产转移需购付汇的，应当符合有关规定并经外汇局核准。

第二十一条 境内个人向境外提供贷款、借用外债、提供对外担保和直接参与境外商品期货和金融衍生产品交易，应当符合有关规定并到外汇局办理相应登记手续。

第二十二条 境外个人购买境内商品房，应当符合自用原则，其外汇资金的收支和汇兑应当符合相关外汇管理规定。境外个人出售境内商品房所得人民币，经外汇局核准可以购汇汇出。

第二十三条 除国家另有规定外，境外个人不得购买境内权益类和固定收益类等金融产品。境外个人购买B股，应当按照国家有关规定办理。

第二十四条 境外个人在境内的外汇存款应纳入存款金融机构短期外债余额管理。

第二十五条 境外个人对境内机构提供贷款或担保，应当符合外债管理的有关规定。

第二十六条 境外个人在境内的合法财产对外转移，应当按照个人财产对外转移的有关外汇管理规定办理。

知识加油站

《中华人民共和国外汇管理条例》第三条规定，本条例所称外汇，是指下列以外币表示的可以用作国际清偿的支付手段和资产：(1)外币现钞，包括纸币、铸币。(2)外币支付凭证或者支付工具，包括票据、银行存款凭证、银行卡等。(3)外币有价证券，包括债券、股票等。(4)特别提款权。(5)其他外汇资产。

4. 个人外汇账户及外币现钞管理

第二十七条 **个人外汇账户按主体类别区分为境内个人外汇账户和境外个人外汇账户；按账户性质区分为外汇结算账户、资本项目账户及外汇储蓄账户。**

第二十八条 银行按照个人开户时提供的身份证件等证明材料确定账户主体类别，所开立的外汇账户应使用与本人有效身份证件记载一致的姓名。境内个人和境外个人外汇账户境内划转按跨境交易进行管理。

第二十九条　个人进行工商登记或者办理其他执业手续后可以开立外汇结算账户。

第三十条　境内个人从事外汇买卖等交易，应当通过依法取得相应业务资格的境内金融机构办理。

第三十一条　境外个人在境内直接投资，经外汇局核准，可以开立外国投资者专用外汇账户。账户内资金经外汇局核准可以结汇。直接投资项目获得国家主管部门批准后，境外个人可以将外国投资者专用外汇账户内的外汇资金划入外商投资企业资本金账户。

第三十二条　个人可以凭本人有效身份证件在银行开立外汇储蓄账户。外汇储蓄账户的收支范围为非经营性外汇收付、本人或与其直系亲属之间同一主体类别的外汇储蓄账户间的资金划转。境内个人和境外个人开立的外汇储蓄联名账户按境内个人外汇储蓄账户进行管理。

第三十三条　个人携带外币现钞出入境，应当遵守国家有关管理规定。

第三十四条　个人购汇提钞或从外汇储蓄账户中提钞，单笔或当日累计在有关规定允许携带外币现钞出境金额之下的，可以在银行直接办理；单笔或当日累计提钞超过上述金额的，凭本人有效身份证件、提钞用途证明等材料向当地外汇局事前报备。

第三十五条　个人外币现钞存入外汇储蓄账户，单笔或当日累计在有关规定允许携带外币现钞入境免申报金额之下的，可以在银行直接办理；单笔或当日累计存钞超过上述金额的，凭本人有效身份证件、携带外币现钞入境申报单或本人原存款金融机构外币现钞提取单据在银行办理。

（二）《经常项目外汇业务指引（2020年版）》中关于个人经常项目外汇业务的介绍

1. 个人结售汇

第五十四条　个人经常项目外汇业务应具有真实、合法的交易背景。**个人结汇和境内个人购汇实行年度便利化额度管理，便利化额度分别为每人每年等值5万美元。**

第五十五条　个人凭本人有效身份证件在银行办理年度便利化额度内的结汇和购汇。标有身份证件号码的户口簿、临时身份证可作为境内个人有效身份证件。

个人可通过银行柜台或电子银行渠道办理结汇和购汇。

第五十六条　境内个人凭本人有效身份证件和有交易额的结汇资金来源材料，在银行办理不占用年度便利化额度的经常项目结汇。

境内个人凭本人有效身份证件和有交易额的购汇资金用途材料，在银行办理不占用年度便利化额度的经常项目购汇。

第五十七条　境内个人办理购汇业务，应真实、准确、完整填写个人购汇申请书，并承担相应法律责任。

第五十八条　境外个人凭本人有效身份证件和有交易额的结汇资金用途材料，在银行办理不占用年度便利化额度的经常项目结汇。

结汇单笔等值5万美元以上（不含）的，应将结汇所得人民币资金直接划转至交易对方的境内人民币账户。

第五十九条　境外个人在境内取得的经常项目合法人民币收入，凭本人有效身份证件和有交易额的购汇资金来源材料（含税务凭证）在银行办理购汇。

持有外国人永久居留身份证的境外个人适用购汇年度便利化额度。

第六十条　境外个人原兑换未用完的人民币兑回外汇，凭本人有效身份证件和原兑换水单办理，原兑换水单的兑回有效期为自兑换日起24个月；对于当日累计兑换不超过等值500美元（含）以及离境前在境内关外场所当日累计不超过等值1 000美元（含）的兑换，可凭本人有效身份证件办理。

第六十一条　个人可委托近亲属代为办理年度便利化额度内的结汇和购汇。办理时需提供委托人和受托人的有效身份证件、委托书以及近亲属关系说明材料等。

个人可委托他人（含近亲属）代为办理不占用年度便利化额度的结汇和购汇。办理时需提供委托人和受托人的有效身份证件、委托书和有交易额的相关材料等。

本指引所称近亲属，是指配偶、父母、子女、兄弟姐妹、祖父母、外祖父母、孙子女、外孙子女。近亲属关系说明材料包括户口本、结婚证、出生证等。确无法提供近亲属关系说明材料的，可以近亲属关系承诺函替代。

第六十二条　个人不得以分拆等方式规避便利化额度管理及真实性管理。外汇局对规避管理的个人实行“关注名单”管理。

（1）外汇局对出借本人便利化额度协助他人规避便利化额度及真实性管理的个人，通过银行以个人外汇业务风险提示函予以风险提示。若上述个人再次出现出借本人便利化额度协助他人规避便利化额度及真实性管理的行为，外汇局将其列入“关注名单”管理，并通过银行以个人外汇业务“关注名单”告知书予以告知。

（2）外汇局对借用他人便利化额度及其他方式规避便利化额度及真实性管理的个人，列入“关注名单”管理，并通过银行以个人外汇业务“关注名单”告知书予以告知。

（3）“关注名单”内个人的关注期限为列入“关注名单”的当年及之后连续2年。在关注期限内，“关注名单”内个人办理个人结售汇业务，应凭本人有效身份证件、有交易额的相关材料在银行办理。银行应按照真实性审核原则，严格审核相关材料。

第六十三条　被实施风险提示的个人，首次在柜台办理个人外汇业务时，银行应打印纸质个人外汇业务风险提示函进行告知；被实施“关注名单”管理的个人，首次在柜台办理个人外汇业务时，银行应打印纸质个人外汇业务“关注名单”告知书进行告知。

银行可根据个人要求为其本人查询被实施的“关注名单”管理结论，若个人对结论存在异议，应告知个人可向所在地外汇局核实。

2. 个人外汇收支

第六十四条　境内个人外汇汇出境外用于经常项目支出，按下列规定在银行办理：

（1）**外汇账户内外汇汇出境外当日累计等值5万美元以下（含）的，凭本人有效身份证件办理**；超过上述金额的，凭本人有效身份证件、有交易额的相关材料办理。境内个人办理外汇汇出业务时，应配合银行购汇用途与付汇用途一致性审核。

（2）**持外币现钞汇出当日累计等值1万美元以下（含）的，凭本人有效身份证件在银行办理**；超过上述金额的，凭本人有效身份证件、经海关签章的海关申报单或本人原存款银行外币现钞提取单据、有交易额的相关材料办理。

第六十五条　境外个人经常项目外汇汇出境外，按下列规定在银行办理：

（1）外汇账户内外汇汇出，凭本人有效身份证件办理。

（2）持外币现钞汇出，当日累计等值1万美元以下（含）的，凭本人有效身份证件办理；超过上述金额的，凭本人有效身份证件、经海关签章的海关申报单或原存款银行外币现钞提取单据办理。

第六十六条　个人货物贸易外汇收支按下列规定办理：

（1）个体工商户委托有对外贸易经营权的企业办理进口的，本人凭其与代理企业签订的进口代理合同或协议购汇，所购外汇通过本人外汇账户直接划转至代理企业经常项目外汇账户。

个体工商户委托有对外贸易经营权的企业办理出口的，可以通过本人外汇账户收汇、结汇。结汇凭合同及物流公司出具的运输单据等商业单证办理。

（2）境内个人从事跨境电子商务，可通过本人外汇账户办理跨境电子商务外汇结算。境内个人办理跨境电子商务项下结售汇，提供有交易额的材料或交易电子信息的，不占用个人年度便利化额度。

（3）个人从事市场采购贸易，可通过个人外汇账户办理符合相关要求的市场采购贸易外汇结算。个人办理市场采购贸易项下结汇，提供有交易额的材料或交易电子信息的，不占用个人年度便利化额度。

（4）个人从事边境贸易活动，外汇收支参照本指引第三十九条、第四十条的规定办理。个人收取的外币现钞或现汇，凭合同、物流公司出具的运输单据等商业单据办理结汇或入账手续。外币现钞结汇或外币现钞入账金额当日累计等值 1 万美元以上（不含）的，个人还应提供经海关签章的海关申报单正本。

第六十七条　个人外汇账户内资金境内划转，仅限于本人账户之间、个人与近亲属账户之间。

划转账户分别属于境内个人、境外个人的，按跨境交易进行管理，且应符合经常项目外汇汇出境外的规定。

第六十八条　银行办理个人经常项目外汇业务，应对交易单证的真实性及其与外汇收支的一致性进行合理审核。

银行可根据个人风险状况，自主决定审核凭证的种类、形式以及审核要点，确保交易真实合规。

银行有权对违反外汇管理规定、真实性存疑的交易予以拒绝。对拒绝办理的业务，银行应向个人准确说明拒绝原因及申诉渠道。

第六十九条　银行为个人开立外汇账户时，应尽职调查，加强对客户的了解，强化个人身份认证核验，确保人证一致。

第七十条　银行为个人办理购汇业务时，应提示个人真实、准确、完整填写个人购汇申请书。银行应将个人填写的个人购汇申请书信息在本行信息系统中保存。

银行应提升个人购汇信息申报质量，及时更新和完善个人购汇信息异常申报数据库，对申报要素填写不完整、不合逻辑的交易进行识别和拦截。

第七十一条　银行应关注个人购付汇用途是否一致，发现涉嫌付汇用途与购汇用途不一致的，应做好尽职调查，要求个人如实报告购付汇用途。

第七十二条　银行应加强电子银行个人结售汇业务风险识别，落实电子银行业务本人办理原则。通过多重技术手段，事中事后筛查拦截异常外汇交易，防范借用他人便利化额度、出借本人便利化额度及其他规避便利化额度和真实性管理的违规行为。

第七十三条　银行应切实履行自身服务职责，全面提升服务质量，保障个人真实合理用汇需求。银行应在营业网点区域显著位置展示本行编制的个人外汇业务办理指南。

第七十四条　银行开展个人外汇业务，应依据展业原则及反洗钱有关规定制定银行内部管理制度，银行内部管理制度应覆盖本行个人外汇业务的全部类型和业务渠道。

第七十五条　**银行开展个人外汇创新业务前，应将业务流程、内部管理制度要求、风险防控措施等书面告知国家外汇管理局。**

第七十六条　除下列情况外，银行应将个人结售汇数据录入个人外汇业务系统（以下简称个人系统）：

（1）通过外币代兑机构发生的结售汇。

（2）通过银行柜台尾零结汇、转利息结汇等小于等值100美元（含）的结汇。

（3）外币卡（含境内卡和境外卡）境内消费结汇。

（4）境外卡通过自助银行设备提取人民币现钞。

（5）境内卡境外使用后购汇还款。

（6）通过自助兑换机办理的个人外币现钞兑换人民币现钞的单向兑换。

第七十七条　银行应建立本行数据质量管理机制，办理的个人结售汇和外币现钞存取业务全部数据均应实时、逐笔向个人系统准确报送。通过支付机构办理的个人结售汇业务数据应按规定时限向个人系统准确报送。

第七十八条　银行应对在个人系统使用中知晓的个人信息严格保密，不得泄露和侵犯个人隐私。

第七十九条　银行可办理代理境外分支机构开户见证业务。银行代理境外分支机构开户见证业务的客户主体仅限于已取得国外（境外）长期签证（连续居住三个月以上）的境内居民个人，汇款用途按有关个人外汇管理规定审核真实性。

若开办代理境外其他银行开户见证业务，应先取得银行保险业监督管理部门同意；如取得其同意，办理开户见证业务应遵守本条第二款的规定。

3. 外币现钞收付、存取和携带

第八十条　境内机构不得收取、提取外币现钞，本指引第四十条、第四十一条、第八十一条、第八十二条、第八十三条、第一百五十五条、第一百五十七条规定的除外。

第八十一条　符合下列条件的经常项目交易，境内机构可以收取外币现钞，但应在银行办理结汇：

（1）**银行汇路不畅的经常项目交易。**

（2）**与战乱、金融条件差的国家（地区）间开展的经常项目交易。**

（3）**境外机构或境外个人因临时使用境内港口等交通设施所支付的服务和补给物品的费用。**

（4）**境内免税商品经营单位和免税商店销售免税商品的外汇交易。**

第八十二条　符合下列条件的经常项目交易，境内机构可以按规定在银行购汇或使用自有外汇提取外币现钞：

（1）银行汇路不畅的经常项目交易。

（2）向战乱、金融条件差的国家（地区）支付的经常项目支出。

（3）国际海运船长借支项下。

（4）境内机构公务出国项下每个团组平均每人提取外币现钞金额在等值1万美元以下（含）的。

除上述规定情况外，确需提取外币现钞的交易，应向所在地外汇局提交交易真实性、合法性和必要性的说明材料，办理登记手续。

按规定已提取但未使用完的经常项下外币现钞，可以结汇或存入原提取外币现钞所使用的外汇账户。

第八十三条　财政资金预算内的机关、事业单位和社会团体等办理非贸易非经营性用汇项下提取外币现钞业务，可按规定直接到银行办理。

本指引所称非贸易非经营性用汇，是指驻外机构用汇、出国用汇、留学生用汇、外国专家用汇、国际组织会费用汇、救助与捐赠用汇、对外宣传用汇、股金与基金用汇、援外用汇、境外朝觐用汇及部门预算中确定的其他用汇项目。

司法和行政执法等机构的罚没款、暂扣款和专项收缴款为外币现钞的，银行可根据上述机构的相关文件直接办理结汇、存入经常项目外汇账户和提取外币现钞等手续。

第八十四条　银行应按展业原则办理境内机构外币现钞收付业务，对交易单证的真实性及其与外币现钞交易的一致性，以及外币现钞交易的合法性和必要性等进行合理审核。相关单证无法证明交易真实合法或与办理的外币现钞交易不一致的，银行应要求境内机构补充其他交易单证。

第八十五条　**银行、个人本外币兑换特许机构的外币现钞收付，可根据相关规定直接办理，不适用本指引**。

第八十六条　**个人提取外币现钞当日累计等值1万美元以下（含）的，凭本人有效身份证件在银行办理；个人出境赴战乱、外汇管制严格、金融条件差或金融动乱的国家（地区），确有需要提取超过等值1万美元以上外币现钞的，凭本人有效身份证件、提钞用途等材料向银行所在地外汇局事前报备**。银行凭本人有效身份证件和经外汇局签章的提取外币现钞备案表为个人办理提取外币现钞手续。

外汇局开具的提取外币现钞备案表自签发之日起30天内有效，不可重复使用。

第八十七条　个人存入外币现钞当日累计等值1万美元以下（含）的，凭本人有效身份证件在银行办理；超过上述金额的，凭本人有效身份证件、经海关签章的海关申报单或原存款银行外币现钞提取单据在银行办理。

第八十八条　个人占用年度便利化额度的外币现钞结汇，当日外币现钞结汇累计金额在等值1万美元以下（含）的，凭本人有效身份证件在银行办理；超过上述金额的，凭本人有效身份证件、经海关签章的海关申报单或原存款银行外币现钞提取单据在银行办理。

个人不占用年度便利化额度的外币现钞结汇，当日外币现钞结汇累计金额在等值1万美元以下（含）的，凭本人有效身份证件、有交易额的相关材料在银行办理。超过上述金额的，凭本人有效身份证件、经海关签章的海关申报单或原存款银行外币现钞提取单据、有交易额的相关材料在银行办理。

第八十九条　**个人携带外币现钞等入境，超过等值5 000美元的应向海关书面申报**。

当天多次往返及短期内多次往返者第二次及以上入境,不论携带外币现钞的金额大小,均应向海关书面申报。

个人携带外币现钞出境,没有或超出最近一次入境申报外币现钞数据记录的,金额在等值5 000美元以上至1万美元(含)的,应向银行申领携带外汇出境许可证。个人赴战乱、外汇管制严格、金融条件差或金融动乱的国家(地区),确有需要携带超过等值1万美元外币现钞出境的,需向存款或购汇银行所在地外汇局申领携带外汇出境许可证。

个人遗失或逾期补办携带外汇出境许可证的,按照"谁签发、谁补办"原则,在出境前持补办申请向原签发银行或外汇局提出申请。补办的携带外汇出境许可证应加注"补办"字样。

第九十条　银行及个人本外币兑换特许机构代售的外币旅行支票原则上应限于境外旅游、朝觐、探亲会亲、境外就医、留学等服务贸易项下的对外支付,不得用于货物贸易项下或资本项下的对外支付。

第九十一条　境内机构、驻华机构申请购买外币旅行支票,应以其经常项目外汇账户、外汇资本金账户以及其他明确规定可用于经常项目支出的外汇账户内资金购买,或用人民币账户内资金购汇后购买,不得以外币现钞或人民币现钞购汇购买外币旅行支票。

本指引所称驻华机构,包含外国驻华外交领事机构和国际组织驻华代表机构。

第九十二条　个人以外汇账户内资金购买外币旅行支票的,一次性购买外币旅行支票在等值5万美元以下(含)的,凭本人有效身份证件办理;超过上述金额的,凭本人有效身份证件和有交易额的相关材料办理。以人民币购买外币旅行支票的,按照个人购汇的相关规定办理。

个人凭本人有效身份证件及旅行支票办理兑付的,按照个人结汇的相关规定办理。个人将旅行支票兑换成外币现钞的,视同提取外币现钞业务;旅行支票可以直接存入个人外汇账户,视同存入外币现钞业务。

第九十三条　银行应加强对个人大额、异常外币现钞存取业务的真实合法性审核,严格审核外币现钞来源或用途。

第九十四条　银行办理的下列个人外币现钞存取数据,应录入个人系统管理:

(1)个人外币现钞存入,包括持外币现钞的结汇、存入个人外汇账户或信用卡、汇出境外、境内划转以及兑换外币后存入现钞等。

(2)个人外币现钞提取,包括购汇提钞、从个人外汇账户或信用卡提取外币现钞、境外汇入或境内划转直接提取外币现钞以及兑换外币后提取现钞等。

银行办理外币现钞收付业务,应遵守我国反洗钱与反恐怖融资的有关规定,并按银行外汇业务数据采集规范相关规定及时、准确报送外币现钞有关数据。

真题精练

【例18·单项选择题】商业银行保险销售从业人员销售投资连结型保险产品还应至少有1年以上的保险销售经验,每年接受不少于(　　)的专项培训,并无不良记录。

A. 20小时　　B. 40小时

C. 60小时　　D. 80小时

B　商业银行应当加强对其保险销售从业人员的岗前培训和后续教育，组织其定期接受法律法规、业务知识、职业道德、消费者权益保护等相关培训。其中，商业银行保险销售从业人员销售投资连结型保险产品还应至少有1年以上的保险销售经验，每年接受不少于40小时的专项培训，并无不良记录。保险公司应当按照中国银保监会有关规定加强对其银保专管员的管理，有关规定由中国银保监会另行制定。

【例19·单项选择题】个人结汇和境内个人购汇实行年度便利化额度管理，便利化额度分别为（　　）。

A. 每人每年等值1万美元　　B. 每人每年等值2万美元

C. 每人每年等值5万美元　　D. 每人每年等值10万美元

C　个人经常项目外汇业务应具有真实、合法的交易背景。个人结汇和境内个人购汇实行年度便利化额度管理，便利化额度分别为每人每年等值5万美元。

↓码上看总结↓

章节自测

一、单项选择题(在以下各小题所给出的四个选项中,只有一个选项符合题目要求,请将正确选项的代码填入括号内)

1. 下列选项中,属于限制民事行为能力人的是(　　)。

A. 18 周岁以上的公民

B. 8 周岁以上的未成年人

C. 不满 8 周岁的未成年人

D. 16 周岁以上不满 18 周岁,以自己的劳动收入为主要生活来源的公民

2. 个人理财业务中涉及较多法律法规,其中不属于法律的是(　　)。

A.《中华人民共和国保险法》　　B.《中华人民共和国民法典》

C.《中华人民共和国商业银行法》　　D.《商业银行理财业务监督管理办法》

3. 书面委托代理的授权委托书应当载明的事项不包括(　　)。

A. 代理事项　　B. 代理权限

C. 代理期间　　D. 被代理人的家庭情况、工作单位

4. 下列关于代理的说法中,不正确的是(　　)。

A. 代理包括委托代理和法定代理

B. 委托代理人按照被代理人的委托行使代理权

C. 法定代理人依照法律的规定行使代理权

D. 相对人知道或者应当知道行为人无权代理的,行为人不承担责任

5. 根据规定,当订立合同的双方对格式条款有两种以上的解释时,应(　　)。

A. 诉诸法院或折中　　B. 按照通常理解予以解释

C. 作出利于提供格式条款一方的解释　　D. 作出不利于提供格式条款一方的解释

6. 根据规定,不属于合同履行的抗辩权的是(　　)。

A. 不安抗辩权　　B. 先履行抗辩权

C. 后履行抗辩权　　D. 同时履行抗辩权

7. 根据规定,下列婚姻关系存续期间的财产中,属于夫妻共有财产的是(　　)。
(1)丈夫的季度奖金。(2)妻子专用的护肤品。(3)妻子父母赠与的汽车。(4)丈夫婚前房产。

A. (1)(3)　　B. (2)(4)

C. (1)(2)　　D. (3)(4)

8. 根据规定,普通合伙人对有限合伙企业的债务负(　　)。

A. 有限责任　　B. 无限责任

C. 连带责任　　D. 无限连带责任

9. 根据规定,普通合伙企业存续期间,合伙人以其在合伙企业中的财产份额出质的,(　　)。

A. 无需经其他合伙人同意　　B. 须经其他合伙人一致同意

C. 须经全体合伙人一半以上同意　　D. 须经全体合伙人三分之二以上同意

10. 关于遗产继承，下列说法错误的是（　　）。
A. 继承开始后，有遗赠扶养协议的，按协议处理
B. 丧偶儿媳对公婆尽了主要赡养义务的，属于第二继承人
C. 同一顺序继承人继承遗产的份额，一般应当均等
D. 有扶养能力的继承人，不尽扶养义务的，可以不分给其遗产

11. 根据《公开募集证券投资基金销售机构监督管理办法》的规定，申请注册基金销售业务资格的机构，取得基金从业资格的人员不少于（　　）人。
A. 10　　B. 15
C. 20　　D. 5

12. 根据规定，商业银行从事境内黄金期货交易业务，通过我国期货行业认可的从业资格考试合格人员不得少于（　　）人，其中交易人员至少（　　）人、风险管理人员至少（　　）人。
A. 10；5；5　　B. 6；3；3
C. 5；3；2　　D. 4；2；2

13. 下列关于经常项目个人外汇管理的说法中，错误的是（　　）。
A. 境外个人未使用的境外汇入外汇，可以凭本人有效身份证件在银行办理原路汇回
B. 境内个人外汇汇出境外用于经常项目支出，单笔或当日累计汇出在规定金额以下的，凭本人有效身份证件在银行办理
C. 境外个人将原兑换未使用完的人民币兑回外币现钞时，小额兑换凭本人有效身份证件及原兑换水单在银行办理
D. 境外个人在境内取得的经常项目项下合法人民币收入，可以凭本人有效身份证件及相关证明材料在银行办理购汇及汇出

14. 根据《中华人民共和国民法典》的规定，下列属于可以抵押的财产的是（　　）。
A. 交通运输工具
B. 土地所有权
C. 所有权、使用权不明或者有争议的财产
D. 依法被查封、扣押、监管的财产

15. 行为人没有代理权、超越代理权或者代理权终止后，仍然实施代理行为，未经被代理人追认的，对被代理人不发生效力。相对人可以催告被代理人自收到通知之日（　　）日内予以追认。
A. 10　　B. 15
C. 30　　D. 60

16. 根据《中华人民共和国民法典》的规定，下列财产为夫妻一方的个人财产的是（　　）。
A. 一方的婚前财产　　B. 婚后的工资、奖金、劳务报酬
C. 婚后获得的知识产权的收益　　D. 婚后共同继承或者受赠的财产

17. 关于设立合伙企业应当具备的条件，下列说法错误的是（　　）。
A. 有合伙企业的名称和生产经营场所　　B. 有书面或口头合伙协议
C. 有合伙人认缴或者实际缴付的出资　　D. 有 2 个以上合伙人

二、多项选择题(在以下各小题所给出的选项中,至少有两个选项符合题目要求,请将正确选项的代码填入括号内)

1. 下列关于民事代理的特征中,描述正确的有(　　)。
   A. 代理行为必须是具有法律效力的行为
   B. 代理人须在代理权限内实施代理行为
   C. 代理人须以被代理人的名义实施代理行为
   D. 代理人在代理活动中具有独立的法律地位
   E. 代理人可以以自己的名义实施代理行为
2. 下列属于特别法人的有(　　)。
   A. 机关法人　　B. 农村集体经济组织法人
   C. 城镇农村的合作经济组织法人　　D. 基层群众性自治组织法人
   E. 股份有限公司
3. 根据规定,民事法律活动应遵循(　　)的原则。
   A. 自愿　　B. 公平
   C. 公开　　D. 公正
   E. 诚信
4. 在个人理财业务中,民事法律关系的主体有(　　)。
   A. 金融机构　　B. 客户
   C. 监管机构　　D. 中国人民银行
   E. 中国银保监会
5. 下列选项中,属于法定代理终止的情形有(　　)。
   A. 被代理人死亡　　B. 代理人死亡
   C. 代理人丧失民事行为能力　　D. 被代理人恢复完全民事行为能力
   E. 代理人辞去委托
6. 下列关于格式条款的描述中,错误的有(　　)。
   A. 格式条款和非格式条款不一致的,应当采用格式条款
   B. 对格式条款有两种以上解释的,应当按照通常理解予以解释
   C. 对格式条款的理解发生争议的,应当作出不利于提供格式条款一方的解释
   D. 提供格式条款的一方应当遵循公开原则确定当事人之间的权利和义务
   E. 提供格式条款的一方应采取合理的方式提示对方注意免除或减轻其责任的条款,按对方要求对该条款予以说明
7. 下列关于合同履行的说法中,正确的有(　　)。
   A. 当事人应当按照约定全面履行自己的义务
   B. 当事人互负债务,没有先后履行顺序的,应当同时履行
   C. 后履行一方履行债务不符合约定的,先履行一方有权拒绝其相应的履行要求
   D. 应当先履行债务的当事人,有确切证据证明后履行一方转移财产的,可以中止履行
   E. 当事人互负债务,有先后履行顺序,先履行一方未履行的,后履行一方有权拒绝其履行要求

8. 根据《中华人民共和国民法典》中关于合同的规定，违约责任的承担形式包括（　　）。
A. 定金责任　　B. 强制履行
C. 赔偿损失　　D. 违约金责任
E. 采取补救措施

9. 根据规定，商业银行从事代销业务，不得（　　）。
A. 违背客户意愿将代销产品与其他产品进行捆绑销售
B. 向合作机构及其工作人员收取代销协议约定以外的利益
C. 为代销产品提供显性或隐性担保
D. 将代销产品作为存款或其自身发行的理财产品进行销售
E. 代替客户持有或安排他人代替客户持有代销产品

10. 根据规定，销售保单利益不确定的保险产品，存在（　　）的情况时，应在取得投保人签名确认的投保声明后方可承保。
A. 趸缴保费超过投保人家庭年收入的 3 倍
B. 年期缴保费超过投保人家庭年收入的 20%
C. 月期缴保费超过投保人家庭月收入的 10%
D. 保费缴费年限与投保人年龄数字之和超过 60
E. 保费额度等于投保人保费预算的 110%

11. 根据规定，保险销售人员从事保险代理业务，不得（　　）。
A. 挪用或侵占保险费
B. 扣划收取保费
C. 串通投保人骗取保险金
D. 隐瞒与保险合同有关的重要情况
E. 利用行政权力、职务或职业便利强迫、引诱投保人购买指定的保单

12. 根据规定，个人外汇账户按账户性质可分为（　　）。
A. 外汇结算账户　　B. 一般结算账户
C. 专用结算账户　　D. 资本项目账户
E. 外汇储蓄账户

三、判断题（请判断以下各小题的正误，正确的选 A，错误的选 B）

1. 第三人为债务人向债权人提供担保的，可以要求债务人提供反担保。（　　）
A. 正确　　B. 错误

2. 有限合伙人退伙后，对基于其退伙前的原因发生的有限合伙企业债务，以其人伙时认缴的出资额为限承担责任。（　　）
A. 正确　　B. 错误

3. 商业银行代理销售意外伤害保险、健康保险、定期寿险、终身寿险、保险期间不短于 10 年的年金保险、保险期间不短于 10 年的两全保险、财产保险（不包括财产保险公司投资型保险）的保费收入之和不得低于保险代理业务总保费收入的 10%。（　　）
A. 正确　　B. 错误

4. 商业银行在理财产品宣传销售文本中只能登载该理财产品或者本行同类理财产品的过

往平均业绩和最好、最差业绩,并以醒目文字提醒投资者"理财产品过往业绩不代表其未来表现,不等于理财产品实际收益,投资须谨慎"。（　）

A. 正确　　B. 错误

5. 商品及金融衍生品类理财产品投资于商品及金融衍生品的比例不低于90%。（　）

A. 正确　　B. 错误

6. 基金销售机构应在基金合同约定之后的日期或者时间办理基金份额的申购、赎回或者转换。（　）

A. 正确　　B. 错误

7. 理财产品风险评级结果应当以风险等级体现,由低到高至少包括三个等级,并可根据实际情况进一步细分。（　）

A. 正确　　B. 错误

8. 个人从事市场采购贸易,可通过个人外汇账户办理符合相关要求的市场采购贸易外汇结算。个人办理市场采购贸易项下结汇,提供有交易额的材料或交易电子信息的,不占用个人年度便利化额度。（　）

A. 正确　　B. 错误

9. 境内个人在境外获得的合法资本项目收入经中国人民银行核准后可以结汇。（　）

A. 正确　　B. 错误

答案详解

一、单项选择题

1. B 【解析】《中华人民共和国民法典》第十九条规定,8 周岁以上的未成年人为限制民事行为能力人,实施民事法律行为由其法定代理人代理或者经其法定代理人同意、追认;但是,可以独立实施纯获利益的民事法律行为或者与其年龄、智力相适应的民事法律行为。

2. D 【解析】理财师的实际工作主要涉及法律体系中的法律和行政法规两部分。其中涉及的法律包括《中华人民共和国民法典》《中华人民共和国商业银行法》《中华人民共和国证券法》《中华人民共和国证券投资基金法》《中华人民共和国保险法》《中华人民共和国信托法》等。涉及的行政法规包括《商业银行理财业务监督管理办法》《公开募集证券投资基金销售机构监督管理办法》等。

3. D 【解析】《中华人民共和国民法典》第一百六十五条规定,委托代理授权采用书面形式的,授权委托书应当载明代理人的姓名或者名称、代理事项、权限和期限,并由被代理人签名或者盖章。

4. D 【解析】相对人知道或者应当知道行为人无权代理的,相对人和行为人按照各自的过错承担责任。

5. D 【解析】当订立合同的双方对格式条款有两种以上的解释时,应作出不利于提供格式条款一方的解释。

6. C 【解析】合同履行的抗辩权包括:(1)同时履行抗辩权。(2)先履行抗辩权。(3)不安抗辩权。

7. A 【解析】《中华人民共和国民法典》第一千零六十二条规定,夫妻在婚姻关系存续期间所得的下列财产,为夫妻的共同财产,归夫妻共同所有:(1)工资、奖金、劳务报酬。(2)生产、经营、投资的收益。(3)知识产权的收益。(4)继承或者受赠的财产，但是本法第一千零六十三条第三项规定的除外。(5)其他应当归共同所有的财产。

8. D 【解析】《中华人民共和国合伙企业法》规定，普通合伙企业由普通合伙人组成，合伙人对合伙企业债务承担无限连带责任。有限合伙企业由普通合伙人和有限合伙人组成，普通合伙人对合伙企业债务承担无限连带责任。

9. B 【解析】《中华人民共和国合伙企业法》第二十五条规定，合伙人以其在合伙企业中的财产份额出质的，须经其他合伙人一致同意；未经其他合伙人一致同意，其行为无效，由此给善意第三人造成损失的，由行为人依法承担赔偿责任。

10. B 【解析】《中华人民共和国民法典》第一千一百二十九条规定，丧偶儿媳对公婆，丧偶女婿对岳父母，尽了主要赡养义务的，作为第一顺序继承人。

11. C 【解析】根据《公开募集证券投资基金销售机构监督管理办法》第七条的规定，申请注册基金销售业务资格，应当具备的条件之一：取得基金从业资格的人员不少于20人。

12. D 【解析】《关于商业银行从事境内黄金期货交易有关问题的通知》第二条第九点规定，商业银行从事境内黄金期货交易业务，通过我国期货行业认可的从业资格考试合格人员不少于4人，其中交易人员至少2人、风险管理人员至少2人，以上人员相互不得兼任，且无不良从业记录。

13. C 【解析】《个人外汇管理办法》第十五条规定，境外个人将原兑换未使用完的人民币兑回外币现钞时，小额兑换凭本人有效身份证件在银行或外币兑换机构办理；超过规定金额的，可以凭原兑换水单在银行办理。第十二条规定，境内个人外汇汇出境外用于经常项目支出，单笔或当日累计汇出在规定金额以下的，凭本人有效身份证件在银行办理；单笔或当日累计汇出在规定金额以上的，凭本人有效身份证件和有交易额的相关证明等材料在银行办理。第十三条规定，境外个人在境内取得的经常项目项下合法人民币收入，可以凭本人有效身份证件及相关证明材料在银行办理购汇及汇出。第十四条规定，境外个人未使用的境外汇入外汇，可以凭本人有效身份证件在银行办理原路汇回。

14. A 【解析】根据《中华人民共和国民法典》的规定，债务人或者第三人有权处分的下列财产可以抵押：(1)建筑物和其他土地附着物。(2)建设用地使用权。(3)海域使用权。(4)生产设备、原材料、半成品、产品。(5)正在建造的建筑物、船舶、航空器。(6)交通运输工具。(7)法律、行政法规未禁止抵押的其他财产。

15. C 【解析】行为人没有代理权、超越代理权或者代理权终止后，仍然实施代理行为，未经被代理人追认的，对被代理人不发生效力。相对人可以催告被代理人自收到通知之日起30日内予以追认。

16. A 【解析】根据《中华人民共和国民法典》第一千零六十三条的规定，下列财产为夫妻一方的个人财产：(1)一方的婚前财产。(2)一方因受到人身损害获得的赔偿或者补偿。(3)遗嘱或者赠与合同中确定只归一方的财产。(4)一方专用的生活用品。(5)其他应当归一方的财产。

17. B 【解析】《中华人民共和国合伙企业法》第十四条规定，设立合伙企业，应当具备下列条件：(1)有2个以上合伙人。合伙人为自然人的，应当具有完全民事行为能力。(2)有书面合伙协议。(3)有合伙人认缴或者实际缴付的出资。(4)有合伙企业的名称和生产经营场所。(5)法律、行政法规规定的其他条件。

二、多项选择题

1. ABCD。【解析】代理的特征是:(1)代理人须在代理权限内实施代理行为。(2)代理人须以被代理人的名义实施代理行为。(3)代理行为必须是具有法律效力的行为。(4)代理行为须直接对被代理人发生效力。(5)代理人在代理活动中具有独立的法律地位。

2. ABCD。【解析】《中华人民共和国民法典》第九十六条规定,机关法人、农村集体经济组织法人、城镇农村的合作经济组织法人、基层群众性自治组织法人,为特别法人。

3. ABE。【解析】民事法律行为是指民事主体通过意思表示设立、变更、终止民事法律关系的行为。民事主体从事民事活动,应当遵循的原则包括:(1)自愿原则。(2)公平原则。(3)诚信原则。(4)不得违背公序良俗。

4. AB。【解析】在个人理财业务中,民事法律关系的主体有两个:金融机构和客户。

5. ABCD。【解析】《中华人民共和国民法典》第一百七十五条规定,有下列情形之一的,法定代理终止:(1)被代理人取得或者恢复完全民事行为能力。(2)代理人丧失民事行为能力。(3)代理人或者被代理人死亡。(4)法律规定的其他情形。

6. ABCD。【解析】采用格式条款订立合同的,提供格式条款的一方应当遵循公平原则确定当事人之间的权利和义务,并采取合理的方式提示对方注意免除或者减轻其责任等与对方有重大利害关系的条款,按照对方的要求,对该条款予以说明。对格式条款的理解发生争议的,应当按照通常理解予以解释。对格式条款有两种以上解释的,应当作出不利于提供格式条款一方的解释。格式条款和非格式条款不一致的,应当采用非格式条款。

7. ABDE。【解析】《中华人民共和国民法典》第五百零九条规定,当事人应当按照约定全面履行自己的义务。当事人应当遵循诚信原则,根据合同的性质、目的和交易习惯履行通知、协助、保密等义务。当事人在履行合同过程中,应当避免浪费资源、污染环境和破坏生态。第五百二十五条规定,当事人互负债务,没有先后履行顺序的,应当同时履行。一方在对方履行之前有权拒绝其履行请求。一方在对方履行债务不符合约定时,有权拒绝其相应的履行请求。第五百二十六条规定,当事人互负债务,有先后履行顺序,应当先履行债务一方未履行的,后履行一方有权拒绝其履行请求。先履行一方履行债务不符合约定的,后履行一方有权拒绝其相应的履行请求。

8. ABCDE。【解析】违约责任的承担形式主要有违约金责任、赔偿损失、强制履行、定金责任和采取补救措施。

9. ABCDE。【解析】《中国银监会关于规范商业银行代理销售业务的通知》第三十三条规定,商业银行从事代销业务,不得有以下情形:(1)未经授权或超越授权范围开展代销业务,假借所属机构名义私自推介、销售未经审批的产品,或在销售区域内存放未经审批的非本行产品销售文件和资料。(2)将代销产品作为存款或其自身发行的理财产品进行销售,或者采取夸大宣传、虚假宣传等方式误导客户购买产品。(3)违背客户意愿将代销产品与其他产品进行捆绑销售。(4)由销售人员违规代替客户签署代销业务相关文件,或者代替客户进行代销产品购买等操作、代替客户持有或安排他人代替客户持有代销产品。(5)为代销产品提供直接或间接、显性或隐性担保，包括承诺本金或收益保障。(6)给予合作机构及其工作人员，或者向合作机构及其工作人员收取、索要代销协议约定以外的利益。(7)国务院金融监督管理机构禁止的其他情形。

10. BD 【解析】销售保单利益不确定的保险产品，包括分红型、万能型、投资连结型、变额型等人身保险产品和财产保险公司非预定收益型投资保险产品等，存在以下情况的，应在取得投保人签名确认的投保声明后方可承保：(1)趸缴保费超过投保人家庭年收入的4倍。(2)年期缴保费超过投保人家庭年收入的20%，或月期缴保费超过投保人家庭月收入的20%。(3)保费缴费年限与投保人年龄数字之和达到或超过60。(4)保费额度大于或等于投保人保费预算的150%。在投保声明中，投保人应表明投保时了解产品情况，并自愿承担保单利益不确定的风险。

11. ACDE 【解析】根据《商业银行代理保险业务管理办法》第五十条，商业银行及其保险销售从业人员在开展保险代理业务中不得有下列行为：(1)欺骗保险公司、投保人、被保险人或者受益人。(2)隐瞒与保险合同有关的重要情况。(3)阻碍投保人履行如实告知义务，或者诱导其不履行如实告知义务。(4)给予或者承诺给予投保人、被保险人或者受益人保险合同约定以外的利益。(5)利用行政权力、职务或者职业便利以及其他不正当手段强迫、引诱或者限制投保人订立保险合同。(6)伪造、擅自变更保险合同，或者为保险合同当事人提供虚假证明材料。(7)挪用、截留、侵占保险费或者保险金。(8)利用业务便利为其他机构或者个人牟取不正当利益。(9)串通投保人、被保险人或者受益人，骗取保险金。(10)泄露在业务活动中知悉的保险人、投保人、被保险人的商业秘密。

12. ADE 【解析】《个人外汇管理办法》第二十七条规定，个人外汇账户按主体类别区分为境内个人外汇账户和境外个人外汇账户。按账户性质区分为外汇结算账户、资本项目账户及外汇储蓄账户。

三、判断题

1. A 【解析】《中华人民共和国民法典》第三百八十七条规定，债权人在借贷、买卖等民事活动中，为保障实现其债权，需要担保的，可以依照本法和其他法律的规定设立担保物权。第三人为债务人向债权人提供担保的，可以要求债务人提供反担保。反担保适用本法和其他法律的规定。

2. B 【解析】《中华人民共和国合伙企业法》第八十一条规定，有限合伙人退伙后，对基于其退伙前的原因发生的有限合伙企业债务，以其退伙时从有限合伙企业中取回的财产承担责任。

3. B 【解析】《商业银行代理保险业务管理办法》第三十八条规定，商业银行代理销售意外伤害保险、健康保险、定期寿险、终身寿险、保险期间不短于10年的年金保险、保险期间不短于10年的两全保险、财产保险(不包括财产保险公司投资型保险)的保费收入之和不得低于保险代理业务总保费收入的20%。

4. A 【解析】《商业银行理财业务监督管理办法》规定，商业银行发行理财产品，不得宣传理财产品预期收益率，在理财产品宣传销售文本中只能登载该理财产品或者本行同类理财产品的过往平均业绩和最好、最差业绩，并以醒目文字提醒投资者“理财产品过往业绩不代表其未来表现，不等于理财产品实际收益，投资须谨慎”。

5. B 【解析】根据《商业银行理财业务监督管理办法》，商业银行将商品及金融衍生品类理财产品投资于商品及金融衍生品的比例不低于80%。

6. B。【解析】《公开募集证券投资基金销售机构监督管理办法》第十九条规定，投资人在基金合同约定之外的日期和时间提出申购、赎回申请的，作为下一个交易日的交易处理，其基金份额申购、赎回价格为下次办理基金份额申购、赎回时间所在开放日的价格。

7. B。【解析】《商业银行理财业务监督管理办法》第二十七条规定，商业银行应当采用科学合理的方法，根据理财产品的投资组合、同类产品过往业绩和风险水平等因素，对拟销售的理财产品进行风险评级。理财产品风险评级结果应当以风险等级体现，由低到高至少包括一级至五级，并可根据实际情况进一步细分。

8. A。【解析】《经常项目外汇业务指引（2020 年版）》规定，个人从事市场采购贸易，可通过个人外汇账户办理符合相关要求的市场采购贸易外汇结算。个人办理市场采购贸易项下结汇，提供有交易额的材料或交易电子信息的，不占用个人年度便利化额度。

9. B。【解析】《个人外汇管理办法》第十九条规定，境内个人在境外获得的合法资本项目收入经外汇局核准后可以结汇。

第三章

理财投资市场概述

考情直击

本章的主要内容是与理财投资密切相关的金融市场基础知识。第一节、第二节介绍了与理财相关的金融市场相关知识，第三节介绍了各类理财投资市场。分析近几年的考试情况，本章的常考点有金融市场的特点、功能及分类，货币市场、债券市场、股票市场、金融衍生品市场、外汇市场、保险市场、贵金属及其他投资市场在个人理财中的运用等，在考试中占10～21分。

考纲要求

知识解读

第一节 金融市场概述

一、金融市场的概念

金融市场是指以金融资产为交易对象而形成的供求关系及其交易机制的总和。它包括如下三层含义:

(1)它是金融资产进行交易的有形和无形的“场所”。

(2)它反映了金融资产供应者和需求者之间的供求关系。

(3)它包含了金融资产的交易机制,其中最重要的是价格(包括利率、汇率及各种证券的价格)机制,以及交易后的清算和结算机制。

二、金融市场的特点 ★★★

金融市场类型众多,不同的金融市场具有不同的特点,但总体来说,金融市场的特点可概括为以下四点。

(1)**市场商品的特殊性**。金融市场交易的对象是货币、资金、信用以及其他金融工具。

(2)**市场交易价格的一致性**。市场有效性的内生性将驱动市场价格趋于一致,在完全有效的市场中,同种商品在不同市场将遵循一价原则。

(3)**市场交易活动的集中性**。在金融市场上,金融工具的交易是通过一些专业机构组织实现的,通常有固定的交易场所和无形的交易平台。

(4)**交易主体角色可变性**。在金融市场上,市场交易主体角色并非固定。

要点点拨

企业、家庭或个人既可以是资金的需求者,也可以是资金的供应者。这表明市场交易主体的角色在一定情况下可以互换。

真题精练

【例1·单项选择题】金融市场的特点不包括(　　)。

A. 市场商品的特殊性　　B. 交易主体角色可变性

C. 市场交易价格的一致性　　D. 市场交易活动的分散性

D　金融市场类型众多,不同的金融市场具有不同的特点,但总体来说,金融市场主要具有以下四个特点:(1)市场商品的特殊性。(2)市场交易价格的一致性。(3)市场交易活动的集中性。(4)交易主体角色可变性。

三、金融市场的构成要素

金融市场的构成要素主要包括主体、客体、中介和监管机构。

（一）金融市场的主体

参与金融市场交易的当事人是金融市场的主体，包括企业、政府及政府机构、中央银行、金融机构、居民个人（家庭）。

（1）企业。

①企业是金融市场运行的基础，是重要的资金供给者和需求者。

②企业通常通过商业票据、企业债券、资产证券化等形式融资。

③企业通过存款、理财投资等将资金注入金融市场。

（2）政府及政府机构。政府参与金融市场，主要是通过发行各种债券筹集资金。

（3）中央银行。中央银行通常通过公开市场操作来平衡市场的资金情况，也通过调节利率的方式影响市场的利率水平。

（4）各类金融机构。金融机构包括商业银行和其他金融机构。金融机构是资金融通活动的重要中介机构，是资金需求者和供给者之间的纽带。

（5）居民个人（家庭）。居民是最大的资金供给者，形成金融市场上重要的资金来源。居民为市场提供资金的方式通常有两种：

①直接方式，通过基金、资产管理计划、养老金等形式将资金注入市场。

②间接方式，通过存款方式将资金注入市场。

（二）金融市场的客体

金融市场的客体是指金融市场的交易对象，也就是通常所说的金融工具，包括同业拆借、票据、债券、股票、外汇和金融衍生品等。

真题精练

【例2·单项选择题】金融市场的构成要素主要包括主体、客体、中介和监管机构，下列选项中属于客体的是（　　）。

A. 金融衍生品　　B. 中国银保监会

C. 证券交易所　　D. 居民个人（家庭）

A　金融市场的客体是指金融市场的交易对象，即金融工具，包括同业拆借、票据、债券、股票、外汇和金融衍生品等。B项属于监管机构，C项属于中介，D项属于主体。

（三）金融市场中介

在资金融通的过程中，中介在资金的供给者和需求者之间起着媒介或桥梁的作用。金融市场的中介大体分为两类：交易中介和服务中介。

（1）交易中介。交易中介通过市场为买卖双方成交撮合，并从中收取佣金，包括银行、有价证券承销人、证券交易经纪人、证券交易所和证券结算公司等。

（2）服务中介。这类机构本身不是金融机构，却是金融市场上不可或缺的，如会计师事务所、律师事务所、投资顾问咨询公司和证券评级机构等。

真题精练

【例3·单项选择题】下列选项中，属于金融市场交易中介的是(　　)。

A. 会计师事务所　　B. 律师事务所

C. 证券交易所　　D. 证券评级机构

C　金融市场的中介大体分为两类：交易中介和服务中介。交易中介通过市场为买卖双方成交撮合，并从中收取佣金，包括银行、有价证券承销人、证券交易经纪人、证券交易所和证券结算公司等。服务中介本身不是金融机构，却是金融市场上不可或缺的，如会计师事务所、律师事务所、投资顾问咨询公司和证券评级机构等。

(四)监管机构

2018年3月13日，根据国务院发布的机构改革方案，银监会和保监会合并，组建中国银行保险监督管理委员会，作为国务院直属事业单位。至此，“一行三会”成为历史，“一委一行两会”形成新的监管格局。

“一委一行两会”的金融监管框架包括国务院金融稳定发展委员会(金稳委)、中国人民银行(央行)、中国银行保险监督管理委员会、中国证监会。

国务院金融稳定发展委员会(金稳委)的主要职责包括：

(1)落实党中央、国务院关于金融工作的决策部署。

(2)审议金融业改革发展重大规划。

(3)统筹金融改革发展与监管，协调货币政策与金融监管相关事项，统筹协调金融监管重大事项，协调金融政策与相关财政政策、产业政策等。

(4)分析研判国际国内金融形势，做好国际金融风险应对，研究系统性金融风险防范处置和维护金融稳定重大政策。

(5)指导地方金融改革发展与监管，对金融管理部门和地方政府进行业务监督和履职问责等。

中国人民银行(央行)的主要职责包括：

(1)拟订金融业改革和发展战略规划，承担综合研究并协调解决金融运行中的重大问题、促进金融业协调健康发展的责任，参与评估重大金融并购活动对国家金融安全的影响并提出政策建议，促进金融业有序开放。

(2)起草有关法律和行政法规草案，完善有关金融机构运行规则，发布与履行职责有关的命令和规章。

(3)依法制定和执行货币政策；制定和实施宏观信贷指导政策。

(4)完善金融宏观调控体系，负责防范、化解系统性金融风险，维护国家金融稳定与安全。

(5)负责制定和实施人民币汇率政策，不断完善汇率形成机制，维护国际收支平衡，实施外汇管理，负责对国际金融市场的跟踪监测和风险预警，监测和管理跨境资本流动，持有、管理和经营国家外汇储备和黄金储备。

(6)监督管理银行间同业拆借市场、银行间债券市场、银行间票据市场、银行间外汇市场和黄金市场及上述市场的有关衍生产品交易。

(7)负责会同金融监管部门制定金融控股公司的监管规则和交叉性金融业务的标准、规范,负责金融控股公司和交叉性金融工具的监测。

(8)承担最后贷款人的责任,负责对因化解金融风险而使用中央银行资金机构的行为进行检查监督。

(9)制定和组织实施金融业综合统计制度,负责数据汇总和宏观经济分析与预测,统一编制全国金融统计数据、报表,并按国家有关规定予以公布。

(10)组织制定金融业信息化发展规划,负责金融标准化的组织管理协调工作,指导金融业信息安全工作。

(11)发行人民币,管理人民币流通。

(12)制定全国支付体系发展规划,统筹协调全国支付体系建设,会同有关部门制定支付结算规则,负责全国支付、清算系统的正常运行。

(13)经理国库。

(14)承担全国反洗钱工作的组织协调和监督管理的责任,负责涉嫌洗钱及恐怖活动的资金监测。

(15)管理征信业,推动建立社会信用体系。

(16)从事与中国人民银行业务有关的国际金融活动。

(17)按照有关规定从事金融业务活动。

(18)承办国务院交办的其他事项。

中国银保监会的主要职责包括:

(1)依法依规对全国银行业和保险业实行统一监督管理,维护银行业和保险业合法、稳健运行,对派出机构实行垂直领导。

(2)对银行业和保险业改革开放和监管有效性开展系统性研究。

(3)依据审慎监管和金融消费者保护基本制度,制定银行业和保险业审慎监管与行为监管规则。

(4)依法依规对银行业和保险业机构及其业务范围实行准入管理,审查高级管理人员任职资格。

(5)对银行业和保险业机构的公司治理、风险管理、内部控制、资本充足状况、偿付能力、经营行为和信息披露等实施监管。

(6)对银行业和保险业机构实行现场检查与非现场监管,开展风险与合规评估,保护金融消费者合法权益,依法查处违法违规行为。

(7)负责统一编制全国银行业和保险业监管数据报表,按照国家有关规定予以发布,履行金融业综合统计相关工作职责。

(8)建立银行业和保险业风险监控、评价和预警体系,跟踪分析、监测、预测银行业和保险业运行状况。

(9)会同有关部门提出存款类金融机构和保险业机构紧急风险处置的意见和建议并组织实施。

(10)依法依规打击非法金融活动,负责非法集资的认定、查处和取缔以及相关组织协调工作。

(11)根据职责分工,负责指导和监督地方金融监管部门相关业务工作。

(12)参加银行业和保险业国际组织与国际监管规则制定,开展银行业和保险业的对外交流与国际合作事务。

(13)负责国有重点银行业金融机构监事会的日常管理工作。

(14)完成党中央、国务院交办的其他任务。

(15)职能转变。

中国证监会的主要职责包括:

(1)研究和拟定证券期货市场的方针政策、发展规划;起草证券期货市场的有关法律、法规;制定证券期货市场的有关规章。

(2)统一管理证券期货市场,按规定对证券期货监督机构实行垂直领导。

(3)监督股票、可转换债券、证券投资基金的发行、交易、托管和清算;批准企业债券的上市;监管上市国债和企业债券的交易活动。

(4)监管境内期货合约上市、交易和清算;按规定监督境内机构从事境外期货业务。

(5)监管上市公司及其有信息披露义务股东的证券市场行为。

(6)管理证券期货交易所;按规定管理证券期货交易所的高级管理人员;归口管理证券业协会。

(7)监管证券期货经营机构、证券投资基金管理公司、证券登记清算公司、期货清算机构、证券期货投资咨询机构;与中国人民银行共同审批基金托管机构的资格并监管其基金托管业务;制定上述机构高级管理人员任职资格的管理办法并组织实施;负责证券期货从业人员的资格管理。

(8)监管境内企业直接或间接到境外发行股票、上市;监管境内机构到境外设立证券机构;监督境外机构到境内设立证券机构、从事证券业务。

(9)监管证券期货信息传播活动,负责证券期货市场的统计与信息资源管理。

(10)会同有关部门审批律师事务所、会计师事务所、资产评估机构及其成员从事证券期货中介业务的资格并监管其相关的业务活动。

(11)依法对证券期货违法违规行为进行调查、处罚。

(12)归口管理证券期货行业的对外交往和国际合作事务。

(13)国务院交办的其他事项。

四、金融市场的功能 ★★★

金融市场的功能是指金融市场所有促进经济发展和协调经济运行的作用。

资金融通集聚功能

通过金融市场把分散在不同主体手中的小额资金聚集为大额资金,短期续接为长期,储蓄转化为投资,进而促进经济发展。

财富投资和避险功能

金融市场上销售的金融工具为投资者提供了储存财富,保有资产和财富增值的途径。金融市场上多元化的金融工具为投资者提供了分散风险的可能。

交易功能

通过金融市场的交易功能，降低了交易成本，能够实现市场的价格发现功能，体现市场的效率性。

优化资源配置功能

金融市场能够自动引导资金的合理配置，将资源从利用效率低的部门转移到利用效率高的部门，实现稀缺资源的合理配置和有效运用。

调节经济功能

调节功能是指金融市场对宏观经济的调节作用，金融市场通过其特有的资本聚集功能和引导资本合理配置的机制，对微观经济部门产生影响，金融市场还是中央银行实施货币政策，调节货币供给或利率的重要传导中介，通过金融市场对宏观经济起到调节作用。

反映经济运行的功能

金融市场是国民经济的"晴雨表"和"气象台"，它是国民经济景气度指标的重要信号系统。

教你一招

财富投资和避险功能就是拿着钱去金融市场买一些金融工具，如股票，在金融市场上做一些套期保值。

真题精练

【例4·单项选择题】金融市场常被称为国民经济的"晴雨表"和"气象台"，指的是金融市场的(　　)。

A. 调节经济的功能　　B. 反映经济运行的功能

C. 资金融通集聚的功能　　D. 优化资源配置的功能

B　金融市场功能是指金融市场所有促进经济发展和协调经济运行的作用。通常具有以下六种功能：(1)资金融通集聚功能。(2)财富投资和避险功能。(3)交易功能。(4)优化资源配置功能。(5)调节经济功能。(6)反映经济运行的功能。其中，反映经济运行的功能指的是金融市场是国民经济的"晴雨表"和"气象台"，它是国民经济景气度指标的重要信号系统。

第二节　金融市场分类

金融市场是由许多子市场构成的庞大市场体系，按照不同的标准，金融市场有不同的划分方式。

一、有形市场和无形市场 ★★★

按照金融交易的场地和空间划分，金融市场可分为有形市场和无形市场。

（一）有形市场

有形市场是指有固定的交易场所，有专门的组织机构和人员，有专门的设备，有组织的市场。典型的有形市场是交易所。

（二）无形市场

1. 无形市场的概念

无形市场是指在进行市场客体经营的市场上，市场交易双方只存在交易关系，没有固定交易场所和市场交易设施，也没有相应的市场经营管理组织。

2. 无形市场的特征

与有形市场相比，一般而言，无形市场有四个典型的特征。

（1）交易场所不固定，分散交易。

（2）交易范围比较广。

（3）交易时间相对较长，不是集中、固定的。

（4）交易的种类多。

要点点拨

很多场外市场都是无形市场。

二、发行市场和流通市场 ★★★

按照金融工具发行和流通特征，金融市场可分为发行市场和流通市场。

（一）发行市场

金融资产首次出售给公众所形成的交易市场是发行市场，又称一级市场、初级金融市场或原始金融市场。

金融资产在发行过程中，发行者一般不直接同持币购买者进行交易，需要由中间机构办理，即证券经纪人。所以一级市场往往也是证券经纪人市场。

在发行市场上，将证券销售给最初购买者的过程并不是公开进行的。投资银行是一级市场上协助证券首次售出的重要金融机构，它通过承销证券，确保证券能够按照某一价格销售出去，之后再向公众推销这些证券。

在发行市场上，证券发行可以通过公募和私募两种方式进行。公募又称公开发行，是指事先不确定特定的发行对象，而是向社会广大投资者公开推销证券。私募又称非公开发行，是指发行公司只对特定的发行对象推销证券。

（二）流通市场

金融资产发行后在不同投资者之间买卖流通所形成的市场即为流通市场，又称为二级市场，它是进行股票、债券和其他有价证券买卖的市场。

流通市场为有价证券提供流动性，保持有价证券的流动性，使证券持有者随时可以卖掉手中的有价证券，得以变现。也正是因为其为有价证券的变现提供了途径，所以流通市场同时可以为有价证券定价，来向证券持有者表明证券的市场价格。

（三）发行市场与流通市场的关系

流通市场与发行市场关系密切，既相互依存，又相互制约：

（1）发行市场所提供的证券及其发行的种类、数量与方式决定着流通市场上流通证券的规模、结构与速度。

（2）流通市场作为证券买卖的场所，对发行市场起着积极的推动作用。组织完善、经营有方、服务良好的流通市场将发行市场上所发行的证券快速有效地分配与转让，使其流通到其他更需要、更适当的投资者手中，并为证券的变现提供现实的可能。

（3）流通市场上的证券供求状况与价格水平等都将有力地影响着发行市场上证券的发行。

因此，没有流通市场，证券发行不可能顺利进行，发行市场也难以为继，扩大发行则更不可能。

真题精练

【例5·单项选择题】金融资产发行后在不同投资者之间买卖流通所形成的市场称为（　　）。

A. 无形市场　　B. 一级市场

C. 有形市场　　D. 二级市场

D　金融资产发行后在不同投资者之间买卖流通所形成的市场即为流通市场，又称为二级市场，它是进行股票、债券和其他有价证券买卖的市场。

三、货币市场和资本市场 ★★★

按照交易期限不同，金融市场可分为货币市场和资本市场。

（一）货币市场

1. 货币市场的概念及含义

货币市场又称短期资金市场，是实现短期资金融通的场所。

货币市场一般是指专门融通短期资金和交易期限在一年以内（包括一年）的有价证券市场。它包括银行短期借贷市场、银行间同业拆借市场、商业票据市场、银行承兑汇票市场、可转让大额定期存单市场等。这些市场上的交易工具期限较短，可以随时在市场上出售变现，从这个意义上说，它们常常作为机构和企业的流动性二级准备，故被称为准货币，而融通短期资金的市场也被统称为货币市场。

2. 货币市场的特征

（1）**低风险、低收益**。由于要求期限短、流动性强，发行人的信用级别高，投资工具的风险相对较低，与此对应，投资工具的收益率相对也较低。

（2）**期限短、流动性高**。货币市场期限比较短，交易目的也是以短期资金周转为主，往往是为了弥补短期流动性。货币市场的交易工具的流动性强，有些工具可以在市场上随时出售兑现。

（3）**交易量大、交易频繁**。货币市场参与人往往需要调剂短期资金余缺进行交易，因此交易量和交易频次一般较高。

(二)资本市场

1. 资本市场的概念及含义

资本市场是筹集长期资金的场所。

一般而言,资本市场是指提供长期(一年以上)资本融通和交易的市场,包括股票市场、中长期债券市场和证券投资基金市场等。交易对象主要包括股票、债券和证券投资基金。与货币市场不同,在资本市场上资金融通的期限一般在一年以上,因此资本市场也称中长期资金市场。具体按金融工具的基本性质分类,资本市场包括股票市场、债券市场和证券投资基金市场等。

2. 资本市场的特点

(1)**期限长、流动性较差**。在资本市场上筹集到的资金多用于解决中长期融资需求,故流动性和变现性相对较弱,一般至少在1年以上,也可以长达几十年,甚至无到期日。

(2)**风险大、收益较高**。由于融资期限较长,发生重大变故的可能性也大,市场价格容易波动,且价格变动幅度大,投资者需承受较大风险。同时,作为对风险的报酬,其收益也较高。

真题精练

【例6·单项选择题】资本市场是筹集(　　)的场所,而货币市场是融通(　　)的场所。

A. 短期资金;长期资金　　B. 长期资金;短期资金

C. 贷款;存款　　D. 存款;贷款

B　货币市场又称短期资金市场,是实现短期资金融通的场所。资本市场是筹集长期资金的场所。

四、直接融资市场和间接融资市场 ★★★

按照资金融资方式,金融市场可分为直接融资市场和间接融资市场。

(一)直接融资市场

1. 直接融资市场的概念及含义

直接融资市场是指资金的需求者直接向资金供给者融资的市场。

在这种融资方式下,在一定时期内,资金盈余方通过直接与资金需求方协议,或在金融市场上购买资金需求方所发行的有价证券,将货币资金提供给需求方使用。

与间接金融相比,投融资双方都有较多的选择自由。而且,对投资者来说收益较高,对融资方来说成本却又比较低。但由于融资方资信程度很不一样,造成了债权人承担的风险程度不相同。

通过直接融资市场资金供求双方联系紧密,有利于资金快速合理配置和使用效益的提高,融资成本较低而投资收益较大。但直接融资双方在资金数量、期限、利率等方面受到的限制多,直接融资使用的金融工具的流通性较间接融资的要弱,兑现能力较低,相应地,直接融资的风险较大。

要点点拨

商业信用、企业发行股票和债券，以及企业之间、个人之间的直接借贷，均属于直接融资。

2. 直接融资市场的特征

一般而言，直接融资市场上的融资方式具有五个特征。

（1）直接性。在直接融资中，资金的需求者直接从资金的供应者手中获得资金，并在资金的供应者和资金的需求者之间建立直接的债权债务关系。

（2）分散性。直接融资是在无数个企业相互之间、政府与企业和个人之间、个人与个人之间，或者企业与个人之间进行的，因此融资活动分散于各种场合，具有一定的分散性。

（3）差异性较大。由于直接融资是在企业和企业之间、个人与个人之间，或者企业与个人之间进行的，而不同的企业或者个人，其信誉好坏有较大的差异，债权人往往难以全面、深入了解债务人的信誉状况，从而带来融资信誉的较大差异和风险性。

（4）部分不可逆性。在直接融资中，通过发行股票所取得的资金，是不需要返还的。投资者无权中途要求退回股金，而只能到市场上去出售股票，股票只能在不同的投资者之间互相转让。

（5）相对较强的自主性。在直接融资中，在法律允许的范围内，融资者可以自己决定融资的对象和数量。

（二）间接融资市场

1. 间接融资市场的概念

间接融资市场是指通过银行等信用中介的资产负债业务来进行资金融通的市场。

间接融资市场上，资金融通方式需通过金融中介机构来进行。具体来说，一般间接融资是指拥有暂时闲置货币资金的一方通过存款的形式，或者购买银行、信托、保险等金融机构发行的有价证券，将其暂时闲置的资金先行提供给这些金融中介机构，然后再由这些金融机构以贷款、贴现等形式，或通过购买资金需求方发行的有价证券，把资金提供给资金需求方使用，从而实现资金融通的过程。在此过程中，资金的供求双方不直接见面，他们之间不发生直接的债权债务关系，而是由金融机构以债权人和债务人的身份介入其中，实现资金余缺的调剂。

教你一招

我的钱存银行，银行贷款给你，有银行这个第三方，这就是间接融资市场。

2. 间接融资市场的特征

间接融资同直接融资比较，其突出特点是比较灵活，分散的小额资金通过银行等中介机构的集中可以办大事，同时这些中介机构拥有较多的信息和专门人才，对保障资金安全和提高资金使用效益等方面有独特的优势，这对投融资双方都有利。

比较而言，间接融资具有以下五个特征。

（1）间接性。在间接融资中，资金需求者和资金初始供应者之间不发生直接借贷关系；他们之间由金融中介发挥桥梁作用。资金需求者和资金初始供应者只是与金融中介机构发生融资关系。

(2)**相对的集中性**。间接融资通过金融中介机构进行。在间接融资中,金融机构具有融资中心的地位和作用。

(3)**信誉的差异性较小**。相对于直接融资来说,间接融资的信誉程度较高,风险也相对较小,融资的稳定性较强。

(4)**具有可逆性**。通过金融中介的间接融资均属于借贷性融资,到期均必须返还,并支付利息,具有可逆性。

(5)**融资的主动权掌握在金融中介手中**。在间接融资中,资金主要集中于金融机构,资金贷给谁不贷给谁,并非由资金的初始供应者决定,而是由金融机构决定。

(三)直接融资与间接融资的区别

(1)金融中介机构例如银行等机构网点多,吸收存款的起点低,能够广泛筹集社会各方面闲散资金,积少成多,形成巨额资金。

(2)在直接融资中,融资的风险由债权人独自承担。而在间接融资中,由于金融机构的资产、负债是多样化的,融资风险便可由多样化的资产和负债结构分散承担,从而安全性较高。

(3)降低融资成本。因为金融机构的出现是专业化分工协作的结果,它具有了解和掌握借款者有关信息的专长,而不需要每个资金供给者自己去搜集资金需求者的有关信息,因而降低了整个社会的融资成本。

(4)有助于解决由于信息不对称所引起的逆向选择和道德风险问题。间接融资也具有局限性,主要是由于资金供给者与需求者之间加入金融机构为中介,隔断了资金供求双方的直接联系,在一定程度上减少了投资者对投资对象经营状况的关注和筹资者在资金使用方面的压力。

教你一招

直接融资和间接融资的特征和区别是考试中单选题的常考点,主要区别是进行资金融通时是否有银行等信用中介的参与。两者的特征可以对比记忆,如:

	直接融资	间接融资
资金的获取	直接	间接
当事人	分散	相对集中
信誉的差异性	较大	较小
资金的返还	部分不可逆	可逆
融资的主动权	融资者手中	金融中介手中

真题精练

【例7·多项选择题】下列属于直接融资市场的特征的有(　　)。

A. 直接性
B. 集中性
C. 较弱的自主性
D. 部分不可逆性
E. 信誉差异性较小

AD　一般而言，直接融资市场上的融资方式具有以下五个特征：(1)直接性。(2)分散性。(3)差异性较大。(4)部分不可逆性。(5)相对较强的自主性。间接融资具有以下五个特征：(1)间接性。(2)相对的集中性。(3)信誉的差异性较小。(4)具有可逆性。(5)融资的主动权掌握在金融中介手中。

第三节　理财投资市场介绍

一、货币市场介绍 ★★★

根据市场中投资工具的不同，货币市场可分为同业拆借市场、票据贴现市场、可转让大额定期存单市场和回购市场等子市场。**货币市场具有高流动性、低风险等特征，是最重要的理财工具市场**。

（一）货币市场概述

货币市场是短期资金融通的场所。具体来说，货币市场主要有七个子市场。

1. 同业拆借市场

同业拆借是指银行等金融机构之间相互借贷，以调剂资金余缺。同业拆借利率的形成机制分两种：

(1)由拆借双方当事人协定，这种机制下形成的利率主要取决于拆借双方拆借资金愿望的强烈程度，利率弹性较大。

(2)借助中介人经纪商，通过公开竞价确定，这种机制下形成的利率主要取决于市场拆借资金的供求状况，利率弹性较小。

在国际货币市场上最典型、最有代表性的同业拆借利率是伦敦银行同业拆借利率(LIBOR)。

在国内市场上，银行间同业拆放利率(SHIBOR)于2007年1月4日正式运行。采用报价制度，以拆借利率为基础，对报价进行加权平均处理后，公布各个期限的平均拆借利率，即为SHIBOR利率。

2. 商业票据市场

商业票据是大公司为了筹措资金，以贴现的方式出售给投资者的一种短期无担保信用凭证。

商业票据市场的主体包括发行者、投资者、销售商。

商业票据市场的特点是：

(1)期限短。

(2)成本低。

(3)方式灵活。

(4)利率敏感。

(5)信用度高。

3. 银行承兑汇票市场

银行承兑汇票市场是以银行承兑汇票为交易对象的市场，银行对未到期的商业汇票予以承兑，以自己的信用为担保，成为票据的第一债务人，出票人只负第二责任。

银行承兑汇票的特点是：

(1)安全性高、信用度好。

(2)信用度较好、灵活性好。

4. 回购市场

回购市场是通过回购协议进行短期货币资金借贷所形成的市场。

回购是指在出售证券时，与证券的购买商签订协议，约定在一定期限后按原价或约定价格购回所卖证券，从而获得即时可用资金的一种交易行为。

从本质上说，**回购协议是一种以证券为抵押品的抵押贷款**。

教你一招

回购类似于古代当铺的活当，把东西卖给当铺的时候，约好了到期来赎回。

5. 政府短期债券市场

短期政府债券是政府作为债务人，承诺一年内债务到期时偿还本息的有价证券。短期政府债券市场是以发行和流通短期政府债券所形成的市场，通常将其称为国库券市场。

短期政府债券市场的特点是：

(1)违约风险小。

(2)流动性强。

(3)交易成本低。

(4)收入免税。

6. 大额可转让定期存单市场

大额可转让定期存单市场是银行大额可转让定期存单发行和买卖的场所。大额可转让定期存单(CDs)是银行发行的有固定面额、可转让流通的存款凭证。

大额可转让定期存单的特点是：

(1)不记名。

(2)金额大。

(3)利率有固定的，也有浮动的，一般比同期限的定期存款的利率高。

(4)不能提前支取，但是可以在二级市场上流通转让。

7. 货币市场基金市场

货币市场基金是指投资于货币市场上短期(一年以内，平均期限120天)有价证券的一种投资基金。这类基金的资产主要投资于短期货币工具如商业票据、银行定期存单、短期政府债券、短期企业债券等短期有价证券。

教你一招

注意区分大额可转让定期存单与定期存款的区别。一般来说，大额可转让定期存单利率、起存金额比同期限的定期存款高，且定期存款记名、不可流通、利率固定。

(二)货币市场在个人理财中的运用

对于个人投资者而言，目前参与货币市场投资，主要有以下路径：

(1)交易所逆回购，即个人通过国债回购市场把自己的富余资金拆借出去，获得固定的利息收益。国债逆回购品种主要有 1 天、2 天、3 天、4 天、7 天、14 天、28 天、91 天、182 天等。目前上交所、深交所均提供相关服务，其中上交所国债逆回购起点金额为 10 万元，深交所为 1 000 元。

(2)货币市场基金等金融产品，这类产品往往具有很强的流动性，收益高于同期银行活期，甚至高于中期、短期定存，是银行储蓄的良好替代品。商业银行或银行理财子公司的现金管理类理财产品，其投资方向、运作原理与货币基金类似。

(3)政府短期债券及大额可转让定期存单，个人可通过商业银行柜台认购政府短期债券及商业银行发行的大额可转让定期存单，并在银行提供的相关电子交易平台等进行流通转让。

总之，货币市场相关金融产品大多投资期限较短，收益稳定，一般风险相对较低，适合风险承受能力较低、对流动性管理要求较高的投资者购买。

真题精练

【例 8 · 单项选择题】货币市场主要有七个子市场，下列不属于货币市场子市场的是(　　)。

A. 回购市场　　B. 商业票据市场

C. 金融远期市场　　D. 政府短期债券市场

C　货币市场的子市场包括同业拆借市场、商业票据市场、银行承兑汇票市场、回购市场、政府短期债券市场、大额可转让定期存单市场和货币市场基金市场。C 项属于金融衍生品市场。

【例 9 · 多项选择题】下列关于同业拆借市场的描述中，正确的有(　　)。

A. 同业拆借市场是货币市场的子市场

B. 同业拆借是指大公司同行之间相互借贷，以调剂资金余缺

C. 在国际货币市场上最典型、最有代表性的同业拆借利率是 SHIBOR 利率

D. 同业拆借利率可以由拆借双方当事人协定，此种利率弹性较大

E. 同业拆借利率可以借助中介人经纪商，通过公开竞价确定，此种利率弹性较小

ADE　根据市场中投资工具的不同，货币市场可分为同业拆借市场、票据贴现市场和可转让大额定期存单市场等子市场。故 A 项正确。同业拆借是指银行等金融机构之间相互借贷，以调剂资金余缺。故 B 项错误。同业拆借利率的形成机制分两种：一种是由拆借双方当事人协定，这种机制下形成的利率主要取决于拆借双方拆借资金的愿望的强烈程度，利率弹性较大；另一种是借助中介人经纪商，通过公开竞价确定，这种机制下形成的利率主要取决于市场拆借资金的供求状况，利率弹性较小。故 D、E 两项正确。在国际货币市场上最典型、最有代表性的同业拆借利率是伦敦银行同业拆借利率(LIBOR)。故 C 项错误。

二、债券市场介绍 ★★★

(一)债券市场概述

1. 债券的概念

债券是投资者向政府、公司或金融机构提供资金的债权凭证,表明发行人负有在指定日期向持有人支付本金及利息的责任。债券是一种有价证券,由于债券的利息一般在事先确定,所以债券也被称为固定收益证券,同样可以上市流通。

2. 债券的特征

一般而言,债券具有以下四个特征。

(1)**偿还性**。债券有规定的偿还期限,债务人必须按约定条件向债权人支付本息。

(2)**流动性**。债券持有人可以在二级市场自由转让债券。

(3)**剩余资产优先受偿性**。即在融资企业破产清算时,债券持有者享有优先于股票持有者对企业剩余资产的索取权。

(4)**收益性**。债券能为投资者带来一定的收入,债券的收入主要来自利息收益、资本利得(投资者可以通过债券交易取得买卖差价)以及债券利息的再投资收益。

3. 债券的分类

(1)根据发行主体不同,债券可划分为政府债券、金融债券、企业(公司)债券。

政府债券是政府为筹集资金而发行的债券,主要包括国债、地方政府债券等。国债因其信誉好、风险小被称为金边债券。

金融债券是由银行和非银行金融机构发行的债券,**目前发行金融债券的机构主要包括开发性金融机构、政策性银行、商业银行、证券公司、金融租赁公司等**。

企业(公司)债券是由股份有限公司或非股份有限公司的企业发行的债券。目前,企业(公司)债的发行主要采用注册制,其中交易所发行的公司债向中国证券监督管理委员会进行注册;企业债的发行向国家发展改革委进行注册;在银行间市场发行的中票、短融等债务融资工具,主要向银行间市场交易商协会进行注册。

知识加油站

国债的信用程度最高,政策性金融债从发行、使用和偿还等方面看与国债差别不大,可以说是一种"准国债"。可赎回债券是指公司债券附加提前赎回和以新偿旧条款,允许发行公司选择于到期日之前购回全部或部分债务的债券。当市场利率下降时,发行公司可以赎回债券,转而以较低利率发行新债筹资。因此债券的可赎回条款对发行者有利,对投资者不利。

(2)按期限不同,债券可划分为短期债券、中期债券和长期债券。

短期债券是指偿还期限在 1 年以下的债券。**短期债券的发行者主要是企业和政府**。企业发行短期债券大多是为了筹集临时性周转资金。政府发行短期债券大多是为了平衡预算开支。

中期债券是指期限在 1 年以上,一般在 10 年以下的债券。我国政府发行的各种国债和银行发行的金融债券,多属于中期债券。

长期债券是指偿还期限在 10 年以上的债券。发行者主要是政府和金融机构。

发行中长期债券的目的是获得长期稳定的资金。1996年，我国政府开始发行期限为10年的长期债券。值得注意的是，不同于国债的期限划分标准，我国短期企业（公司）债券的偿还期限在1年以内，偿还期限在1年以上5年以下的为中期企业（公司）债券，偿还期限在5年以上的为长期企业（公司）债券。

（3）按利息的支付方式不同，债券可划分为附息债券、一次还本付息债券和贴现债券等。

附息债券是指在债券券面上附有息票的债券，或是按照债券票面载明的利率及支付方式支付利息的债券。

一次还本付息债券是指在债务期间不支付利息，只在债券到期后按规定的利率一次性向持有者支付利息并还本的债券。我国的一次还本付息债券可视为零息债券。

贴现债券是指债券券面上不附有息票，在票面上不规定利率，发行时按规定的折扣率，以低于债券面值的价格发行，到期按面值支付本息的债券。

知识加油站

附息债券的息票利率是固定的，市场利率上升时债券价格下降，同样存在利率风险。

（4）按募集方式分类，债券可分为公募债券和私募债券。

公募债券是指向社会公开发行，任何投资者均可购买的债券，是向不特定的多数投资者公开募集的债券，它可以在证券市场上转让。

私募债券是指向与发行者有特定关系的少数投资者募集的债券，其发行和转让均有一定的局限性。

4. 债券市场的功能

（1）融资功能。政府、工商企业等债券发行人通过发行债券方式可以迅速筹集资金，用于国家和企业相应的建设项目中。

（2）价格发现功能。由于债券价格的市场表现可以客观反映企业生产经营和财务状况的好坏，债券市场可以进一步反映企业经营实力和财务状况。

（3）宏观调控功能。债券市场是中央银行对金融进行宏观调控的重要场所。

5. 债券的发行

债券市场分为两个层次：

（1）债券发行市场也称一级市场。

（2）债券流通市场也称二级市场。

三类公司可以发行公司债券：

（1）股份有限公司。

（2）有限责任公司。

（3）国有独资企业或国有控股企业。

债券发行要素包括发行期限、发行价格、发行利率、发行金额、付息频率、发行费用、是否含权、有无担保等，其中，最重要的是前三项，它们直接决定了债券的投资价值。

按照债券的面值与发行价格的不同，可以将债券发行分为三种情况：

（1）**平价发行**：发行价格等于票面价值，按票面价值偿还，按期支付利息。

（2）**溢价发行**：发行价格高于票面价值，按票面价值偿还。

(3)**折价发行**:发行价格低于票面价值,按票面价值偿还。

知识加油站

折价发行的债券,其实际到期收益率高于票面利率。债券的发行与付息方式主要包括:定期支付利息、到期一次还本并支付最后一期利息;贴现发行、到期支付面值;按面值发行、面值回收、期间按期支付利息;按面值发行,按本息相加额到期一次偿还。

6. 债券的交易

债券发行后,绝大多数在流通市场(二级市场)上按不同的价格进行交易。交易价格的高低,取决于公众对该债券的评价、市场利率以及人们对通货膨胀率的预期等。一般来说,**债券价格与到期收益率成反比**。债券价格越高,从二级市场上买入债券的投资者所得到的实际收益率越低;反之则相反。债券的市场交易价格同市场利率成反比。**市场利率上升,债券持有人变现债券的市场交易价格下降;反之则相反**。

债券市场不是一个孤立的市场,它与股票市场、黄金市场、外汇市场的变化息息相关,形成互动关系。

7. 银行间债券市场和交易所债券市场

银行间债券市场是依托于中国外汇交易中心暨全国银行间同业拆借中心、中央国债登记结算有限责任公司和银行间市场清算所股份有限公司的,包括商业银行、保险机构、证券公司、基金公司等金融机构进行债券发行、交易和回购的场所。

交易所债券市场依托于上海证券交易所、深圳证券交易所和中国证券登记结算有限责任公司,投资者可委托交易所会员在交易所市场进行债券发行、交易和回购,中国证券登记结算有限责任公司上海分公司和深圳分公司分别托管上交所和深交所的债券。

(二)债券市场在个人理财中的运用

对于个人投资者而言,目前参与债券市场投资主要有以下渠道:

(1)商业银行柜台,目前国内银行代理的债券主要包括政府债券、金融债券等,人们可以根据自身的实际情况选择债券投资品种。

(2)交易所市场,个人合格投资者可通过证券账户投资交易所发行的债券,不同于银行柜台市场仅有政府债券、金融债券,交易所市场还可投资公司债券。

(3)可通过基金公司、银行、证券公司、信托公司、保险公司等金融机构发行的金融产品,间接参与债券市场投资,分享企业成长收益。

总之,债券市场具有风险相对较低、收益稳定的特征,适合风险承受能力相对较低的客户。

真题精练

【例10·单项选择题】债券持有人可根据市场状况,灵活转让债券指的是债券的(　　)特征。

A. 偿还性　　B. 流动性

C. 安全性　　D. 收益性

B　债券的特征之一是流动性,指的是债券持有人可以在二级市场自由转让债券。

【例 11 · 多项选择题】债券根据发行主体的不同，可分为（　　）。

A. 公司（企业）债券　　B. 公募债券

C. 金融债券　　D. 政府债券

E. 私募债券

ACD　根据发行主体不同，债券可分为政府债券、金融债券、公司（企业）债券等。按募集方式分类，债券可分为公募债券和私募债券。

三、股票市场介绍 ★★★

（一）股票市场概述

1. 股票和股票市场的概念

股票是股份公司发行的，表明投资者投资份额及其权利和义务的所有权凭证，是股份公司为筹集资金而发行给各个股东作为持股凭证的一种有价证券。

股票市场是股票发行和流通的场所，也可以说是对已发行的股票进行买卖和转让的场所。

一般地，股票市场可以分为一级市场、二级市场。其中，一级市场也称为股票发行市场，二级市场也称为股票交易市场。股票市场是上市公司筹集资金的主要途径之一。

股票市场的变化与整个市场经济的发展是密切相关的，**股票市场在市场经济中始终发挥着经济状况"晴雨表"的作用**。

2. 股票和股票市场的分类

根据上市地点、投资者的不同，我国上市企业的股票划分为：

（1）A 股，即人民币普通股票，创立于 1990 年，是由我国境内的公司发行，供境内机构、组织或个人以人民币认购和交易的普通股票。

（2）B 股，即人民币特种股票，创立于 1992 年，这类股票以人民币标明面值，以外币认购和买卖，在境内（上海、深圳）证券交易所上市交易。

（3）H 股，是指在香港上市的股票。

（4）N 股，是指在纽约上市的股票。

（5）S 股，是指在新加坡上市的股票。

根据发行股票公司性质的不同，将境内股票市场划分为：

（1）**主板市场**。它主要面向成熟期的企业，是我国企业发行、上市及交易股票的主要场所。主板上市的公司在上交所或深交所上市交易，其中上海主板代码以 600 开头，深圳主板代码以 000 开头。

（2）**中小板市场**。即中小企业板，它是深圳证券交易所专门为中小型公司开设的股票上市、交易板块，板块内的公司普遍具有收入增长快、盈利能力强的特点，该市场被视为中国的"纳斯达克"。中小板市场股票代码以 002 开头。目前，主板市场、中小板市场上市股票均采用核准制。在股票交易规则方面，主板股票采用"T + 1"交易制度，股票上市首日的涨幅限制为 44%、跌幅限制为 36%，其余交易日的涨跌幅限制均为 10%，退市股票

(ST 股票)的涨跌幅限制为 5%。为更好满足不同发展阶段企业的融资需求,2021 年 2 月 5 日,证监会批准深圳证券交易所主板与中小板合并。

(3) **创业板市场**。相比于主板及中小板,创业板对企业上市的要求更为宽松,主要体现在成立时间、资本规模、中长期业绩等要求上。创业板市场主要针对成长期企业,它拓宽了中小型高成长企业、高科技企业和新兴公司的融资途径,为风险资本退出提供了渠道。创业板股票代码以 300 开头。创业板于 2009 年开启,开办之初采用核准制。2020 年 8 月 24 日,创业板改革,实施注册制。在交易规则方面,创业板仍采用“T+1”交易机制,新上市企业上市前五日不设涨跌幅,此后涨跌幅限制调整为 20%。

(4) **科创板**。习近平总书记于 2018 年 11 月 5 日在首届中国国际进口博览会开幕式上宣布在上海证券交易所设立科创板。该板块于 2019 年 6 月 13 日正式开板,并实行注册制上市制度。交易机制方面:科创板采用 T+1 交易机制,交易方式包括竞价交易、大宗交易、盘后固定价格交易。对于首次上市的企业,上市后前 5 个交易日不设置涨跌幅限制,此后涨跌幅限制为 20%。个人投资者可参与科创板交易,但应符合下列条件:一是申请权限开通前 20 个交易日证券账户及资金账户内的资产日均不低于人民币 50 万元(不包括该投资者通过融资融券融入的资金和证券);二是参与证券交易 24 个月以上;三是上交所规定的其他条件。

(5) **三板市场**。三板市场全称为“代办股份转让系统”,于 2001 年 7 月 16 日正式开办。其设立目的:一是为退市后的上市公司股份提供继续流通的场所;二是解决原全国证券交易自动报价系统(STAQ)、NET 系统历史遗留的数家公司法人股流通问题。2006 年初北京中关村科技园区建立新的股份转让系统,替代原三板市场,又称“新三板”。2009 年 7 月,《证券公司代办股份转让系统中关村科技园区非上市股份有限公司股份报价转让试点办法(暂行)》正式实施,标志着“新三板”正式形成。从交易规则来看,一是“新三板”主要面向机构投资者,特定情况下个人投资者可参与投资;二是交易须由主办券商代为办理报价申报、转让或购买委托、成交确认、清算交收等手续;三是每次股份交易要求不得低于 1 000 股,投资者证券账户某一股份余额不足 1 000 股的,只能一次性委托卖出。

(6) **四板市场**。四板市场即区域性股权交易市场(也称区域股权市场),是为特定区域内的企业提供股权、债券的转让和融资服务的私募市场。

3. 股票价格指数

股票市场的运行往往是通过股票价格指数的变动反映出来的。股票价格指数简称股价指数,是用来衡量计算期一组股票价格相对于基期一组股票价格的变动状况的指标,是股票市场总体或局部动态的综合反映。编制股票指数通常以某个时点为基础,以基期的算术或加权平均股票价格为 100,用以后各时期的算术或加权平均股票价格与基期做比较,计算出该时期的指数。股票指数的编制和发布通常由股票交易所、权威的金融机构、咨询机构或新闻媒体编制或发布。

我国境内主要股票价格指数有沪深 300 指数、上证综合指数、深证综合指数、深证成分股指数、上证 50 指数和上证 180 指数等。境外主要股票价格指数有道琼斯股票价格平均指数、标准普尔股票价格指数、NASDAQ 综合指数、《金融时报》股票价格指数、恒生股票价格指数和日经 225 股票价格指数等。

4. 股票市场的功能

（1）**积聚资本功能**。上市公司通过在股票市场发行股票来为公司筹集资本。

（2）**资本转让功能**。股市为股票的流通转让提供了场所，使股票的发行得以延续。

（3）**资本转化功能**。股市使非资本的货币资金转化为生产资本，它在股票买卖者之间架起了一座桥梁，为非资本的货币向资本的转化提供了必要条件。

（4）**股票定价功能**。股票本身并无价值，股票的价格是由股票市场中的供求来确定的。

（二）股票市场在个人理财中的运用

作为理财工具之一，股票投资具有高风险和高收益特征，需要投资者具有相对专业的理论基础、合理的仓位控制能力和较强的操作能力，对于专业能力欠缺且风险承受能力较低的客户来说，股票投资需要慎重选择。

真题精练

【例 12 · 多项选择题】下列关于股票的表述中，正确的有（　　）。

A. 股票是一种债权凭证

B. 股票能够给持有者带来收益

C. 股票是股份公司发行的有价证券

D. 股票的交易都是通过股票市场来实现的

E. 股票表明投资者的投资份额及其权利义务

BCDE　股票不是债权凭证，股票是股份公司发行的，表明投资者投资份额及其权利和义务的所有权凭证，是股份公司为筹集资金而发行给各个股东作为持股凭证的一种有价证券。债券是一种债权凭证。

（三）港股通介绍

港股通业务包括沪港通下的港股通和深港通下的港股通。

1. 沪港通

沪港通是沪港股票市场交易互联互通机制试点的简称，即上海证券交易所和香港联合交易所允许两地投资者通过当地证券公司（或经纪商）买卖规定范围内的对方交易所上市的股票。

沪港通包括沪股通和港股通两个部分：

（1）沪股通是指投资者委托香港经纪商，经由香港联合交易所设立的证券交易服务公司，向上海证券交易所进行申报（买卖盘传递），买卖规定范围内的上海证券交易所上市的股票。

沪股通股票范围包括市值 50 亿人民币及以上且符合一定流动性标准等条件的上证 A 股指数，以及上海证券交易所上市的 A + H 股公司的 A 股。

（2）港股通是指投资者委托内地证券公司，经由上海证券交易所设立的证券交易服务公司,向香港联合交易所进行申报(买卖盘传递),买卖规定范围内的香港联合交易所上市的股票。

港股通股票范围为恒生综合大型股指数成分股,恒生综合中型股指数成分股,恒生综合小型股指数成分股且成分股定期调整考察截止日前12个月港股平均月末市值不低于港币50亿元(上市时间不足12个月的按实际上市时间计算市值),在港主要上市外国公司属于恒生综合大型股指数、恒生综合中型股指数、市值50亿元港币及以上的恒生综合小型股指数成分股的,以及A+H股上市公司在联交所上市的H股。

参与沪港通的境内投资者仅限于机构投资者以及证券账户及资金账户资产合计不低于人民币50万元的个人投资者。

2. 深港通

深港通是深港股票市场交易互联互通机制的简称,是指深圳证券交易所和香港联合交易所建立技术连接,使两地投资者通过当地证券公司或经纪商买卖规定范围内的对方交易所上市的股票。

深港通包括深股通和港股通两个部分:

(1)深股通是指投资者委托香港经纪商,经由香港联合交易所在深圳设立的证券交易服务公司,向深圳证券交易所进行申报(买卖盘传递),买卖深港通规定范围内的深圳证券交易所上市的股票。

深股通股票范围包括市值50亿人民币及以上且符合一定流动性标准等条件的深证综合指数成分股,以及深圳证券交易所上市的A+H股公司的A股。

(2)港股通是指投资者委托内地证券公司,经由深圳证券交易所在香港设立的证券交易服务公司,向香港联合交易所进行申报(买卖盘传递),买卖深港通规定范围内的香港联合交易所上市的股票。

港股通股票范围为恒生综合大型股指数成分股,恒生综合中型股指数成分段,恒生综合小型股指数成分股且成分股定期调整考察截止日前12个月港股平均月末市值不低于港币50亿元(上市时间不足12个月的按实际上市时间计算市值),在港主要上市外国公司属于恒生综合大型股指数、恒生综合中型股指数、市值50亿元港币及以上的恒生综合小型股指数成分股的,以及A+H股上市公司在联交所上市的H股。

参与港股通的境内投资者限于机构投资者和满足港股通适当性要求的个人投资者。

3. 沪港通下港股通账户与深港通下港股通账户的关系

在交易过程中,同一个交易主体的沪港通下的港股通账户和深港通下的港股通账户不可以混用。

沪港通和深港通采用的是双通道独立运行机制,两项业务之下的港股通是两条相对独立的渠道,沪港通下的港股通和深港通下的港股通证券账户不能交叉卖出。投资者需要分别通过沪港通下港股通账户和深港通下港股通账户进行交易。

4. 港股通股票的交易时间

投资者买卖港股通股票的交易时间应遵守联交所规定,即交易日的9:00至9:30为开市前时段(集合竞价),其中9:00至9:15接受竞价限价盘申报;9:30至12:00及13:00至16:00为持续交易时段(连续竞价),接受增强限价盘申报;16:00至16:10为收市竞价交易时段（于16:08至16:10之间随机收市），16:01开始接受竞价限价盘申报。撤单时间为9:00至9:15、9:30至12:00、12:30至16:00、16:01至16:06。

5. 港股通的重要意义

港股通的意义包括：

（1）有利于增强我国资本市场竞争力。

（2）有利于深化三地（上海、深圳、香港）交易所合作。

（3）有利于推动人民币国际化。

港股通对投资者的吸引力包括：

（1）投资者参与港股通投资，可以进行更分散化的资产配置和财富管理。

（2）港股通业务的开通方便快捷。

（3）港股通投资者直接以人民币与证券公司进行交收，避免了人民币出入境的不便，且投资不受每人每年等值5万美元的结汇、换汇额度限制。

6. 港股通在个人理财中的应用

由于香港证券市场较内地市场更为成熟和国际化，内地投资者可以通过参与港股投资，了解香港市场的规则制度和市场理念，调整自己的投资行为、投资理念和投资取向。

需要注意的是，任何投资都是有风险的，港股也是如此。由于A股与港股市场的规则差异较大，因此投资者在做出投资港股的决策之前需要注意防范其中的风险。总的来说，沪港通及深港通是内地与香港市场间的一种有益尝试。随着沪港通的深入开展，原有的市场利益分配会被打破，在不断加深内地与香港联系的过程中，需要把保持公平性和防范风险放在首位，在防范风险的前提下把握投资机会。

要点点拨

沪港通于2014年11月17日正式开通。深港通于2016年12月5日正式启动。

四、金融衍生品市场介绍 ★★★

（一）金融衍生品市场概述

1. 金融衍生品市场的概念

金融衍生品市场是相对传统金融市场而言的，是交易金融衍生工具的市场。

区别于传统金融市场，金融衍生品市场是由一组规则、一批组织和一系列产权所有者构成的一套市场机制。近年来，我国金融衍生品市场中的股指期货、白银期货等新品种较为畅销，特别是股指期货的发展势头极为迅猛。

2. 金融衍生工具的概念

金融衍生工具是从标的资产派生出来的金融工具。这类工具的价值依赖于基本标的资产的价值。如远期、期货、期权、互换等。**金融衍生工具往往是根据原生性金融工具预期价格的变化来定值的**。

3. 金融衍生工具的种类及特点

金融衍生工具通常有以下分类方法：

（1）按照基础工具的种类划分，金融衍生工具可以分为股权衍生工具、货币衍生工具和利率衍生工具。

(2)按照交易、结算场所划分,金融衍生工具可以分为场内交易工具和场外交易工具。

(3)按照交易方式划分,金融衍生工具可以分为远期、期货、期权和互换。

金融衍生工具的特点有:

(1)可复制性。只要掌握了定价和复制技术,就可根据不同的市场参数设计不同的产品。

(2)杠杆特征。交易主体利用少量资金就可以进行名义金额超过保证金几十倍的金融衍生交易,产生"以小博大"的杠杆效应,放大了金融衍生工具的风险。

要点点拨

场内交易工具如股指期货,场外交易工具如利率互换。

真题精练

【例 13 · 多项选择题】下列关于金融衍生品的说法中,正确的有(　　)。

A. 金融衍生品具有不可复制性的特点

B. 期货、远期、期权、互换都属于金融衍生品

C. 金融衍生品是从标的资产派生出来的金融工具

D. 金融衍生品是根据原生性金融工具预期价格的变化来定值的

E. 金融衍生品具有"以小博大"的杠杆效应,杠杆效应缩小了金融衍生工具的风险

BCD　金融衍生工具的特点是:(1)可复制性。(2)杠杆特征。杠杆特征是指交易主体利用少量资金就可以进行名义金额超过保证金几十倍的金融衍生交易,产生"以小博大"的杠杆效应,杠杆效应放大了金融衍生工具的风险。

4. 金融衍生品市场的功能

(1)转移风险功能。

(2)价格发现功能。

(3)提高交易效率功能。

(4)优化资源配置功能。

真题精练

【例 14 · 多项选择题】金融衍生品市场的功能包括(　　)。

A. 转移风险功能　　B. 价格发现功能

C. 提高交易效率功能　　D. 资本转让功能

E. 资本转化功能

ABC　金融衍生品市场的功能有:(1)转移风险功能。(2)价格发现功能。(3)提高交易效率功能。(4)优化资源配置功能。

（二）金融衍生品市场的分类

金融衍生品市场根据金融衍生工具的交易方式分为四个子市场：金融远期市场、金融期货市场、金融期权市场和金融互换市场。

1. 金融远期市场

金融远期市场是金融远期合约交易市场。金融远期合约是指双方约定在未来的某一确定时间，按确定的价格买卖一定数量某种金融工具的合约。

金融远期合约的优点是规避价格风险。在生产周期比较长的现货交易中，未来价格波动可能很大。远期合约正是为满足买卖双方控制价格不确定性的需要而产生的。金融远期合约的缺点包括：

（1）非标准化合约。每份远期合约千差万别，给合约的流通造成不便。

（2）柜台交易。不利于信息交流和传递，不利于形成统一的价格。

（3）没有履约保证。当价格变动对一方有利时，另一方就有可能不履行或无力履行合约，违约风险较高。

根据基础资产划分，常见的金融远期合约包括四个大类：

（1）股权类资产的远期合约，如单个股票的远期合约、一篮子股票远期合约和股票价格指数远期合约。

（2）债权类资产的远期合约，包括定期存款单、短期债券、长期债券、商业票据等固定收益证券的远期合约等。

（3）远期利率协议是指交易双方约定在未来某一日、交换协议期间内一定名义本金基础上分别以合同利率和参考利率计算的利息的金融合约。其买方支付以合同利率计算的利息，卖方支付以参考利率计算的利息。

（4）远期汇率协议是指按照约定的名义本金，交易双方在约定的未来日期交换支付浮动利率和固定利率的远期协议。

2. 金融期货市场

金融期货市场是交易金融期货合约的市场。金融期货市场是专门进行金融期货合约交易的场所，是有组织、有严格规章制度的金融期货交易所。

金融期货合约是指协议双方同意在约定的将来某个日期，按约定的条件买入或卖出一定标准数量的金融工具的标准化协议。金融期货合约的特征如下：

（1）标准化合约。期货合约在商品品种、品质、数量、交货时间和地点等方面事先确定好标准条款。

（2）履约大部分通过对冲方式。期货合约极少部分进行实物交割，绝大多数会在交割期之前以平仓的方式了结。

（3）合约的履行由期货交易所或结算公司提供担保。

（4）合约的价格有最小变动单位和浮动限额。

期货交易的主要制度包括：

（1）通过保证金制度来实现交易的正常进行。在期货交易中，交易者须按所买卖期货合约价值的一定比例（通常为5%～10%）缴纳保证金。

（2）每日结算制度。它又称“逐日盯市制度”，每日交易结束，交易所按当日结算价结算所有合约的盈亏、交易保证金及手续费、税金等费用，对应收应付的款项同时划转，相应增加或减少会员的结算准备金。

（3）**持仓限额制度**。交易所规定会员或客户可以持有的、按单边计算的某一合约投机头寸的最大数额。

（4）**大户报告制度**。它是与持仓限额制度紧密相关的防范大户操纵市场价格、控制市场风险的制度，可使交易所对持仓量较大的会员或客户进行重点监控，了解其持仓动向、意图。

（5）**强行平仓制度**。当会员、客户违规时，交易所对有关持仓实行强制平仓。强行平仓的情形有以下四类：

①会员结算准备金余额小于零，并未能在规定时限内补足。

②持仓量超出其限仓规定。

③因违规受到交易所强行平仓处罚。

④根据交易所的紧急措施应予强行平仓。

真题精练

【例15·单项选择题】根据保证金制度的规定，期货交易的保证金比率通常为买卖期货合约价值的（　　）。

A. 1% ~3%　　B. 3% ~5%

C. 5% ~10%　　D. 10% ~15%

C　在期货交易中，任何交易者都必须按照其所买卖期货合约价值的一定比例缴纳资金，用于结算和保证履约，该比例通常为5% ~10%。

【例16·多项选择题】在期货交易中，应当强行平仓的情形有（　　）。

A. 持仓量超出其限仓规定

B. 会员、客户交易过于频繁

C. 因违规受到交易所强行平仓处罚

D. 根据交易所的紧急措施应予强行平仓

E. 会员结算准备金余额低于保证金，并未能在规定时限内补足

ACD　当会员、客户违规时，交易所对有关持仓实行强行平仓。强行平仓的情形有：（1）会员结算准备金余额小于零，并未能在规定时限内补足。（2）持仓量超出其限仓规定。（3）因违规受到交易所强行平仓处罚。（4）根据交易所的紧急措施应予强行平仓。

3. 金融期权市场

金融期权市场是交易金融期权的市场。金融期权实际上是一种契约，它赋予了持有人在未来某一特定的时间内按买卖双方约定的价格，购买或出售一定数量某种金融资产的权利。

金融期权的要素主要包括基础资产或标的资产、期权的买方、期权的卖方、执行价格、

到期日以及期权费等。

金融期权的分类主要包括以下三种方式：

(1)按照对价格的预期，金融期权可分为看涨期权和看跌期权。看涨期权指当人们预期某种标的资产的未来价格上涨时购买的期权；看跌期权指当人们预期某种标的资产的未来价格下跌时购买的期权。

(2)按行权日期不同，金融期权可分为欧式期权和美式期权。欧式期权是指期权的持有者只有在期权到期日才能执行期权；美式期权则允许期权持有者在期权到期日前的任何时间执行期权。

(3)按基础资产的性质划分，金融期权可以分为现货期权和期货期权。现货期权是指以各种金融工具等标的资产本身作为期权合约的标的物的期权；期货期权是指以各种金融期货合约作为期权合约标的物的期权。

要点点拨

现货期权主要包括各种股票期权、股指期权、外汇期权、债券期权等。

真题精练

【例17·单项选择题】期权的持有者只有在期权到期日才能执行的是(　　)。

A. 看涨期权　　B. 看跌期权

C. 欧式期权　　D. 美式期权

C　欧式期权是指期权的持有者只有在期权到期日才能执行期权。美式期权则允许期权持有者在期权到期日前的任何时间执行期权。看涨期权指当人们预期某种标的资产的未来价格上涨时购买的期权。看跌期权指当人们预期某种标的资产的未来价格下跌时购买的期权。

4. 金融互换市场

金融互换市场是交易金融互换的市场。金融互换是两个或两个以上当事人，按照商定条件，在约定的时间内，相互交换等值现金流的合约。

金融互换是通过银行进行的场外交易。互换市场存在一定的交易成本和信用风险。金融互换包括利率互换和货币互换两种类型。

真题精练

【例18·多项选择题】下列关于金融互换的说法中，正确的有(　　)。

A. 金融互换中可以包含两个以上的当事人

B. 金融互换是相互交换等值现金流的合约

C. 金融互换是通过银行进行的场内交易

D. 互换市场存在一定的交易成本和信用风险

E. 金融互换包括利率互换和货币互换两种类型

ABDE 金融互换是通过银行进行的场外交易，故C项错误。金融互换是两个或两个以上当事人，按照商定条件，在约定的时间内，相互交换等值现金流的合约。故A、B两项正确。互换市场存在一定的交易成本和信用风险。金融互换包括利率互换和货币互换两种类型。故D、E两项正确。

（三）金融衍生品市场在个人理财中的运用

金融衍生品的重要功能就是管理风险，利用衍生品进行风险管理，可大大提高理财的效率。但金融衍生品市场是一个高风险的投资市场，投资者需要具有较强的市场分析能力和风险承受能力。目前在我国，投资者可以主动参与衍生品的交易，如期货、期权交易。

知识加油站

金融衍生品市场提供多品种期货组合投资，但不能消除金融市场的系统性风险。

五、外汇市场介绍 ★★★

（一）外汇市场概述

1. 外汇市场的概念

外汇是一种以外国货币表示或计值的国际间结算的支付兑换的手段，通常包括可自由兑换的外国货币、外币支票、汇票、本票存单等。它具有可支付性、可获得性和可换性的特点。

外汇市场是指由银行等金融机构、自营交易商、大型跨国企业参与的，通过中介机构或电信系统联结的，以各种货币为买卖对象的交易市场。

2. 外汇市场的特点

目前，世界上大约有30多个主要的外汇市场。其中，伦敦是世界上最大的外汇交易中心，东京是亚洲最大的外汇交易中心，纽约是北美洲最活跃的外汇市场。

（1）空间统一性。这是指由于各国外汇市场都用现代化的通信技术进行外汇交易，所以它们之间的联系非常紧密，形成了一个统一的世界外汇市场。

（2）时间连续性。这是指世界上的各个外汇市场在营业时间上相互交替，形成一种前后继起的循环作业格局。

3. 外汇市场的功能

（1）国际金融活动枢纽功能。

（2）形成外汇价格体系功能。

（3）调剂外汇余缺，调节外汇供求功能。

（4）实现不同地区间的支付结算功能。

（5）运用操作技术规避外汇风险功能。

4. 外汇市场的分类

（1）有形市场与无形市场。

有形市场是指有供交易者做交易的固定场所，由一些指定的银行、外汇经纪人和客户共同参与组成的外汇交易场所。

无形市场是指没有具体交易场所的外汇市场，在这类市场中，外汇买卖都是用电话、电报及其他通信工具，由外汇经纪人充当买卖中介或由外汇交易员而使交易得以进行的市场。

(2)自由外汇市场和官方外汇市场。

自由外汇市场是指任何外汇交易都不受所在国主管当局控制的外汇市场，即每笔外汇交易从金额、汇率、币种到资金出入境都没有任何限制，完全由市场供求关系决定。目前，伦敦、纽约、苏黎世、法兰克福、东京等地外汇市场已成为世界上主要的自由外汇市场。

官方外汇市场是指受所在国政府主管当局控制的外汇市场。

(3)即期外汇市场和远期外汇市场。

即期外汇市场又叫现汇交易市场，是指从事即期外汇买卖的外汇市场。**即期外汇市场是外汇市场上最经济、最普通的形式**。

远期外汇市场又叫期汇交易市场，是指远期外汇交易的场所。远期外汇交易是在外汇买卖时，双方先签订合约，规定交易货币的种类、数额及适用的汇率和交割时间，并于将来约定的时间进行交割的外汇交易。它的期限一般有30天、60天、90天、180天及1年。

(二)外汇市场在个人理财中的运用

外汇市场交易主要分为商业银行和客户之间的外汇交易、商业银行同业之间的外汇交易以及商业银行与中央银行之间的外汇交易。

从个人理财来看，个人闲置的外汇资金可以通过外汇市场各类产品实现资金的保值增值。目前，我国与个人理财相关的外汇投资主要分为交易类投资和非交易类投资两大类。其中，交易类投资是个人通过外汇账户买卖外汇获得外汇价差收入的一种投资方式，此类投资对客户的要求比较高，不仅需要客户掌握外汇市场相关知识，还需要一定的交易技巧，此类投资以外汇实盘交易为主；另一种非交易类外汇投资一般是由商业银行发行的外币理财产品，这些理财产品大多是期次类产品，即具有一定的投资期限，到期后还本付息或者定期支付一定的投资收益。与本币产品相比，外汇理财产品风险除了标的资产风险外，还有汇率换算风险。

知识加油站

《中华人民共和国外汇管理条例》第三条规定，本条例所称外汇，是指下列以外币表示的可以用作国际清偿的支付手段和资产：(1)外币现钞，包括纸币、铸币。(2)外币支付凭证或者支付工具，包括票据、银行存款凭证、银行卡等。(3)外币有价证券，包括债券、股票等。(4)特别提款权。(5)其他外汇资产。

真题精练

【例19·单项选择题】外汇市场上最经济、最普通的形式是(　　)。

A. 即期外汇市场　　B. 远期外汇市场

C. 自由外汇市场　　D. 官方外汇市场

A 即期外汇市场又叫现汇交易市场，是指从事即期外汇买卖的外汇市场。即期外汇市场是外汇市场上最经济、最普通的形式。

【例20·多项选择题】外汇市场的功能包括（　　）。

A. 国际金融活动枢纽功能

B. 形成外汇价格体系功能

C. 调剂外汇余缺，调节外汇供求功能

D. 实现不同地区间的支付结算功能

E. 运用操作技术规避外汇风险功能

ABCDE 外汇市场的功能有：(1)国际金融活动枢纽功能。(2)形成外汇价格体系功能。(3)调剂外汇余缺，调节外汇供求功能。(4)实现不同地区间的支付结算功能。(5)运用操作技术规避外汇风险功能。

六、保险市场介绍 ★★★

(一)保险市场概述

1. 保险市场的概念

保险市场是指保险商品交换关系的总和或是保险商品供给与需求关系的总和。它既可以指固定的交易场所，如保险交易所，也可以是所有实现保险商品让渡的交换关系的总和。保险市场的交易对象是保险人为消费者所面临的风险提供的各种保险保障及其他保险服务，即各类保险商品。

2. 保险的概念

保险是指投保人根据合同约定，向保险人支付保险费，保险人对于合同约定的可能发生的事故因其发生所造成财产损失承担赔偿保险金责任，或者当被保险人死亡、伤残、疾病或者达到合同约定的年龄、期限时，承担给付保险金责任的商业保险行为。

3. 保险的相关要素

项目	内容
保险合同	保险产品的直接保险形式是保险合同，保险合同是投保人与保险人约定保险权利义务关系的协议。保险合同的当事人是投保人和保险人；保险合同的内容是保险双方的权利义务关系。保险合同不仅适用《中华人民共和国保险法》，也适用《中华人民共和国民法典》
投保人	投保人是指与保险人订立保险合同，并按照保险合同负有支付保险费义务的人。投保人必须具备以下两个条件：**具备民事权利能力和民事行为能力；承担支付保险费的义务**
保险人	保险人是指与投保人订立保险合同，并承担赔偿或者给付保险金责任的保险公司。保险人具有以下特征：保险人仅指从事保险业务的保险公司；保险人有权收取保险费；保险人有履行承担保险责任或给付保险金的义务

（续表）

项目	内容
保险费	保险费是投保人根据保险合同的有关规定，为被保险人或者受益人取得因约定保险事故发生所造成经济损失的补偿所预先支付的费用。保险费由保险金额、保险费率和保险期限构成。**保险费的数额同保险金额的大小、保险费率的高低和保险期限的长短成正比**
保险标的	保险标的可以是保险对象的财产及其相关利益，也可以是人的寿命和身体，是确定保险合同关系和保险责任的依据
被保险人	被保险人是指其财产或者人身受保险合同保障，享有保险金请求权的人，投保人可以为被保险人。被保险人具有以下特征：被保险人是保险事故发生时遭受损失的人
受益人	受益人指保险合同中（一般为人身保险）由被保险人或者投保人指定的享有保险金请求权的人。投保人指定受益人时须经被保险人同意。被保险人为无民事行为能力人或限制民事行为能力人的，可以由其监护人指定受益人。被保险人或者投保人可以变更受益人并书面通知保险人，投保人变更受益人时须经被保险人同意。 被保险人死亡后，有下列情形之一的，保险金作为被保险人的遗产，由保险人依照《中华人民共和国民法典》的规定履行给付保险金的义务： (1)没有指定受益人，或者受益人指定不明无法确定的。 (2)受益人先于被保险人死亡，没有其他受益人的。 (3)受益人依法丧失受益权或者放弃受益权，没有其他受益人的。 受益人与被保险人在同一事件中死亡，且不能确定死亡先后顺序的，推定受益人死亡在先
保险金额	保险金额指保险人承担赔偿或者给付保险金责任的最高限额，即投保人对保险标的的实际投保金额；同时又是保险公司收取保险费的计算基础

知识加油站

保险人即保险公司，投保人指与保险公司订立保险合同，缴纳保费的人；被保险人是保险合同保障的对象；受益人是保险事故发生时领取保险赔偿金的对象。投保人以自己的生命或身体订立保险合同，说明投保人是被保险人；投保人为他人利益订立保险合同，说明受益人是其指定的人。在意外身故险中，投保人和被保险人都可以作为受益人。

4. 保险产品的功能

（1）**风险转移，损失分摊功能**。保险提供了一种分摊损失的机制。投保人通过支出一定的保险费，可以将偶然的灾害事故或人身伤害事件造成的经济损失平均分摊给所有参加投保的人。

（2）**损失补偿功能**。保险人将所收保费建立起保险基金，使基金资产保值增值，从而对少数成员遭受的损失给予经济补偿。

(3)**资金融通功能**。一方面,保险人可以利用保费收取和赔偿给付之间的时间差进行投资,使保险基金保值增值;另一方面,对投资人来说,购买某些保险产品可以获得预期的保险金,因而保险实质上也属于投资范畴。

5. 保险的相关原则

项目	内容
保险利益原则	(1)保险利益是指被保险人或投保人对保险标的具有的法律上承认的利益。 (2)人身保险的保险利益必须在合同成立时存在，如果在订立合同时保险利益不存在，则订立的合同无效。 (3)财产保险的被保险人在保险事故发生时对保险标的应当有保险利益
近因原则	(1)近因是指风险和损失之间，导致损失的最直接、最有效、起决定作用的原因，用以确定保险赔偿责任。 (2)近因原则是指判断风险事故与保险标的损失之间的关系，从而确定保险补偿或给付责任的基本原则。 (3)如果近因属于被保风险，则保险人应赔偿，如果近因属于除外责任或者未保风险，则保险人不负责赔偿
损失补偿原则	(1)损失补偿原则是保险人必须在保险事故发生导致保险标的遭受损失时根据保险责任的范围对受益人进行补偿。 (2)其含义为保险人对约定的保险事故导致的损失进行补偿，受益人不能因保险金的给付获得额外利益。 (3)一般来说，财产保险遵循该原则，人身保险不适用该原则
最大诚信原则	(1)最大诚信原则是指诚实、守信。保险合同就是建立在诚实信用基础上的一种射幸合同。《中华人民共和国保险法》第五条规定，保险合同当事人行使权利，履行义务应当遵循诚实信用原则。 (2)它主要通过保险合同双方的诚信义务来体现，具体包括投保人或被保险人如实告知的义务及保证义务，保险人的说明义务及弃权和禁止反言义务

6. 保险市场的主要产品

(1)按照保险的经营性质划分为社会保险和商业保险。

社会保险是指通过国家立法形式,以劳动者为保障对象,政府强制实施,为丧失劳动能力、暂时失去劳动岗位或因健康原因造成损失的人口提供收入或补偿的一种社会和经济制度。这种保险具有**非营利性、社会公平性和强制性**等特点。

中国的社会保险产品主要包括养老保险、医疗保险、失业保险、工伤保险、生育保险等。

商业保险是保险公司以营利为目的,基于自愿原则,与众多面临相同风险的投保人以签订保险合同的方式提供的保险服务。

（2）按照保险标的划分为人身保险和财产保险。

人身保险是以人的身体和寿命作为保险标的的一种保险。银保产品中人身保险新型产品占据了重要地位。该类产品同时具有保障功能和投资功能，能够满足个人和家庭的风险保障与投资需要。人身保险包括**人寿保险、意外伤害保险、健康保险**。人寿保险包括**传统人寿保险、年金保险和人身保险新型产品**。

财产保险是指以财产及其有关利益为保险标的，保险人对保险事故导致的财产损失给予补偿的一种保险。需要特别注意的是，保险标的及相关利益必须可用货币衡量，保险标的必须是有形财产和经济性利益。财产保险包括物质财产保险、责任保险和信用保险。

知识加油站

定期寿险又称定期死亡保险，它只提供一个确定时期的保障，如 1 年、5 年、10 年、20 年，或者到被保险人达到某个年龄为止，如 60 岁。如果被保险人在这个规定时期内死亡，保险人向受益人给付保险金。如果被保险人期满时仍然生存，保险人无给付保险金的责任。因此，定期寿险同其他寿险相比较，在性质上更接近财产保险。

（二）保险市场在个人理财中的运用

从保险市场来看，其销售渠道主要包括保险代理人渠道、银行保险渠道、电话销售渠道、互联网销售渠道、保险经代渠道（中介渠道）、团体保险渠道等。其中，银行保险渠道以中短期理财型保险产品销售为主。

保险产品可以帮助人们应对死亡、疾病、意外事故等所致的经济困难等问题，同时很多产品还能为客户带来不错的保险金收入。目前，集健康保障、养老、教育、意外伤害保障、财富传承、储蓄投资等功能于一身的保险产品、组合及规划受到越来越多客户的青睐。保险产品最显著的特点是具有其他投资理财工具不可替代的财富保障、税负减免和财富传承功能。

在日常生活中，任何个人或家庭都会面临许许多多的风险，通过购买保险产品，可以将个人或家庭面临的风险进行分散和转移。利用保险产品还可以进行税务筹划并实现财产的完整转移或传承。

真题精练

【例 21 · 单项选择题】下列选项中，不属于人身保险的是（　　）。

A. 健康保险　　B. 责任保险

C. 人寿保险　　D. 意外伤害保险

B　人身保险包括人寿保险、意外伤害保险、健康保险。责任保险属于财产保险，故选 B。

【例 22 · 多项选择题】下列关于保险合同受益人的说法中，正确的有（　　）。

A. 投保人指定受益人时须经被保险人同意

B. 投保人变更受益人时，书面通知保险人即可

C. 被保险人变更受益人时，书面通知保险人即可

D. 被保险人为无民事行为能力人的，可以由其监护人指定受益人

E. 被保险人为限制民事行为能力人的，可以由其监护人指定受益人

ACDE 受益人指保险合同中(一般为人身保险)由被保险人或者投保人指定的享有保险金请求权的人。投保人指定受益人时须经被保险人同意。被保险人为无民事行为能力人或限制民事行为能力人的,可以由其监护人指定受益人。被保险人或者投保人可以变更受益人并书面通知保险人,投保人变更受益人时须经被保险人同意。

七、贵金属市场及其他投资市场 ★★

(一)贵金属市场

1. 黄金

黄金市场由供给方和需求方组成。黄金的供给方主要有产金商、出售或借出黄金的中央银行、打算出售黄金的私人或集团。黄金的需求方主要有黄金加工商、购入或回收黄金的中央银行、进行保值或投资的购买者。

黄金价格的影响因素比较多,主要有以下四类:

(1)**供求关系及均衡价格**。黄金市场的均衡要求黄金的流量市场和存量市场同时达到均衡。

(2)**通货膨胀**。通货膨胀使产品的名义价格上涨,黄金的名义价格也会上升。

(3)**利率**。实际利率与黄金价格呈反比。

(4)**汇率**。通常情况下美元是黄金的主要标价货币,如果美元汇率贬值,则只有黄金的美元价格上升才能使黄金市场均衡。

2. 白银

目前,白银已基本丧失了货币职能,主要用于工业、摄影以及首饰。从投资属性上来看,白银的投资门槛较低,价格波动较为剧烈。

3. 铂金

铂金是世界上最稀有的首饰用金属之一,其产量稀少,非常珍贵,只在全球极少数地方才得以被开采,全球铂金总储量的98%集中在南非和俄罗斯。由于这种稀缺性,铂金价格受到供给的影响较为明显,所以具有恒久保值价值,亦被人们所追捧。

4. 贵金属市场在投资中的运用

以黄金市场为例,因黄金市场是24小时交易的市场,故其流动性较高;因黄金的价值是自身固有的,故其具有价值稳定的特点;因此,黄金是对付通货膨胀的有效手段。

对普通投资者而言,**实物黄金和纸黄金是较为理想的黄金投资渠道**。其中,黄金饰品因其价格包含加工成本,故不适合家庭理财。金条、金块比较适合长期投资,并可对家庭资产起到保值、增值的作用,对抗通货膨胀。账户黄金投资更适合具备专业知识的投资者。黄金期货投资门槛和风险太高,不太适合普通投资者。

真题精练

【例23·多项选择题】下列关于黄金市场在投资中的运用,描述错误的有(　　)。

A. 黄金随时可以变现

B. 黄金价值稳定,流动性高

C. 黄金是对付通货膨胀的有效手段

D. 黄金饰品、金条和金块均适合家庭理财

E. 黄金期货的风险较小,适合普通投资者投资

DE 黄金市场是24小时交易的市场，因此随时可以变现。黄金具有价值稳定、流动性高的特点，是对付通货膨胀的有效手段。黄金饰品因其价格包含加工成本，故不适合家庭理财。金条、金块比较适合长期投资，并可对家庭资产起到保值、增值的作用，对抗通货膨胀。黄金期货投资门槛和风险太高，不太适合普通投资者。

（二）房地产市场

1. 房地产概述

房地产即不动产，是指土地、建筑物以及附着在土地或建筑物上的不可分离的部分和附带的各种权益。房地产既是一种客观存在的物质形态，同时也是一项法律权利。作为一种客观存在的物质形态，房地产是房产和地产的总称，包括土地和土地上永久建筑物及其所衍生的权利。法律意义上的房地产本质是一种财产权利，这种财产权利是指蕴含于房地产实体中的各种经济利益以及由此而形成的各种权利，如所有权、使用权、抵押权、典当权、租赁权等。

房地产与个人的其他资产相比有其自身的特点：**位置固定性、使用长期性、影响因素多样性和保值增值性**。

房地产的投资方式包括房地产购买、房地产租赁和房地产信托。

2. 房地产投资的特点

（1）**价值升值效应**。很多情况下，房地产升值对房地产回报率的影响要大大高于年度净现金流的影响。

（2）**财务杠杆效应**。通常投资者以所购房地产抵押贷款，当房地产收益高于贷款成本时，便会凸显出杠杆投资的价值优势。

（3）**变现性相对较差**。房地产投资品单位价值高，且无法转移，其流动性较弱。

（4）**政策风险**。

3. 房地产价格的构成及影响因素

房地产价格构成的基本要素有土地价格或使用费、房屋建筑成本、税金和利润等。

影响房地产价格的因素很多，主要有行政因素、社会因素、经济因素、自然因素。

4. 房地产投资在个人理财中的运用

投资者在进行房地产投资时，应当对宏观和微观风险进行全面了解。特别值得注意的是，房地产投资面临较大的政策风险。当经济过热，政府采取紧缩的宏观经济政策时，房地产业通常会步入下降周期，房地产价格降低，投资者面临资产损失的风险。

要点点拨

房地产流动性差，比较适合长期投资。

真题精练

【例24 · 单项选择题】下列选项中，不属于房地产的投资方式的是（　　）。

A. 房地产购买　　B. 房地产租赁

C. 房地产信托　　D. 房地产抵押贷款

D 房地产的投资方式包括房地产购买、房地产租赁和房地产信托。

(三)收藏品市场

1. 艺术品

艺术品投资是一种中长期投资,其价值随着时间而提升。艺术品投资的收益率较高,但具有明显的阶段性。

艺术品市场的分割状态严重,地域不同,艺术品价值有很大差异。艺术品投资与个人的偏好有很大关系,不同的艺术品对于不同的投资者来说,价值有较大差异。艺术品投资具有较大的风险,主要体现在流通性差、保管难、价格波动较大。

2. 古玩

一般而言,古玩包括玉器、陶瓷、古籍和古典家具、竹刻牙雕、文房四宝、钱币,有时也可外延至根雕、徽章、邮品、电话卡及一些民俗收藏品。

古玩投资的特点是:**交易成本高、流动性低;投资古玩要有鉴别能力;价值一般较高,投资者要具有相当的经济实力**。

3. 纪念币和邮票

纪念币是各国政府或中央银行为某一纪念题材而限量发行的具有一定面值的货币。由于纪念币是具有相应纪念意义的货币,因此,其价格构成除了货币的各项要素之外,还具有一定的收藏价值。

邮票的收藏和投资同收藏艺术品、古玩相比较,其特点是较为平民化,每个人都可以根据自己的财力进行投资。

4. 收藏品价格影响因素

(1)**生产或开采能力**。

(2)**储藏量或再生速度**。

(3)**投资者喜好及追捧程度**。

5. 收藏品市场在个人理财中的运用

在国外,艺术品与股票、房地产并列为三大投资理财对象。艺术品具有不可再生性,因而具有一定的保值功能,回报收益率高。

↓码上看总结↓

章节自测

一、单项选择题（在以下各小题所给出的四个选项中，只有一个选项符合题目要求，请将正确选项的代码填入括号内）

1.（　　）是金融市场运行的基础，是重要的资金供给者和需求者。

A. 企业　　B. 中央银行
C. 金融机构　　D. 政府及政府机构

2. 居民个人通过（　　）形式间接将资金注入市场。

A. 基金　　B. 存款
C. 养老金　　D. 资产管理计划

3. 下列金融机构中，由中国银保监会负责监管的是（　　）。

A. 信用合作社　　B. 证券公司
C. 期货结算机构　　D. 证券投资基金管理公司

4. 某投资者在股票市场上买入甲公司股票，担心股价会下跌，同时买进了甲公司的看跌期权，这体现了金融市场的（　　）。

A. 避险功能　　B. 交易功能
C. 资金融通集聚功能　　D. 优化资源配置功能

5. 下列金融市场中，不属于货币市场的是（　　）。

A. 商业票据市场　　B. 证券投资基金市场
C. 银行承兑汇票市场　　D. 大额可转让定期存单市场

6. 下列关于直接融资市场的说法中，错误的是（　　）。

A. 通过直接融资市场资金供求双方联系紧密
B. 在直接融资方式下，融资成本较低而投资收益较大
C. 相对于间接融资，直接融资的信誉程度较高，风险较小
D. 直接融资双方在资金数量、期限、利率等方面受到的限制多

7. 大额可转让定期存单的发行人一般是（　　）。

A. 中国人民银行　　B. 商业银行
C. 企业　　D. 政府机构

8. 下列选项中，不参与同业拆借市场交易的是（　　）。

A. 中国人民银行　　B. 国有控股商业银行
C. 城市信用合作社　　D. 证券投资公司

9. 下列选项中，不属于债券的收益来源的是（　　）。

A. 红利　　B. 资本利得
C. 利息收益　　D. 债券利息的再投资收益

10. 下列选项中，不属于债券按照债券的面值与发行价格的不同进行分类的是（　　）。

A. 溢价发行　　B. 折价发行
C. 贴现发行　　D. 平价发行

11. 债券的市场交易价格同市场利率成（　　），债券价格与到期收益率成（　　）。

A. 正比；反比　　B. 正比；正比
C. 反比；反比　　D. 反比；正比

12. 下列理财产品中,适合风险承受能力相对较低的客户的是(　　)。

A. 股票　　B. 期货

C. 债券　　D. 艺术品投资

13. 下列选项中,不属于我国境内的股票价格指数的是(　　)。

A. 沪深 300 指数　　B. 恒生股票价格指数

C. 深证成分股指数　　D. 上证 180 指数

14. 下列金融衍生品种类,不属于按基础工具的种类划分的是(　　)。

A. 货币衍生工具　　B. 资本衍生工具

C. 股权衍生工具　　D. 利率衍生工具

15. 下列关于金融远期合约的描述中,错误的是(　　)。

A. 远期合约是非标准化合约

B. 远期合约的优点是可以规避价格风险

C. 远期合约是为了赚取交易价差而产生的

D. 远期合约在柜台交易,不利于信息交流和传递,不利于形成统一的价格

16. 下列关于期货合约的特征,描述不正确的是(　　)。

A. 标准化合约

B. 履约大部分通过实物交割

C. 合约的价格有最小变动单位和浮动限额

D. 合约的履行由期货交易所或结算公司提供担保

17. 世界上最大的外汇交易中心是(　　)。

A. 东京　　B. 纽约

C. 新加坡　　D. 伦敦

18. 保险产品的直接保险形式是(　　)。

A. 暂保单　　B. 投保单

C. 保险凭证　　D. 保险合同

19. 下列关于收藏品投资的说法中,不正确的是(　　)。

A. 一般流动性较差

B. 价格波动受投资者喜好及追捧程度的影响

C. 收益率较高,适合普通投资者投资

D. 投资任何一种收藏品,都必须了解相关知识

20. 投资者买卖港股通的日常交易时间 9 点到 9 点半为集合竞价,(　　)为连续竞价。

A. 9:30 ~ 11:30,13:30 ~ 15:30　　B. 9:30 ~ 11:30,13:00 ~ 16:00

C. 9:30 ~ 12:00,13:00 ~ 16:00　　D. 9:30 ~ 12:00,13:30 ~ 16:00

二、多项选择题(在以下各小题所给出的选项中,至少有两个选项符合题目要求,请将正确选项的代码填入括号内)

1. 下列选项中,属于金融市场服务中介的有(　　)。

A. 证券评级机构　　B. 开封商业银行

C. 上海证券交易所　　D. 大连商品交易所

E. 普华永道会计师事务所

2. 金融市场的功能包括(　　)。
A. 资金融通集聚功能
B. 避险功能
C. 优化资源配置功能
D. 价格发现功能
E. 反映经济运行的功能

3. 与有形市场相比,无形市场的特征有(　　)。
A. 交易的种类多
B. 交易场所不固定
C. 交易范围窄
D. 交易时间集中
E. 交易时间短

4. 按照金融工具发行和流通的特征分类,金融市场可以划分为(　　)。
A. 一级市场
B. 二级市场
C. 无形市场
D. 有形市场
E. 资本市场

5. 下列关于货币市场的特征的表述中,正确的有(　　)。
A. 高风险、高收益
B. 期限长、流动性弱
C. 低风险、低收益
D. 期限短、流动性高
E. 交易量大、交易频繁

6. 按金融工具的基本性质分类,资本市场包括(　　)。
A. 股票市场
B. 债券市场
C. 票据市场
D. 回购市场
E. 证券投资基金市场

7. 短期政府债券市场的特点包括(　　)。
A. 流动性强
B. 收入免税
C. 灵活性好
D. 交易成本低
E. 违约风险小

8. 债券发行需要确定的因素很多,其中直接决定债券的投资价值的因素有(　　)。
A. 发行金额
B. 发行期限
C. 发行价格
D. 发行利率
E. 付息频率

9. 根据金融衍生工具的交易方式,金融衍生品市场可分为(　　)。
A. 金融远期市场
B. 信托市场
C. 金融期货市场
D. 金融互换市场
E. 金融期权市场

10. 根据基础资产划分,常见的金融远期合约包括(　　)。
A. 远期利率协议
B. 远期汇率协议
C. 股权类资产的远期合约
D. 证券类资产的远期合约
E. 债权类资产的远期合约

11. 下列关于金融期权的说法中,正确的有(　　)。
A. 看涨期权和看跌期权的区别在于对价格的预期不同
B. 若预期某种标的资产的未来价格会下跌,应该购买看涨期权

C. 美式期权的持有者只有在期权到期日才能执行期权
D. 欧式期权允许持有者在期权到期日前的任何时间执行期权
E. 对期权购买者来说，美式期权比欧式期权更有利

12. 远期外汇市场的期限一般有(　　)。
A. 1 年　　B. 180 天
C. 90 天　　D. 60 天
E. 30 天

13. 目前，世界上较大的外汇市场有(　　)。
A. 伦敦　　B. 巴黎
C. 东京　　D. 纽约
E. 苏黎世

14. 下列关于保险相关要素的表述中，错误的有(　　)。
A. 保险人是保险公司
B. 保险费是确定保险责任的依据
C. 被保险人是保险事故发生时遭受损失的人
D. 保险合同是保险人与被保险人约定保险权利义务关系的协议
E. 被保险人可以是投保人自己，也可以是投保人以外的第三人

15. 保险原则作为人们进行保险活动的准则，始终贯穿于整个保险业务，它包括(　　)。
A. 保险利益原则　　B. 效率原则
C. 近因原则　　D. 损失补偿原则
E. 最大诚信原则

16. 保险产品的功能包括(　　)。
A. 调节经济功能　　B. 转移风险功能
C. 分摊损失功能　　D. 补偿损失功能
E. 资金融通功能

17. 下列关于黄金理财产品的描述中，错误的有(　　)。
A. 实际利率下降，将导致黄金价格下跌
B. 黄金的收益和股票市场的收益正相关
C. 面对通货膨胀的压力，黄金投资具有保值增值的作用
D. 黄金的投资渠道主要有金条、金块、实物黄金和纸黄金等
E. 影响黄金价格的因素有供求关系及均衡价格、通货膨胀、利率和汇率等

18. 个人理财业务涉及的市场有(　　)。
A. 货币市场　　B. 股票市场
C. 外汇市场　　D. 保险市场
E. 贵金属市场

三、判断题(请判断以下各小题的正误，正确的选 A，错误的选 B)

1. 金融市场上有固定的货币资金供应者和需求者，并且角色不会发生变化。　(　　)
A. 正确　　B. 错误

2. 金融市场上，很多无形市场和有形市场是交叉叠合的。（ ）
A. 正确 B. 错误
3. 保险人通过用所收保费建立起保险基金，使基金资产保值增值，从而对少数成员遭受的损失给予经济补偿，这体现了保险产品的风险转移，损失分摊的功能。（ ）
A. 正确 B. 错误
4. 利率的上升必然导致房地产价格的下降。（ ）
A. 正确 B. 错误
5. 艺术品投资增值多少取决于时间的长短，如果有正确的眼光和足够的耐心，可获得较为稳定的收益。（ ）
A. 正确 B. 错误
6. 回购市场是通过回购协议进行长期货币资金借贷所形成的市场。（ ）
A. 正确 B. 错误
7. 作为金融衍生工具的一种，利率互换是场内交易工具。（ ）
A. 正确 B. 错误
8. 外汇市场具有空间统一性和时间连续性的特点。（ ）
A. 正确 B. 错误

答案详解

一、单项选择题

1. A。【解析】企业是金融市场运行的基础，是重要的资金供给者和需求者。

2. B。【解析】居民为市场提供资金的方式通常有两种：一种是直接方式，通过基金、资产管理计划、养老金等形式将资金注入市场；另一种是间接方式，通过存款方式将资金注入市场。

3. A。【解析】A 项属于银行业金融机构，由中国银保监会监管。B、C、D 项由中国证监会监管。

4. A。【解析】投资者采取的是组合投资的策略，组合投资可以分散风险，体现了金融市场的避险功能。

5. B。【解析】货币市场又称短期资金市场，是实现短期资金融通的场所。货币市场一般是指专门融通短期资金和交易期限在一年以内（包括一年）的有价证券市场，包括银行短期借贷市场、银行间同业拆借市场、商业票据市场、银行承兑汇票市场、大额可转让定期存单市场等。B 项属于资本市场。

6. C。【解析】通过直接融资市场资金供求双方联系紧密，有利于资金快速合理配置和使用效益的提高，融资成本较低而投资收益较大。但直接融资双方在资金数量、期限、利率等方面受到的限制多，直接融资使用的金融工具的流通性较间接融资的要弱，兑现能力较低，相应地直接融资的风险较大。

7. B。【解析】大额可转让定期存单市场是银行大额可转让定期存单发行和买卖的场所，大额可转让定期存单（CDs）是银行发行的有固定面额、可转让流通的存款凭证。

8. A。【解析】同业拆借是指银行等金融机构之间相互借贷，以调剂资金余缺。交易主体是金融机构。中国人民银行是监督管理部门，不参与交易。

9. A。【解析】债券收益的来源有利息收益、资本利得、债券利息的再投资收益。红利一般为股票的收益来源。

10. C。【解析】按照债券的面值与发行价格的不同,可以将债券发行分为三种情况:(1)平价发行:发行价格等于票面价值,按票面价值偿还。(2)溢价发行:发行价格高于票面价值,按票面价值偿还。(3)折价发行:发行价格低于票面价值,按票面价值偿还。

11. C。【解析】一般来说,债券价格与到期收益率成反比,债券价格越高,从二级市场上买入债券的投资者所得到的实际收益率越低;反之则相反。债券的市场交易价格同市场利率成反比,市场利率上升,债券持有人变现债券的市场交易价格下降;反之则相反。

12. C。【解析】一些商业银行开发了大量与债券相关的理财产品,主要是通过投资银行间市场债券类金融工具来获取投资收益,这些产品具有风险相对较低、收益稳定的特征。与同期限的存款相比,债券收益相对较高。对于风险承受能力相对较低的客户来说,债券类产品是一个不错的选择。

13. B。【解析】我国境内的主要股票价格指数有沪深 300 指数、上证综合指数、深证综合指数、深证成分股指数、上证 50 指数和上证 180 指数。恒生股票价格指数属于境外股票价格指数。

14. B。【解析】按照基础工具的种类划分,金融衍生工具可以分为股权衍生工具、货币衍生工具和利率衍生工具。

15. C。【解析】远期合约的缺点是:(1)非标准化合约。(2)柜台交易。不利于信息交流和传递,不利于形成统一的价格。(3)没有履约保证。远期合约的优点是可以规避价格风险,远期合约正是为满足买卖双方控制价格不确定性的需要而产生的。

16. B。【解析】期货合约的特征是:(1)标准化合约。(2)履约大部分通过对冲方式。(3)合约的履行由期货交易所或结算公司提供担保。(4)合约的价格有最小变动单位和浮动限额。

17. D。【解析】目前,世界上大约有 30 多个主要的外汇市场。其中,伦敦是世界上最大的外汇交易中心,东京是亚洲最大的外汇交易中心,纽约是北美洲最活跃的外汇市场。

18. D。【解析】保险产品的直接保险形式是保险合同,保险合同是投保人与保险人约定保险权利义务关系的协议。

19. C。【解析】收藏品投资一般风险较大,不适合普通投资者。

20. C。【解析】投资者买卖港股通股票的交易时间应遵守联交所规定,即交易日的 9:00 至 9:30 为开市前时段(集合竞价),其中 9:00 至 9:15 接受竞价限价盘申报;9:30 至 12:00 及 13:00 至 16:00 为持续交易时段(连续竞价),接受增强限价盘申报。

二、多项选择题

1. AE。【解析】金融市场的中介大体分为两类:交易中介和服务中介。金融市场的服务中介本身不是金融机构,但却是金融市场上不可或缺的,如会计师事务所、律师事务所、投资顾问咨询公司和证券评级机构等。B 项属于金融市场的主体。C、D 项属于金融市场的交易中介。

2. ABCE。【解析】金融市场的功能是指金融市场所有促进经济发展和协调经济运行的作用。通常具有以下功能:资金融通集聚功能、财富投资和避险功能、优化资源配置功能、交易功能、调节经济功能和反映经济运行的功能。

3. AB。【解析】与有形市场相比,无形市场的典型特征包括:(1)交易场所不固定,分散交易。(2)交易范围比较广。(3)交易时间相对较长，不是集中、固定的。(4)交易的种类多。

4. AB。【解析】按照金融工具发行和流通的特征，金融市场可划分为发行市场（一级市场）、流通市场（二级市场）。

5. CDE。【解析】货币市场的特征有以下三点：(1)低风险、低收益。(2)期限短、流动性高。(3)交易量大、交易频繁。

6. ABE。【解析】按金融工具的基本性质分类，资本市场包括股票市场、债券市场和证券投资基金市场等。

7. ABDE。【解析】短期政府债券市场具有违约风险小、流动性强、交易成本低和收入免税的特点。

8. BCD。【解析】债券发行要素包括发行期限、发行价格、发行利率、发行金额、付息频率、发行费用、是否含权、有无担保等，其中，最重要的是前三项，它们直接决定了债券的投资价值。

9. ACDE。【解析】金融衍生品市场根据金融衍生工具的交易方式分为四个子市场：金融远期市场、金融期货市场、金融期权市场和金融互换市场。

10. ABCE。【解析】根据基础资产划分，常见的金融远期合约包括四个大类：(1)股权类资产的远期合约。(2)债权类资产的远期合约。(3)远期利率协议。(4)远期汇率协议。

11. AE。【解析】按照对价格的预期，金融期权可分为看涨期权和看跌期权。看涨期权指当人们预期某种标的资产的未来价格上涨时购买的期权。看跌期权指当人们预期某种标的资产的未来价格下跌时购买的期权。按行权日期不同，金融期权可分为欧式期权和美式期权。欧式期权是期权的持有者只有在期权到期日才能执行期权。美式期权则允许期权持有者在期权到期日前的任何时间执行期权。对期权购买者来说，美式期权比欧式期权更有利。

12. ABCDE。【解析】远期外汇市场又叫期汇交易市场，是指远期外汇交易的场所。它的期限一般有 30 天、60 天、90 天、180 天及 1 年。

13. ACDE。【解析】目前，世界上较大的外汇市场在伦敦、纽约、苏黎世、法兰克福、东京、新加坡、中国香港等著名的国际金融中心。

14. BD。【解析】保险合同是投保人与保险人约定保险权利义务关系的协议。保险标的可以是保险对象的财产及其相关利益，也可以是人的寿命和身体，是确定保险合同关系和保险责任的依据。

15. ACDE。【解析】保险相关原则包括保险利益原则、近因原则、损失补偿原则、最大诚信原则。

16. BCDE。【解析】保险产品的功能包括：(1)风险转移，损失分摊功能。(2)损失补偿功能。(3)资金融通功能。

17. AB。【解析】实际利率较高时，持有黄金的机构就会卖出黄金，将所得货币用于购买债券或者其他金融资产来获得更高收益，因此会导致黄金价格的下降。相反，如果实际利率下降，机构持有黄金的机会成本减少，从而促使黄金需求的增加，导致黄金价格上升。黄金的收益和股票市场的收益不相关甚至负相关，这个特性通常使它成为投资组合中一个重要的分散风险的组合资产。

18. ABCDE。【解析】个人理财业务涉及的市场较为广泛，包括货币市场、债券市场、股票市场、金融衍生品市场、外汇市场、保险市场、贵金属市场、房地产市场、收藏品市场等。

三、判断题

1. B。【解析】金融市场的特点之一是交易主体角色可变性。在金融市场上,交易主体角色并非固定的。

2. A。【解析】金融市场上,很多无形市场和有形市场是交叉叠合的。例如,目前金融工具在很大程度上都以电子化形态呈现,严格意义上的有形市场越来越小。传统意义上的交易所和柜台交易的金融工具在此环境中仅仅是无形市场的一个组成部分,有形市场的地位和含义也发生了较大的变化。

3. B。【解析】保险风险转移,损失分摊功能是指保险提供了一种分摊损失的机制,投保人通过支出一定的保险费,可以将偶然的灾害事故或人身伤害事件造成的经济损失平均分摊给所有参加投保的人。题干描述的是保险的损失补偿功能。

4. B。【解析】房地产价格受多种因素的影响,在市场投机状况严重或利率水平过低的情况下,利率的上升并不必然导致房地产价格的下降。

5. B。【解析】邮票投资增值多少取决于时间的长短,如果有正确的眼光和足够的耐心,可获得较为稳定的收益。

6. B。【解析】回购市场是通过回购协议进行短期货币资金借贷所形成的市场。

7. B。【解析】按照交易场所划分,金融衍生工具可以分为场内交易工具和场外交易工具。前者如股指期货,后者如利率互换等。

8. A。【解析】空间统一性和时间连续性是外汇市场的特点。

第四章 理财产品概述

考情直击

本章的主要内容是不同理财产品的功能和风险收益特征，分别介绍了银行理财产品、银行代理理财产品、其他理财产品的相关知识点。分析近几年的考试情况，本章的常考点有银行理财产品、结构性存款、基金、保险产品、国债、信托产品、贵金属产品的分类、要素、风险和法律特征，以及其他理财产品的相关内容等，在考试中占12～16分。

考纲要求

理财产品概述

考试内容	能力等级
银行理财产品的分类、要素、风险及法律特征	掌握
结构性存款的分类、要素、风险及法律特征	掌握
基金的分类、要素、风险及法律特征	掌握
保险产品的分类、要素、风险及法律特征	掌握
国债的分类、要素、风险及法律特征	掌握
信托产品的分类、要素、风险及法律特征	掌握
贵金属产品的分类、要素、风险及法律特征	熟悉
券商资产管理计划	熟悉
基金子公司产品	熟悉
期货资产管理产品	熟悉
合伙制私募基金	熟悉
智能投顾的相关内容	了解

知识解读

第一节　银行理财产品

一、资管新规的主要内容

2018 年 4 月 27 日,中国人民银行会同中国银行保险监督管理委员会、中国证券监督管理委员会、国家外汇管理局联合印发《关于规范金融机构资产管理业务的指导意见》。资管新规旨在统一同类资产管理产品监管标准,规范金融机构资产管理业务。

资管新规的主要内容有:

(1)明确资产管理业务范畴,即银行、信托、证券、基金、期货、保险资产管理机构、金融资产投资公司等金融机构接受投资者委托,对受托的投资者财产进行投资和管理的金融服务。

(2)确立了资管产品的分类标准,资管产品按照募集方式分为**公募产品和私募产品**两大类,根据投资性质分为**固定收益类产品、权益类产品、商品及金融衍生品类产品和混合类产品**,分别适用不同的投资范围、杠杆约束、信息披露等监管要求,强化“合适的产品卖给合适的投资者”理念。

(3)降低影子银行风险,引导资管业务回归本源,资管产品投资非标准化债权类资产应当遵守金融监督管理部门有关限额管理、风险准备金要求、流动性管理等监管标准,做到期限匹配,避免沦为变相的信贷业务。

(4)减少流动性风险,资管新规明确禁止资金池业务,金融机构应加强流动性管理,遵循单独管理、单独建账、单独核算的管理要求,加强资管产品和投资资产的期限匹配。

(5)打破刚性兑付,明确资管业务是“受人之托、代人理财”的金融服务,属于金融机构的表外业务,金融机构不得承诺保本保收益,金融监管部门对刚性兑付行为采取相应的处罚措施。

(6)明确资管产品的杠杆水平,从负债和分级两方面统一资管产品的杠杆要求。

(7)规范嵌套层级和通道业务,允许资管产品再投资一层资管产品,禁止开展规避投资范围、杠杆约束等监管要求的通道业务。

(8)加强监管协调,强化宏观审慎管理,按照“实质重于形式”原则实施功能监管,按照产品类型而非机构类型统一标准规制,同类产品适用于同一监管标准,减少监管真空,消除套利空间。

二、银行理财产品概述 ★★★

(一)银行理财产品的概念

银行理财产品是指银行按照约定条件和实际投资收益情况向投资者支付收益、不保证本金支付和收益水平的非保本理财产品。

(二)银行理财产品要素类型

银行理财产品要素所包含的信息可以分为三大类。

（1）产品开发主体信息。产品开发主体信息包括发行人、托管机构和投资顾问等与产品开发相关的主体。

（2）产品目标客户信息。产品目标客户信息是产品的销售对象应符合的相关特征，如客户风险承受能力、客户资产规模、客户在银行的分类、产品发行地区、资金门槛（起售金额）和最小递增金额等。

（3）产品特征信息。产品特征信息包括产品名称、产品代码、产品类型、发行方式、募集规模、投资范围、风险等级、委托币种、估值方法、收益分配方式、银行终止权、客户赎回权、产品期限、募集日期、开放日期、信息披露方式等。

真题精练

【例1·单项选择题】下列选项中，不属于银行理财产品特征信息的是（　　）。

A. 风险等级　　B. 委托币种

C. 资金门槛　　D. 收益分配方式

C　C项属于银行理财产品目标客户信息。

（三）银行理财产品发展概述

我国银行理财产品市场的发展大致可以分为五个阶段。

项目	期限	内容
第一阶段	2005年11月以前	这一阶段属于银行理财产品市场的萌芽阶段，主要特点为产品发售数量较少、产品类型单一和资金规模较小等
第二阶段	2005年11月至2008年中期	这一阶段属于银行理财产品市场的起步阶段，主要特点为产品数量飙升、产品类型日益丰富和产品余额屡创新高等
第三阶段	2008年中期至2011年年底	这一阶段属于银行理财产品市场的规范阶段，主要特点是受全球性金融危机影响，理财产品零/负收益和展期事件不断暴露，法律法规密集出台等
第四阶段	2012年至2017年年底	这一阶段是银行理财产品市场深化发展阶段。一方面，随着我国经济的发展，居民财富逐步积累，理财意识不断增强。另一方面，随着《商业银行理财产品销售管理办法》的颁布，以及银行理财登记制度的实施，银行理财在产品销售规范化方面得到较大提高
第五阶段	2018年至今	这一阶段是银行理财产品市场的转型阶段。中国人民银行、中国银行保险监督管理委员会、中国证券监督管理委员会、国家外汇管理局于2018年4月联合印发《关于规范金融机构资产管理业务的指导意见》，该文件的实施有助于推动银行理财从预期收益型产品向净值型产品转型，回归“受人之托、代客理财”的资产管理业务本源

三、银行理财产品分类及特点 ★★★

（一）银行理财产品分类

1. 按照发行人主体分类

银行理财产品按管理人的不同，可分为两类：商业银行发行的理财产品和理财子公司发行的理财产品。随着资管新规和《商业银行理财子公司管理办法》的相继出台，商业银行陆续设立理财子公司。

2. 按照产品风险分类

根据产品风险等级的不同，商业银行理财产品一般可分为以下五类：

（1）极低风险产品。该类产品一般主要投资于货币市场工具、国债、银行存款等低风险资产，产品形式上以现金管理类产品为主，具有较强的流动性和安全性，收益相对较低。

（2）低风险产品。该类产品一般主要投资于高等级信用债等固定收益类资产。相比而言，这类产品投资较为稳健，收益存在一定的波动性，但整体风险系数较小。

（3）中等风险产品。相比于前两类产品，该类产品投资范围更广，影响产品本金安全和投资收益的风险因素较多，市场风险、信用风险等风险相对突出。

（4）较高风险产品。该类产品主要投资于风险相对较高的各类资产，基础资产收益波动较大，一定程度上将影响客户投资本金的安全。

（5）高风险产品。该类产品以高风险类资产投资为主，本金安全和投资收益具有高度的不确定性，且波动性较大。

3. 按照理财产品募集方式分类

理财产品按照募集方式的不同，分为公募产品和私募产品。公募产品面向不特定社会公众公开发行，公开发行的认定标准依照《中华人民共和国证券法》执行；私募产品面向合格投资者通过非公开方式发行。

4. 按照理财产品投资性质分类

按照投资性质不同，理财产品主要可分为以下四类：固定收益类理财产品、权益类理财产品、商品及衍生品类理财产品和混合类理财产品。

5. 按照运作方式分类

银行理财产品按运作方式的不同，可分为两类：开放式理财产品和封闭式理财产品。封闭式理财产品是指有确定到期日，且自产品成立日至终止日期间，投资者不得进行认购或者赎回的理财产品。开放式理财产品是指自产品成立日至终止日期间，理财产品份额总额不固定，投资者可以按照协议约定，在开放日和相应场所进行认购或者赎回的理财产品。

（二）部分银行理财产品

1. 现金管理类理财产品

现金管理类理财产品是主要投资于货币市场的银行理财产品。其投资范围包括国债，金融债，中央银行票据，债券回购，高信用级别的企业债、公司债、短期融资券，银行存款及法律法规允许投资的其他金融工具。这些金融工具的资产价格与利率高度相关，属于利率挂钩类理财产品。现金管理类理财产品具有投资期短，资金申购、赎回灵活，本金及收益安全性相对较高等特点，通常被视为活期存款的替代品。由于现金管理类理财产品的投资方向是高信用级别的中短期金融工具，所以其信用风险较低，流动性风险小，属于保守、稳健型产品。

2. 固定收益类理财产品

固定收益类理财产品是以存款、债券等债权类资产作为主要投资对象的银行理财产品。固定收益类理财产品也可投资其他类型资产，但存款、债券等资产的占比不得低于80%。对于投资者而言，**购买固定收益类理财产品面临的风险主要包括基础资产的信用风险、市场风险、管理风险和流动性风险等**。

3. 权益类理财产品

权益类理财产品是指主要投资于权益市场的理财产品，该类理财产品投资股票、未上市企业股权等权益类资产的比例不低于80%。当前，部分商业银行推出的投资于权益类资产的类基金中的基金（FOF）型理财产品、私募理财产品等，均属于该类型理财产品。

4. 商品及衍生品类理财产品

商品及衍生品类理财产品是指主要投资于商品及衍生品等金融产品的理财产品，该类理财产品投资商品、衍生品等资产的比例不得低于80%。

5. 混合类理财产品

混合类理财产品通常投资于多种资产组成的资产组合，混合类理财产品可投资于债权类资产、权益类资产、商品及金融衍生品类资产，且任意一类资产的投资比例不超过80%。

相比于其他理财产品，混合类理财产品在投资范围、比例上更为灵活，其主要特点如下：

（1）通过组合投资，可以进一步分散投资风险，避免某一大类资产配置过于集中的单一市场风险，同时可享受跨市场的投资收益。

（2）赋予产品发行主体较大的主动投资管理权限，较大限度地发挥了银行在资产管理及风险防控方面的优势，资产管理团队可以根据市场状况，及时调整投资组合的构成。

（3）混合类理财产品在大类资产配置上可进可退，灵活度更大。

6. QDII 境外投资类理财产品

QDII 即合格境内机构投资者，它是在中国境内设立，经中国有关部门批准从事境外证券市场的股票、债券等有价证券业务的证券投资基金。QDII 产品投资金融衍生品均应限于投资组合避险或有效管理，而不得用于投机或放大交易，也不得投资实物商品衍生品。

教你一招

QDII 就是在国内筹集资金，去国外买金融产品，我们国家实行资本管制，所以本质上资金出去和进来都有管制的，我们通过 QDII 和 QFII 让资本流动，买卖彼此国家的股票、债券等。

7. 另类理财产品

另类资产是指除传统股票、债券和现金之外的金融资产和实物资产。

对比传统投资，另类投资优点主要包括：

(1)另类资产多属于新兴行业或领域,未来潜在的高增长也将会给投资者带来潜在的高收益。

(2)另类资产与传统资产以及宏观经济周期的相关性较低,大大提高了资产组合的抗跌性。

(3)有些另类投资产品为客户提供以现金形式或实物形式获取投资本金收益的选择权,通过投资这类产品客户也可以获取某些相对较为稀缺的实物资产。

在进行另类资产投资时,除需承担传统的信用风险、市场风险和流动性风险外,还有如下四个方面的风险:

(1)投机风险。

(2)亏损风险(小概率事件并非不可能事件)。

(3)损失即高亏的极端风险。

(4)另类资产损毁风险。

目前,另类资产的投资群体多为私人银行客户,受限于私人银行业务的私密性,其信息透明度较低。

另类资产主要投资于艺术品、饮品(红酒、白酒和普洱茶)和私募股权等。

要点点拨

影响固定收益类理财产品收益的因素主要有债券利率、债券期限、债券信用等级、税收政策等。

真题精练

【例2·多项选择题】在进行另类资产投资时,除需承担传统的风险外,还需承担(　　)。

A. 投机风险　　B. 破产风险

C. 资产损毁风险　　D. 损失即高亏的极端风险

E. 亏损风险

ACDE　在进行另类资产投资时,除需承担传统的信用风险、市场风险和流动性风险等风险外,还有如下四个方面的风险:(1)投机风险。(2)亏损风险(小概率事件并非不可能事件)。(3)损失即高亏的极端风险。(4)另类资产损毁风险。

四、银行理财产品风险及法律约束 ★★★

(一)银行理财产品风险

最常见的银行理财产品风险包括政策风险、违约风险或信用风险、市场风险、流动性风险、利率风险、操作风险、交易对手管理风险、不可抗力及意外事件等风险,对理财产品风险进行评估,并根据评估结果对理财产品进行分级。不同风险承受能力的客户适合不同级别的理财产品。

客户类型	对应风险承受能力	适合的理财产品
保守型	风险承受能力极低	极低风险
谨慎型	风险承受能力较低	极低风险、低风险
稳健型	风险承受能力一般	极低风险、低风险、中等风险
进取型	风险承受能力较高	极低风险、低风险、中等风险、较高风险
激进型	风险承受能力很高	极低风险、低风险、中等风险、较高风险、高风险

（二）银行理财产品法律约束

2005年以来，以国务院银行业监督管理机构为主体的监管机构下发了一系列的规章制度和通知，对银行理财业务进行监管。中国人民银行在国务院金融稳定发展委员会的领导下，会同中国银行保险监督管理委员会、中国证券监督管理委员会等相关部门联合出台资管新规，以统一各类资产管理产品的监管标准，保护金融消费者合法权益，防控金融风险，引导社会资金更好地服务实体经济。

五、结构性存款 ★★★

结构性存款的定义

结构性存款是指商业银行吸收的嵌入金融衍生产品的存款，其嵌入的金融衍生品主要包括利率、汇率、股票价格、商品价格、指数等。

结构性存款的运用

尽管不同结构性存款的挂钩标的存在一定差异，但其产品结构一般采用“存款＋期权”的方式。对于投资人而言，结构性存款的投资收益主要来源于两方面：一是存款部分产生的固定收益，二是挂钩标的资产价格波动带来的收益。从产品本身来看，大部分结构性存款为保本型产品，但在实际业务中，也有部分非保本型结构性存款产品。

教你一招

比如存100万元，拿出来95万元存定期，到期了有5万元的利息，这样95万元＋5万元还是100万元，剩余的5万元买一些衍生品搏取高收益，这就是结构性存款，其实就是嵌入了一些衍生品。95万元存款是固定收益，剩余的5万元是浮动收益。

第二节 银行代理理财产品

一、银行代理理财产品概述

银行代理服务类业务（以下简称代理业务），指银行在其渠道代理其他企业、机构办理的、不构成商业银行表内资产负债业务、给商业银行带来非利息收入的业务。

我国商业银行共开展了约几十种的代理业务，包括基金、保险、国债、信托计划、贵金属以及券商资产管理计划等。

银行代理理财产品销售基本原则包括：

（1）适当性原则。在销售代理理财产品时，要综合考虑客户所属的生命周期以及相匹配的风险承受能力、客户的投资目标、投资期限长短、产品流动性等因素，为客户推荐适合的产品。

（2）客观性原则。在向客户推荐产品时，从业人员应客观地向客户说明产品的各种要素及风险。

（3）避免利益冲突原则。银行在代销理财产品时应避免与客户利益发生冲突，尽职调查、产品筛选和产品销售之间应相互独立。避免银行与产品委托人以及银行与客户的利益冲突。

教你一招

银行的信用是很高的，基金公司和证券公司的理财产品不好卖，很多人不信，但是拿着他们的理财产品去银行卖就非常好卖，所以银行经常代理其他非银行金融机构的产品，在中间收取销售手续费，不算是存贷款业务，属于中间业务。

二、基金 ★★★

（一）基金的概念及特点

基金是通过发行基金份额或收益凭证，将投资者分散的资金集中起来，由专业管理人员投资于股票、债券或其他金融资产，并将投资收益按持有者投资份额分配给持有者的一种利益共享、风险共担的金融产品。

基金的特点如下：

（1）集合理财、专业管理。基金通过发行基金收益凭证聚集资金，形成集合资产。通过进行规模经营，降低交易成本，从而获得集约化投资效益。基金由专业人员管理。

（2）组合投资、分散投资。基金通过汇集众多中小投资者的小额资金，形成较大的资金实力，将资产分别配置到股票、债券等多种资产上，通过有效的资产组合降低投资风险。

（3）利益共享、风险共担。利益共享是指基金投资者是基金的所有者，基含的投资收益在扣除由基金承担的费用后，盈余全部归基金投资者所有，并根据投资者持有的基金份额进行分配。风险共担是指基金管理人一般不承担投资损失，由基金投资者根据持有的基金份额比例承担投资风险。

（4）严格监管、信息透明。各国（地区）监管机构对基金业实行严格监管，并以法律的形式要求基金定期进行充分及时的信息披露。比如开放式基金每日公布净值、季度投资组合披露、年度财务数据披露。

（5）独立托管、保障安全。基金管理人不参与基金财产的保管，基金财产的保管由独立于基金管理人的基金托管人负责。

知识加油站

基金的基本当事人包括基金投资人、基金管理人、基金托管人。

真题精练

【例3·多项选择题】下列选项中，属于基金的特点的有（　　）。

A. 集合理财、专业管理　　B. 组合投资、收益稳定

C. 利益共享、风险共担　　D. 严格监管、信息透明

E. 独立托管、保障安全

ACDE　基金的特点包括：(1)集合理财、专业管理。(2)组合投资、分散投资。(3)利益共享、风险共担。(4)严格监管、信息透明。(5)独立托管、保障安全。

（二）基金的分类

1. 按照收益凭证是否可以赎回，基金可分为开放式基金和封闭式基金

特征	开放式基金	封闭式基金
基金存续期限	没有固定期限	有固定期限
基金规模	规模不固定，但有最低规模要求	固定额度，一般不能再增加发行
价格决定因素	价格依据基金的净值而定	交易价格主要由市场供求关系决定
分红方式	现金分红、再投资分红	现金分红
信息披露	单位资产净值于每个开放日进行公告	单位资产净值每周至少公告一次
交易场所	基金管理公司或银行等代销机构网点，部分基金可以在交易所上市交易	沪、深证券交易所
赎回限制	可以随时提出购买或赎回申请	在期限内不能直接赎回基金，须通过上市交易套现
投资策略	随时面临赎回压力，须更注重流动性等风险管理，进行长期投资会受到一定限制；要求基金管理人具有更高的投资管理水平	不可赎回，无须提取准备金，能够充分运用资金，进行长期投资，取得长期经营绩效
费用	主要包括申购（认购）费、赎回费等费用，赎回费一般不超过1.5%	主要包括产品管理费等费用

真题精练

【例4·多项选择题】开放式基金与封闭式基金的区别包括（　　）。

A. 基金信息披露不同　　B. 基金的投资策略不同

C. 基金的投资理念不同　　D. 基金的募集方式不同

E. 基金的价格决定因素不同

ABE 开放式基金与封闭式基金的区别主要体现在交易场所、基金存续期限、基金规模、赎回限制、价格决定因素、分红方式、费用、投资策略以及信息披露等。依据投资理念不同，基金可以分为主动型基金和被动型基金。根据募集方式不同，基金分为公募基金和私募基金。

2. 按照投资对象不同，基金可以分为股票型基金、债券型基金、混合型基金、货币市场基金

项目	投资比重	特征
股票型基金	80% 以上的基金资产投资于股票	高风险、高收益
债券型基金	80% 以上的基金资产投资于债券	较低风险、较低收益
货币市场基金	100% 的基金资产投资于货币市场工具	低风险、低收益、高流动性
混合型基金	投资于股票、债券和货币市场工具，并且股票投资和债券投资的比例不符合上述规定	风险和收益均衡

要点点拨

债券型基金通过分散投资可以有效避免单一债券可能面临的较高信用风险。

3. 根据投资目标的不同，基金可分为成长型基金、收入(收益)型基金和平衡型基金

特征	成长型基金	收入型基金
投资目的不同	重视基金的长期成长，强调为投资者带来经常性收益	强调基金单位价格的增长，使投资者获取稳定的、最大化的当期收入
投资工具不同	投资对象常常是风险较大的金融产品	投资对象一般为风险较小、资本增值有限的金融产品
资产分布不同	现金持有量较小，大部分资金投资于资本市场	现金持有量较大，投资倾向多元化，注重分散风险
派息情况不同	一般不会直接将股息分配给投资者，而是将股息再投资于市场，以追求更高的回报率	一般按时派息，使投资者有固定的收入来源

平衡型基金的资产构造则既要获得一定的当期收入，又要追求组合资产的长期增值。

4. 根据投资理念的不同，基金可以分为主动型基金和被动型基金

主动型基金是通过主动管理，力求取得超越基金组合表现的基金。

被动型基金一般不主动寻求超越市场的表现，一般选取特定指数作为跟踪对象，以复制跟踪对象的表现，因此，被动型基金通常被称为“指数基金”。

5. 根据募集方式的不同，基金可分为公募基金和私募基金

6. 根据法律地位的不同，基金可分为公司型基金和契约型基金

特征	公司型基金	契约型基金
法律依据	依据公司法组建，依据公司章程经营基金资产	依照基金契约组建，依据基金契约经营基金资产
实体地位	具有法人资格的股份有限公司	不具有法人资格
投资者地位	投资者作为公司的股东有权对公司的重大经营决策发表自己的意见	投资者是信托契约中规定的受益人，对基金运用没有发言权
融资渠道	在需要扩大规模、增加资产时可以向银行申请贷款	一般不向银行借款
资金运营	除非到破产、清算阶段，否则公司一般具有永久性	基金契约期满，基金运营停止

要点点拨

与契约型基金相比，公司型基金的基金份额持有人对基金运作的影响力较大。

真题精练

【例5·多项选择题】下列关于公司型基金和契约型基金的描述中，正确的有(　　)。

A. 公司型基金有固定期限

B. 公司型基金依据公司章程经营基金资产

C. 契约型基金在需要扩大规模、增加资产时可向银行申请贷款

D. 投资基金按收益凭证是否可赎回分为公司型基金和契约型基金

E. 契约型基金的投资者是信托契约中规定的受益人，对基金运用没有发言权

BE　根据法律地位的不同，基金可分为公司型基金和契约型基金。故D项错误。公司型基金依据公司法组建，依据公司章程经营基金资产，除非到破产、清算阶段，否则公司一般具有永久性。故A项错误，B项正确。契约型基金的投资者是信托契约中规定的受益人，对基金运用没有发言权，契约型基金一般不向银行借款。故C项错误，E项正确。

(三)特殊类型基金

基金相关产品非常丰富，其中包括**摊余成本法债券基金、基金中的基金(FOF)、交易型开放式指数基金(ETF)、上市开放式基金(LOF)、QDII基金和基金“一对多”专户理财**等。

1. 摊余成本法债券基金

摊余成本法债券基金最早成立于2015年6月。该类基金对于买入的债券，采用摊余成本法进行估值，相比于采用市值法进行估值的其他基金，其优势在于其收益率受市场利

率影响小，因此净值波动相对较小，且收益一般高于同样采取摊余成本法估值的货币基金。

2. 基金中的基金

FOF是一种专门投资于其他证券投资基金的基金，它并不直接投资股票或债券，其投资范围仅限于其他基金，通过持有其他证券投资基金而间接持有股票、债券等证券资产。

3. 交易型开放式指数基金

(1) ETF是一种跟踪“标的指数”变化且在交易所上市的开放式基金，投资者可以像买卖股票那样买卖ETF，从而实现对指数的买卖。ETF可以理解为“股票化的指数投资产品”。

(2) 从本质上看，ETF属于开放式基金的一种特殊类型，它综合了封闭式基金和开放式基金的优点，投资者既可以向基金管理公司申购或赎回基金份额，同时，又可以像封闭式基金一样在证券市场上按市场价格买卖ETF份额。

(3) ETF有别于其他开放式基金的主要特征之一是：**ETF的申购赎回必须以一篮子股票换取基金份额或者以基金份额换回一篮子股票**。

4. 上市开放式基金

(1) LOF的申购、赎回都是基金份额与现金的交易，可在代销网点进行。

(2) LOF发行结束后，投资者既可以在指定网点申购与赎回基金份额，也可以在交易所买卖该基金。

(3) LOF兼具封闭式基金交易方便、交易成本较低和开放式基金价格贴近净值的优点，为交易所交易基金在中国现行法规下的变通品种，被称为中国特色的ETF，其具有与ETF相同的特征：一方面可以在交易所交易；另一方面又是开放式基金，持有人可以根据基金净值申购赎回。

5. QDII基金

QDII基金是指在一国境内设置、经批准可以在境外证券市场进行股票、债券等有价证券投资的基金。

6. 基金“一对多”专户理财

基金专户理财又称基金管理公司独立账户资产管理业务，是基金管理公司向特定对象提供的个性化财产管理服务。

要点点拨

ETF和LOF基金兼有封闭式基金和开放式基金的优点。

(四) 基金的流动性及收益情况

1. 基金的流动性

开放式基金通过申购和赎回实现转让，流动性强，但须支付一定的手续费。一般来说，客户可以在每个交易日随时申购、赎回，因此具备非常好的便利性和流通性。不同的基金具有不同的流动性，从基金赎回角度来看，货币型基金的流动性较高，一般是T+1或T+2到账，债券型基金一般为T+2或T+3到账，而股票型基金一般为T+4或T+5到账。

为了提高业务竞争力，增加客户资金流动性，一些银行推出了基金快速赎回业务，实现了基金的 T+0 到账，但客户须交纳一定的费用，或者成为银行的特定目标客户。

2. 基金的收益

收益主要来源于以下四个方面：

(1)证券买卖差价，也称资本利得。

(2)红利收入。

(3)债券利息。债券利息是基金固定收益类资产的主要收益来源。

(4)存款利息收入。

基金可分配收益也称为基金净收益，是基金收益扣除按照国家规定可以扣除的费用等项目后的余额。基金收益分配一般有分配现金(现金分红)和分配基金单位(红利再投资)两种形式。

影响基金类产品收益的因素主要来自两个方面：

(1)来自基金的基础市场。即基金所投资的对象产品，如债券、股票、货币市场工具等。

(2)来自基金自身的因素。如基金管理公司的资产管理与投资策略，基金管理人员的业务素质、投资水平，研究团队的研究实力，基金经理的投资管理能力，基金管理公司的整体业务运行情况等。

教你一招

基金的分类中，需掌握各种分类方法及特征、区别。债券型、混合型、股票型基金根据类别与基金契约的不同，其资产主要投资于国债、银行存款、信用债、股票等各类资产。一般而言，各类基金的风险特征由高到低的排序依次是：股票型基金、混合型基金、债券型基金和货币市场型基金。

真题精练

【例6·单项选择题】基金收益扣除按照国家规定可以扣除的费用等项目后的余额称为(　　)。

A. 基金分红　　　　B. 基金净收益

C. 基金利息收入　　D. 基金资本利得

B　基金可分配收益也称为基金净收益，是基金收益扣除按照国家规定可以扣除的费用等项目后的余额。

(五)基金的风险及法律约束

基金的风险是指购买基金遭受损失的可能性。基金损失的可能性取决于基金资产的运作。投资基金的资产运作风险包括系统性风险和非系统性风险。尽管基金通过组合投资分散风险，但基金的资产运作无法消灭风险，并且可能由于基金管理人运作不当加剧亏损。

三、保险 ★★★

(一)银行代理保险概述

商业银行代理保险业务是指商业银行接受保险公司委托,在保险公司授权的范围内,代理保险公司销售保险产品及提供相关服务,并依法向保险公司收取佣金的经营活动。

银行主要代理的险种包括人身保险和财产保险。目前占据市场主流的险种主要是人身保险新型产品中的分红险和万能险。此外,财产险也是目前各家银行大力发展的险种,主要包括房贷险、企业财产保险、家庭财产险等。

(二)银行代理保险产品主要类型

1. 人身保险新型产品

人身保险新型产品主要包括分红险、万能保险和投资连结保险(简称投连险)。

(1)分红险。分红险指保险公司将其实际经营成果优于定价假设的盈余,按照一定比例向保单持有人进行分配的人寿保险。

分红险的收益来源于死差益、利差益和费差益所产生的可分配盈余。

影响分红险收益的因素主要包括利率的波动、保险公司制定的预定死亡率、预定投资回报率及预定营运管理费用等。红利分配有两种方式,即现金红利和增额红利。

(2)万能保险。万能保险是包含保险保障功能并设立有单独保单账户的人身保险产品,是一种交费灵活、保额可调整、非约束性的寿险。

万能保险的风险来源于保险公司的资产规模、发展历史、理财团队专业化水平等,为保单账户价值提供最低收益保证,可以收取的费用包括初始费用、风险保险费、保单管理费、部分领取手续费、退保费用。

(3)投连险。投连险是一种寿险与投资相结合的新型寿险产品。根据国务院保险监督管理机构的规定,投连险是指包含保险保障功能并至少在一个投资账户拥有一定资产价值的人身保险产品。

投连险的投资账户必须是资产单独管理的资金账户。投资账户划分为等额单位,单位价值由单位数量及投资账户中资产或资产组合的市场价值决定。

投连险的费用主要包括初始保费、风险保险费、账户转换费用、投资单位买卖差价、资产管理费、部分支取和退保手续费等。

要点点拨

万能保险指的是投保人可以任意支付保险费以及任意调整死亡保险金给付金额的保险,只要保单积存的现金价值足够支付以后各期的成本和费用就行。

真题精练

【例7·多项选择题】下列关于分红险的说法中,错误的有(　　)。

A. 分红险属于人身保险新型产品

B. 分红险为保单账户价值提供最低收益保证

C. 分红险的投资账户必须是资产单独管理的资金账户

D. 分红险的红利分配有两种方式,即现金红利和增额红利

E. 分红险的收益来源于死差益、利差益和费差益所产生的可分配盈余

BC 万能保险为保单账户价值提供最低收益保证，保险公司为万能保险设立单独账户，提供一个最低保证利率，当单独账户的实际收益率低于最低保证利率时，万能保险的结算利率应当是最低保证利率。故B项错误。投连险的投资账户必须是资产单独管理的资金账户。故C项错误。

2. 财产险

银行代理财产险主要包括家庭财产险、房贷险和企业财产保险。

(1) 家庭财产险。家庭财产保险是以公民个人家庭生活资料作为保险标的的保险。家庭财产保险可分为普通消费型家财保险、长效还本家财保险等。

(2) 房贷险。个人抵押商品住房保险（简称房贷险），包含对抵押商品住房本身的家庭财产保险，也包括对借款人本人的借款人意外险。

(3) 企业财产保险。企业财产保险是指以投保人存放在固定地点的财产和物资作为保险标的的一种保险，保险标的的存放地点相对固定，处于相对静止状态。它对一切独立核算的法人单位均适用。

要点点拨

房贷险的第一受益人是贷款银行。

四、国债 ★★★

(一) 银行代理国债的概念及种类

1. 银行代理国债的概念

国债是国家信用的主要形式。我国的国债专指财政部代表中央政府发行的国家公债，由于以国家财政信誉作担保，国债的信誉度非常高，其收益率一般被看作是无风险收益率，是金融市场利率体系中的基准利率之一。

2. 银行代理国债的种类

目前银行代理国债的种类有凭证式国债、电子式储蓄国债和记账式国债。

(1) 凭证式国债。凭证式国债是一种国家储蓄债，可记名、挂失，凭证式国债收款凭证只记录债权，不能上市流通，从购买之日起计息。

(2) 电子式储蓄国债。电子式储蓄国债是财政部在境内发行的，以电子方式记录债权的不可流通人民币债券。它只面向境内个人投资者发售，企事业单位和行政机关等机构投资者不能购买。电子式储蓄国债需要投资者开立个人国债托管账户，并指定对应的资金账户。

(3) 记账式国债。记账式国债以记账形式记录债权，通过银行间市场或证券交易所的交易系统发行和交易，可以记名、挂失。由于记账式国债的发行和交易均无纸化，所以效率高、成本低、交易安全。

(二) 国债的流动性及收益情况

国债的流动性一般弱于股票，高于公司债券。短期国债的流动性好于长期国债。

相对于现金存款或货币市场金融工具，投资国债获得的收益更高，而相对于股票、基金产品，投资国债的风险又相对较小。购买国债，会获得一种相对稳定、安全的投资收益。

债券的收益主要来源于利息收益和价差收益。影响债券类产品收益的因素主要有**债券期限、基础利率、市场利率、流动性、债券信用等级、税收待遇以及宏观经济状况**等。

教你一招

注意区分三种银行代理国债的特点，可以对比记忆。其中，凭证式国债和电子式储蓄国债都在商业银行柜台发行，不能上市流通，但都是信用级别最高的债券，以国家信用作保证，而且免缴利息税。不同之处在于：(1)申请购买手续不同。(2)债权记录方式不同。(3)付息方式不同。(4)到期兑付方式不同。(5)发行对象不同。(6)承办机构不同。电子式储蓄国债与记账式国债都以电子记账方式记录债权，但具有下列不同之处：(1)发行对象不同。(2)发行利率确定机制不同。(3)流通或变现方式不同。(4)到期前变现收益预知程度不同。

真题精练

【例8·单项选择题】下列理财产品：(1)股票。(2)公司债券。(3)短期国债。(4)长期国债。它们的流动性由高到低的顺序是(　　)。

A. (2)(1)(3)(4)　　B. (1)(3)(4)(2)

C. (2)(1)(4)(3)　　D. (1)(2)(3)(4)

B　国债的流动性一般弱于股票，高于公司债券，短期国债的流动性好于长期国债，故它们的流动性由高到低的顺序是：股票、短期国债、长期国债、公司债券。

(三)银行代理国债的风险

债券投资的风险因素有价格风险、再投资风险、违约风险、赎回风险、提前偿付风险和通货膨胀风险。

(1)**价格风险**。价格风险又称利率风险，是指国债的市场利率变化对债券价格的影响。一般来说，债券价格与利率变化成反比，当利率上涨时，债券价格下跌。债券的到期时间越长，所面临的利率风险越大。价格风险是长期国债的主要风险之一。

(2)**再投资风险**。再投资风险也是由于市场利率变化而使债券持有人面临的风险。利率风险和再投资风险是此消彼长的关系。再投资风险是短期国债的主要风险之一。

(3)**违约风险**。违约风险又称信用风险，是债券发行者不能按照约定的期限和金额偿还本金和支付利息的风险。一般来说，国债的违约风险非常低。

(4)**赎回风险**。赎回风险是附有赎回条款的债券所面临的特有风险，是指发行者可能在某种情况下(如市场利率下降时)赎回债券，投资者不得不以较低的市场利率进行再投资，由此蒙受再投资风险。

(5)**提前偿付风险**。提前偿付风险是指债券所面临的发行人提前偿付本金的风险。提前偿付风险类似于赎回风险。如果利率下降，债券的提前偿付就会使投资者面临再投资风险。

(6)通货膨胀风险。对于中长期债券而言，债券投资收益的购买力有可能随着物价的上涨而下降，从而使债券的实际收益率降低，这就是债券的通货膨胀风险。

真题精练

【例9·多项选择题】债券投资的风险因素有(　　)。

A. 市场利率的波动　　B. 发行者的信用等级

C. 工业价格指数的波动　　D. 发行者的经营状况

E. 股票价格指数的波动

ABCD　A项，市场利率的波动可能带来债券的利率风险和再投资风险。B、D项，发行者的信用等级好坏和经营状况好坏决定着债券的违约风险(信用风险)。C项，工业价格指数(PPI)的波动可能导致债券的通货膨胀风险。E项，股票价格指数的波动会使股票投资需求下降，不会影响到债券的风险。

五、信托计划 ★★★

(一)银行代理信托计划的概念

1. 信托的概念

《中华人民共和国信托法》中关于信托的定义：信托是指委托人基于对受托人的信任，将其财产权委托给受托人，由受托人按委托人的意愿以自己的名义，为受益人的利益或者特定目的，进行管理或者处分的行为。

信托是一种特殊的财产管理制度和法律行为，同时又是一种金融制度，信托与银行、保险、证券一起构成了现代金融体系。信托业务是一种以信用为基础的法律行为，其当事人有投入信用的委托人、受信于人的受托人，以及受益于人的受益人。

2. 银行代理信托计划的特点

银行代理信托类产品可以分为两种情况：其一是代理信托计划资金收付；其二是代为推介信托计划。而资金信托业务是指投资者基于对信托公司的信任，将自己合法拥有的资金委托给信托投资公司，由信托投资公司按照投资者的意愿，以自己的名义为受益人的利益或者特定目的管理、运用和处分的业务行为。

银行代理信托计划的特点包括：

(1)信托是以信任为基础的财产管理制度。

(2)信托财产权利主体与利益主体相分离。

(3)信托经营方式灵活、适应性强。

(4)信托财产具有独立性。

(5)信托管理具有连续性。

(6)受托人不承担无过失的损失风险。

(7)信托利益分配、损益计算遵循实绩原则。

(8)信托具有融通资金的职能。

3. 银行代理信托计划的种类

(1)按信托关系建立的方式可分为任意信托和法定信托。

(2)按委托人或受托人的性质不同可划分为法人信托和个人信托。

(3)按信托财产的不同可划分为资金信托、动产信托、不动产信托和其他财产信托等。

委托人以现金方式认购信托单位,资金由商业银行代理收付。信托公司委托商业银行办理信托计划收付业务时,应明确界定双方的权利义务关系,商业银行只承担代理资金收付责任,不承担信托计划的投资风险。

(二)信托类产品的流动性及收益情况

信托计划是为满足客户的特定需求而设计的,个性化较强,并且缺少转让平台,因而流动性比较差。在通常情况下,信托资金不可以提前支取。

信托机构根据信托合同约定管理和处理信托财产而获得的收益,在扣除相关费用后,剩余收益全部归受益人所有。同时,信托机构根据信托合同约定处理受托财产而发生的亏损全部由委托者承担。信托公司因违背信托合同、处理信托事务不当而造成信托财产损失的,由信托公司以其固有财产赔偿;不足赔偿时,由委托者自担。

信托资产管理人的信誉状况和投资运作水平对资产收益有决定性影响。在一些信托协议中,信托资产的投资方向是由委托人决定的,受托人只是负责按协议行事。因此,投资收益率和委托人的投资决策相关。

(三)银行代理信托计划的风险及法律约束

(1)投资项目风险。在已发行的信托计划中,多数是依靠项目自身产生的现金流或利润作为还款来源,因此项目自身的风险是信托产品的主要风险之一。投资项目风险包括项目的市场风险、财务风险、经营管理风险等。

(2)项目主体风险。项目主体的经营管理水平、财务状况以及还款意愿(即道德风险)将在很大程度上影响信托计划的安全程度。担保公司的信誉度是决定信托计划风险的重要因素。

(3)信托公司风险。信托公司的风险主要包括项目评估风险和信托计划的设计风险。信托公司项目评估能力的高低和信托计划设计水平将直接决定信托计划的风险高低。

(4)流动性风险。信托计划流动性差,缺少转让平台,存在较大的流动性风险。信托管理公司通常只对信托计划承担有限责任,绝大部分风险由信托业务委托人、受益人来承担。

真题精练

【例 10 · 多项选择题】下列选项中,属于信托计划风险的有(　　)。

A. 流动性风险　　B. 项目主体风险

C. 投资项目风险　　D. 项目客体风险

E. 信托公司风险

ABCE　信托计划风险包括投资项目风险、项目主体风险、信托公司风险和流动性风险。

六、贵金属 ★★

(一)银行代理贵金属业务种类

银行代理贵金属业务种类包括条块现货、金币、黄金基金和纸黄金。黄金 T+D 产品属于上海黄金交易所推出的贵金属交易品种。

1. 条块现货

实物黄金的主要形式有金条、金币和金饰等。投资黄金条块有保存不便和移动不易的缺点,放在家中,安全性差。

2. 金币

金币有两种:纯金币和纪念金币。纯金币可以收藏也可以流通,变现不难,价格也随国际金价波动。纪念金币的价值受主题和发行量的影响较大,因此和鉴赏能力、题材炒作等高度相关,和金价的关联度反而较小。

大多数金币更具有纪念意义,对于普通投资者来说较难鉴定其价值,因此对投资者的素质要求较高。

3. 黄金基金

黄金基金是将资金委托专业经理人全权处理,用于投资黄金类产品,成败关键在于经理人的专业知识、操作技巧以及信誉,属于风险较高的投资方式,适合喜欢冒险的积极型投资者。

4. 纸黄金

纸黄金交易不是通过实物的买卖及交收,而是通过记账方式来投资黄金。因其不涉及实物黄金的交收,交易成本更低。纸黄金通常也称为"黄金存折"。

5. 黄金 T+D 产品

黄金 T+D 交易品种,俗称"黄金准期货"。

黄金 T+D 产品具有以下四个特点:

(1)交易时间灵活。

(2)交易多样化,有做空机制。

(3)保证金模式——利用杠杆方式,较实物黄金投入资金少。

(4)无交割时间限制,减少了操作成本。

黄金 T+D 交易具有较大的风险,投资须谨慎。

真题精练

【例 11·单项选择题】下列选项中,通常被称为"黄金存折"的是(　　)。

A. 金币　　B. 纸黄金

C. 金条　　D. 黄金基金

B　纸黄金交易不是通过实物的买卖及交收,而是通过记账方式来投资黄金。纸黄金通常也称为"黄金存折"。

(二)贵金属产品的流动性和收益情况

对于投资者来说,黄金退出流通领域后,其流动性较其他证券类投资品差。国内黄金市场发展不充分，变现相对困难，有流动性风险。

黄金和股票市场收益不相关甚至负相关，所以可以分散投资总风险，且价格会随着通货膨胀而提高，所以可以保值。

（三）贵金属产品风险

（1）政策风险。由于国家法律、法规、政策的变化，紧急措施的出台，相关监管部门监管措施的实施，交易所交易规则的修改等原因，均可能会对投资者的投资产生影响，投资者必须承担由此导致的损失。

（2）价格波动的风险。贵金属作为一种特殊的具有投资价值的商品，其价格受多种因素的影响（如国际经济形势、美元汇率、相关市场走势、政治局势、原油价格等）。

（3）技术风险。电子通信技术和互联网技术带来的风险。

（4）交易风险。投资者需要了解交易所的贵金属现货延期交收交易业务具有低保证金和高杠杆比例的投资特点，可能导致快速的盈利或亏损。

七、券商资产管理计划 ★★

（一）银行代理券商资产管理计划的种类

根据《关于规范金融机构资产管理业务的指导意见》（简称资管新规）的规定，券商资产管理计划包括公募产品和私募产品。一般而言，投资者超过200人的集合资产管理计划属于公募产品，根据监管要求将参照公募基金，纳入《中华人民共和国证券投资基金法》管理。其余集合计划、定向计划和专项计划，均为私募理财产品。

根据投资者人数的不同，私募类券商资产管理计划可分为单一资产管理计划、集合资产管理计划。

根据投资方向的不同，券商资产管理计划可以划分为固定收益类、权益类、商品及衍生品类、混合类资产管理计划，其划分标准与资管新规一致。

根据产品存续期能否办理投资者参与、退出资产管理计划，可将券商资产管理计划分为开放式资产管理计划和封闭式资产管理计划。开放式集合资产管理计划不得进行份额分级，封闭式集合资产管理计划可以根据风险收益特征对份额进行分级。

（二）券商资产管理计划的流动性及收益情况

与基金类似，由于券商资产管理计划类型众多，产品的流动性也各异。产品的流动性、收益和投资标的及交易结构息息相关，但总体上私募类券商资产管理计划流动性要弱于公募基金产品。为满足不同层次、不同需求客户的财富管理需求，券商资产管理计划可以利用多种手段进行产品开发和设计。

随着资管新规的出台，近年来券商资产管理计划也在不断规范发展，一方面大类产品向风险收益标准化的方向发展；另一方面随着投融资客户的实际需求差异逐步扩大，产品正在向个性化、差异化的方向发展。

（三）券商资产管理计划风险及法律约束

当前，券商集合资产管理计划适用的法律法规包括《中华人民共和国证券法》《中华人民共和国证券投资基金法》《证券公司监督管理条例》《关于规范金融机构资产管理业务的指导意见》等，私募资产管理计划还应遵循《证券期货经营机构私募资产管理业务管理办法》等制度要求。由于当前券商资产管理计划以私募类产品为主，投资者在投资此类金融产品时，要特别关注相关产品的投资方向，产品管理人的投研水平、历史业绩等因素。

第三节 其他理财产品

一、期货资产管理产品 ★★

（一）期货资产管理业务类型

1. 债券增强类产品

通过严谨的宏观基本面分析与信用风险分析，精选高收益债获得票息收益作为安全垫，利用债券预期现金流来支持稳健积极型投资，包括但不限于对国债期货和现货、不同期限国债期货、国债和信用债、个股和对应的可转债的价格差异进行套利，进而增强债券收益。此类策略资金容量较大，风险收益可控，适合风险偏好适中的银行客户。

2. 挂钩期权类产品

与场内期权相比，场外期权可实现个性化定制，灵活性大，可选择不同行权价及期限，标的范围覆盖股指、个股、贵金属以及其他大宗商品，而且小规模资金通过资管产品可获得更高的场外期权议价能力。此类策略锁定最大损失风险，潜在收益则明显上升，可与货币基金投资结合，实现相对稳健的投资收益。

3. 量化打新类产品

利用中国股票一、二级市场投资者结构性差异，通过网下打新获取超额收益，同时使用衍生品对冲底仓市值风险，并通过精选因子获得阿尔法（Alpha）收益，从而获得类固收的稳定收益。此类策略风格稳健，风险较小，在高收益资产稀缺背景下，可获得稳健的套利机会。

4. 管理期货策略（CTA）类产品

CTA 类产品是指通过在基本面和技术分析中导入数量化模型，并借助计算机系统，根据数量化模型产生的买卖信号进行投资交易。此类策略充分利用商品期货品种众多且波动较大、期货保证金双向交易的优点，通过抓住风险资产价格趋势波动来获得价差收益，适合于风险偏好型投资者。

5. 量化对冲类产品

此类策略借助统计方法来建立期货品种多空对冲的数量化模型，是定性投资的数量化实现，同时通过多品种、多策略来降低系统风险，以应对金融市场变化，获得相对稳定的收益。此类策略依赖数理模型和数据挖掘，更具客观性，较少受人为情绪影响，产品收益较为平稳。

6. 对冲基金的基金（FOHF）类产品

FOHF 策略将投资资金在不同投资风格、不同投资方向、不同投资策略的优秀私募之间进行配置，既能分散风险，又能获得较高回报，还可以降低单个私募基金的准入门槛。

（二）期货资产管理产品特征

（1）交易策略多种多样。期货资产管理可投资标的涵盖股票、债券、证券投资基金、集合资产管理计划以及期权期货等衍生品，而且没有衍生品空头头寸方面的限制。

（2）对投资者要求较高。期货资产管理参照私募基金管理，单只产品投资者人数不得超过 200 人，且必须为合格投资者。

（三）期货资产管理产品投资注意事项

（1）了解期货资产管理业务的法律法规、基础知识、业务特点、风险收益特征等内容，了解期货公司是否具有开展资产管理业务的资格，并认真听取期货公司对相关业务规则和资产管理合同内容的讲解。

（2）综合考虑自身的资产与收入状况、投资经验、风险偏好，确信自身有承担参与期货资产管理业务所面临的投资风险和损失的能力，审慎选择与自身风险承受能力相匹配的资产管理投资策略。

（3）了解参与期货资产管理业务通常具有的市场风险、管理风险、流动性风险、信用风险及其他风险，包括但不限于政策风险、经济周期风险、利率风险、技术风险、操作风险、不可抗力因素导致的风险等。

（4）关注投资期货类品种具有的特定风险，包括但不限于因保证金交易方式可能导致投资损失大于委托资产价值的风险，因市场流动性不足、交易所暂停某合约的交易、修改交易规则或采取紧急措施等原因，未平仓合约可能无法平仓或现有持仓无法继续持有的风险。

（5）知晓合同虽然约定了一定的止损比例，但由于持仓品种价格可能持续向不利方向变动、持仓品种因市场剧烈波动不能平仓等原因，委托资产亏损存在超出该止损比例的风险。

（6）知晓参与期货资产管理业务的资产损失由客户自行承担，期货公司不以任何方式对客户做出取得最低收益或分担损失的承诺或担保。

（7）知晓客户无论参与期货资产管理业务是否获利，都需要按约支付管理费用和其他费用，会对客户的账户权益产生影响。

（8）知晓期货公司在一定条件下存在变更投资经理人选的可能，会对资产管理投资策略的执行产生影响。

真题精练

【例 12 · 单项选择题】管理期货策略类产品适合于（　　）投资者。

A. 风险回避型　　B. 风险中立型

C. 风险偏好型　　D. 稳健型

C　管理期货策略（CTA）类产品通过抓住风险资产价格趋势波动来获得价差收益，适合于风险偏好型投资者。

二、基金子公司产品 ★★

基金子公司可以从事专户业务、基金销售业务、私募股权管理业务以及监管许可的其他业务，但须专业化经营。基金子公司应建立以净资本为核心的风控体系，实行净资本约束。

（一）基金子公司业务类型

1. 组合投资业务

组合投资FOF/MOM产品是指基金子公司与市场排名领先的资产管理机构合作，以组合投资的形式投资于表现优异的各类定制化产品，或通过委托管理、聘请投资顾问等形式运作，通过大类资产配置手段在控制风险的前提下追求超额回报。

2. 资产证券化业务

资产证券化业务是指基金子公司以特定基础资产或资产组合所产生的现金流为偿付支持，通过结构化安排进行信用分层，在此基础上发行资产支持证券的业务活动。

3. 资本市场类业务

资本市场类业务是指基金子公司通过专项资产管理计划募集资金，参与资本市场（主板、创业板、新三板等）上市公司的股票定向增发、股票质押融资等投资机会。

4. 债权类投资产品

债权类投资产品是指基金子公司通过专项资产管理计划募集资金，在融资企业提供足值担保的情况下，以债权方式投向符合国家产业政策，具有较好收益、资信优良且服务于实体经济的相关企业或优质项目。

（二）基金子公司产品特征

（1）产品参与人数适中。基金子公司为多个客户办理特定资产管理业务的，**单个资产管理计划的委托人不得超过200人**。

（2）开展组合投资业务的优势大。

①市场覆盖全面，可提供一站式解决方案。

②风险资本占用较低。

教你一招

一些复杂的业务是基金子公司做的，由于子公司具有独立法人资格，自己承担责任，所以基金子公司从事的业务对母公司影响不大。

真题精练

【例13·单项选择题】基金子公司为多个客户办理特定资产管理业务的，单个资产管理计划的委托人不得超过（　　）人。

A. 100　　B. 50

C. 200　　D. 150

C　基金子公司为多个客户办理特定资产管理业务的，单个资产管理计划的委托人不得超过200人。

（三）基金子公司产品投资注意事项

投资基金子公司产品需要注意以下五点：

（1）充分了解产品发行人的情况。

（2）了解产品类型和风险收益特征。

(3)了解产品的风险管理措施。
(4)确定资金最终流向和投资标的物。
(5)了解信息披露方式和项目进展情况。

三、合伙制私募基金 ★★

(一)合伙制私募基金概述

所谓合伙制私募基金,是由普通合伙人和有限合伙人组成,普通合伙人即私募基金管理人,他们和不超过 49 人的有限合伙人共同组建的一只有限合伙制私募基金。

合伙制模式的优点是设立门槛低、浪费少、投资广、税收少。从实操角度来看,合伙企业的个人投资者所得税是代扣代缴,属于先征收后分配;机构投资者则是先分红,投资人自己缴纳所得税。总体来看,合伙企业是税收穿透,只缴纳一次所得税。缺点是由于没有资金托管方,合伙企业中有限合伙人财产很难保证不被挪用,资产管理人的道德风险较难防范,存在很大风险。

(二)不同形式私募基金的比较

项目	公司制	信托制	有限合伙制
出资形式	货币	货币	货币
管理人员	股东决定	由信托公司进行管理	普通合伙人
利润分配	一般按出资比例	按信托合同	根据有限合伙协议约定
投资人数	有限责任公司不超过 50 人,股份有限公司不超过 200 人	自然人投资者不超过 50 人,单笔 300 万元以上自然人及合格机构投资者数量不受限制	2～50 人
管理模式	同股同权可以委托管理	受托人决定可以委托投资顾问提供咨询意见	普通合伙人负责决策与执行,有限合伙人不参与经营
税务承担	双重征税	信托受益人不纳税,受益人取得信托收益时,缴纳企业所得税或个人所得税	合伙企业不征税,合伙人分别缴纳企业所得税或个人所得税
注册资本额或认缴出资额及缴纳期限	最低实收资本不低于 1 000 万元	资金一次到位	承诺出资制,无最低要求,按照约定的期限逐步到位
投资门槛	无特别要求	单个投资者最低投资不少于 100 万元	无强制要求;但如申报备案,则单个投资者不低于 100 万元
债务承担方式	出资者在出资范围内承担有限责任	投资者以信托资产承担责任	普通合伙人承担无限责任,有限合伙人以认缴出资额为限承担有限责任

教你一招

不同形式私募基金的比较是考试的常考点，常出单选题。注意区分公司制、信托制、有限合伙制私募基金在管理人员、利润分配、投资人数、税务承担等方面的差异。

真题精练

【例14·判断题】不同形式的私募基金在很多方面都不同，公司制私募基金、信托制私募基金和有限合伙制私募基金在出资形式上也各不相同。（　　）

A. 正确　　　　B. 错误

B　公司制私募基金、信托制私募基金和有限合伙制私募基金虽然在很多方面都不同，但在出资形式上都是货币。

（三）合伙制私募基金的设立

设立私募股权投资基金时需要考虑一系列问题，这些问题将是GP（普通合伙人）和LP（有限合伙人）谈判的要点。通常，条款清单中至少包含以下五点：

（1）**GP的出资比例**。GP的出资比例范围通常是1%～5%，这通常取决于GP的财务状况和LP的意愿。GP可选择采用非现金方式出资，主要方式包括放弃部分管理费用或收益分成。

（2）**收益分成**。收益分成计算的基础是基金的回报，GP要先偿还LP全部的出资额，以及约定的回报率，然后才能参与剩余部分的分成。分成比例通常是20%。

（3）**管理费**。一般来说，每年的管理费为基金承诺资金的2%，在承诺期结束后（通常4～5年），降至兑现承诺的2%；或者在投资期，为承诺资金的2%，投资期结束后（通常是4～5年），到基金清盘，逐步降至承诺资金的1%。管理费通常是作为GP基金运营和管理的费用（包括工资、办公费用、项目开发、交通、接待等）。

（4）**有限合伙人的职责**。大部分的有限合伙人对基金的业务参与非常有限。但基金通常有顾问委员会，委员会由LP代表组成，他们的角色是对某些事情提出看法（有些情况下是认可的），如对拟投资项目的评价、估值、利益冲突问题及违约补救，他们不会参与到项目投资和处置等决策事务上。

（5）**投资限制**。投资限制主要是指根据基金的性质及规模，规定基金不能或不应从事的投资项目或行为。

（四）私募基金设立和投资须关注的事项

私募基金的设立过程需要避免涉嫌“非法吸收公共存款罪”“集资诈骗罪”，同时需要规范运作，为此，在设立私募基金或者推荐有限合伙基金时需要遵循以下五点：

（1）基金依法设立。基金依法设立，完成金融办的审批、工商部门登记并且按照各部门的要求完成备案工作。

（2）向特定对象募集资金。首先，投资人数要符合法律规定，**以有限责任公司和有限**

合伙制企业形式募资的，投资人数不得超过 50 人(以股份有限公司形式募资的，投资人数不得超过 200 人)。其次，要审查投资人是否存在用借贷或者他人委托的资金投资的情况，可通过要求投资人出具承诺函的形式进行审查确认。最后，投资人应当具有相应的风险承受能力，具体表现为对单个投资人的最低投资数额进行限制，如自然人投资者投资数额不得低于 100 万元。

(3)非公开宣传。在募集资金时，不得以广告宣传。

(4)不得承诺保底收益或最低收益。承诺固定收益的一种表现是保本付息，是否签订了保本付息条款是确认是否构成非法集资的主要认定标准，另外其形式也不限于货币，承诺给予固定的实物、股权等也被认为承诺固定收益。

(5)合法、合规使用募集资金。

四、智能投顾 ★

(一)智能投顾的概念

一般而言，智能投顾是人工智能与投资顾问的结合，是依托传统金融学理论，结合客户特征，运用统计学原理和计算机技术，为客户提供投资顾问、搭配金融资产组合的一类金融服务。

(二)智能投顾的工作流程

一般而言，智能投顾的工作流程为：

(1)为客户画像。

(2)构建投资组合。

(3)执行投资组合。

(三)智能投顾业务关注事项

投资者在进行相关业务筛选时，须关注智能投顾服务提供商是否具有相应的业务资质。

从智能投顾业务本身来看，须高度关注其程序的内部逻辑和算法，这是该业务当前面临的主要挑战。在极端情况下，金融机构应当及时采取人工干预措施，强制调整或者终止人工智能业务。

章节自测

一、单项选择题（在以下各小题所给出的四个选项中，只有一个选项符合题目要求，请将正确选项的代码填入括号内）

1. 我国首款人民币结构性理财产品的出现时间是(　　)。

A. 1999 年年末　　B. 2002 年年初
C. 2005 年年初　　D. 2008 年年初

2. 商品及衍生品投资市场较为分散，具有(　　)波动性、(　　)杠杆等特点。

A. 高；低　　B. 低；高
C. 低；低　　D. 高；高

3. 开放式基金赎回费一般不超过(　　)。

A. 5%　　B. 2.5%
C. 1%　　D. 1.5%

4. 下列关于交易所上市基金(ETF)的描述中，错误的是(　　)。

A. ETF 在本质上是开放式基金　　B. 申购和赎回只能用现金
C. 它可以在交易所挂牌买卖　　D. 它是股票化的指数投资产品

5. (　　)以上的基金资产投资于股票的，为股票型基金。

A. 30%　　B. 50%
C. 60%　　D. 80%

6. 被动型基金通常被称为(　　)。

A. 收入基金　　B. 指数基金
C. 私人基金　　D. 合约基金

7. 既要获得一定的当期收入，又要追求组合资产的长期增值的基金被称为(　　)。

A. 成长型基金　　B. 平衡型基金
C. 收入型基金　　D. 稳健型基金

8. 我国的 QDII 基金在我国(　　)设立，从事(　　)投资。

A. 境内；境内　　B. 境外；境内
C. 境内；境外　　D. 境外；境外

9. 下列关于 ETF 和 LOF 的说法中，错误的是(　　)。

A. LOF 只能在交易所交易
B. LOF 被称为中国特色的 ETF
C. ETF 本质上是开放式基金
D. ETF 的申购、赎回只能是基金份额与一篮子股票的交易

10. 下列基金中，收益最低的是(　　)。

A. 股票型基金　　B. 混合型基金
C. 债券型基金　　D. 货币市场型基金

11. 基金通过组合投资分散风险，能在一定程度上分散(　　)。

A. 系统风险　　B. 流动性风险
C. 极端风险　　D. 非系统风险

12. 人身保险新型产品不包括(　　)。

A. 分红险　　B. 房贷险

C. 万能保险　　D. 投连险

13. 下列选项中,不属于万能险的费用的是(　　)。

A. 初始费用　　B. 风险保险费

C. 账户转换费用　　D. 退保手续费

14. 目前,银行代理国债的种类不包括(　　)。

A. 贴现式国债　　B. 凭证式国债

C. 记账式国债　　D. 电子式储蓄国债

15. 价格风险又称(　　)。

A. 赎回风险　　B. 信用风险

C. 投机风险　　D. 利率风险

16. (　　)是基金投资固定收益类资产的主要收益来源。

A. 资本利得　　B. 红利收入

C. 债券利息　　D. 存款利息收入

二、多项选择题(在以下各小题所给出的选项中,至少有两个选项符合题目要求,请将正确选项的代码填入括号内)

1. 银行理财产品要素所包含的信息包括(　　)。

A. 产品特征信息　　B. 竞品信息

C. 产品市场信息　　D. 产品开发主体信息

E. 产品目标客户信息

2. 2008 年中期至 2011 年年底,我国理财产品呈现的状态有(　　)。

A. 资金规模屡创新高　　B. 投资方向不断丰富

C. 产品类型日益丰富　　D. 结构类型日益精细化

E. 发行规模呈几何级数增长

3. 按照产品风险分类,我国银行理财产品可分为(　　)。

A. 极低风险产品　　B. 低风险产品

C. 中等风险产品　　D. 高风险产品

E. 较高风险产品

4. 影响分红险收益的因素主要包括(　　)。

A. 利率的波动　　B. 保险公司制定的预定死亡率

C. 预定投资回报率　　D. 预定营运管理费用

E. 风险保险费

5. 下列关于另类理财产品的优势,描述正确的有(　　)。

A. 会给投资者带来潜在高收益

B. 与宏观经济周期相关性较低

C. 扩大了银行的资金运用范围和客户收益空间

D. 为客户提供以现金形式或实物形式获取投资本金收益的选择权

E. 突破了单一投向理财产品负债期限和资产期限必须严格对应的缺陷

6. 下列不属于商业银行 QDII 产品可投资范围的有（　　）。
A. 银保监会合作监管市场上市的股票　　B. 具有固定收益性质的票据
C. 具有固定收益性质的债券　　D. 实物商品衍生品
E. 投机或放大交易

7. 按照投资性质的不同，理财产品大致可细分为（　　）。
A. 固定收益类理财产品　　B. 权益类理财产品
C. 利率挂钩类理财产品　　D. 商品及衍生品类理财产品
E. 混合类理财产品

8. 对于风险承受能力一般的稳健型投资者，适合的理财产品有（　　）。
A. 低风险产品　　B. 极低风险产品
C. 中等风险产品　　D. 较高风险产品
E. 高风险产品

9. 下列关于开放式基金与封闭式基金的区别，描述错误的有（　　）。
A. 封闭式基金有固定期限；开放式基金没有固定期限
B. 开放式基金无须提取准备金；封闭式基金须更注重流动性等风险管理
C. 封闭式基金在期限内不能直接赎回基金；开放式基金可以随时提出购买或赎回申请
D. 开放式基金交易价格主要由市场供求关系决定；封闭式基金依据基金的净值而定
E. 开放式基金单位资产净值于每个开放日进行公告；封闭式基金则每周至少公告一次

10. 成长型基金与收入型基金的区别包括（　　）。
A. 投资目的不同　　B. 投资工具不同
C. 资产分布不同　　D. 投资理念不同
E. 派息情况不同

11. 下列选项中，属于记账式国债的优点的有（　　）。
A. 效率高　　B. 成本低
C. 收益高　　D. 交易量大
E. 交易安全

12. 下列选项中，属于影响债券类产品收益的因素的有（　　）。
A. 债券期限　　B. 市场利率
C. 税收待遇　　D. 宏观经济状况
E. 流动性

13. 下列关于信托的特点，描述正确的有（　　）。
A. 信托财产具有独立性
B. 信托经营方式灵活、适应性强
C. 信托具有融通资金的职能
D. 委托人和受托人共同承担无过失的损失风险
E. 信托利益分配、损益计算遵循实绩原则

14. 下列关于黄金 T+D 产品的特点，描述正确的有（　　）。
A. 交易时间灵活

B. 投资门槛低,风险小
C. 交易多样化,有做空机制
D. 无交割时间限制,减少了操作成本
E. 保证金模式——利用杠杆方式,较实物黄金投入资金少

15. 下列关于参与期货资产管理产品的合格投资者的条件,描述正确的有(　　)。
A. 具有 2 年以上投资经历
B. 家庭金融净资产不低于 300 万元
C. 家庭金融资产不低于 300 万元
D. 注册资本不低于 1 000 万元的法人单位
E. 最近 3 年个人年均收入不低于 40 万元的个人

16. 下列选项中,属于基金子公司主要业务类型的有(　　)。
A. 债权类投资产品　　B. 组合投资业务
C. 资本市场类业务　　D. 被动投资类业务
E. 资产证券化业务

17. 下列关于公司制私募基金和信托制私募基金的区别,描述错误的有(　　)。
A. 公司制管理人员由股东决定,信托制私募基金由信托公司进行管理
B. 公司制利润分配由公司章程规定,信托制利润分配按信托合同执行
C. 公司制最低实收资本不低于 1 000 万元,信托制最低实收资本不低于 3 000 万元
D. 公司制出资者在出资范围内承担有限责任,信托制投资者以信托资产承担责任
E. 公司制投资门槛无特别要求,信托制则要求单个投资者最低投资不少于 100 万元

三、判断题(请判断以下各小题的正误,正确的选 A,错误的选 B)

1. 现金管理类理财产品主要投资于信用级别较高、流动性较好的各类金融资产。(　　)
A. 正确　　B. 错误

2. 权益类理财产品投资股票、未上市企业股权等权益类资产的比例不低于 80%。(　　)
A. 正确　　B. 错误

3. 2009 年,保险业监督管理机构在《关于进一步加强投资连结保险销售管理的通知》中规定,各保险公司自 3 月 15 日起不得在银行储蓄柜台销售投连险,而限制在理财中心和理财柜台销售。同时,在银行销售的新单趸交保费限制在 5 万元以上。(　　)
A. 正确　　B. 错误

4. 债券通货膨胀风险是指债券货币收益的购买力有可能随着物价的下降而下降,从而使债券的实际收益率降低的风险。(　　)
A. 正确　　B. 错误

5. FOHF 策略不能够降低单个私募基金的准入门槛。(　　)
A. 正确　　B. 错误

6. 一般而言,GP 的出资比例范围是 2% ~5%。(　　)
A. 正确　　B. 错误

7. 合伙制模式的优点是设立门槛低、浪费少、投资广、税收少。(　　)
A. 正确　　B. 错误

答案详解

一、单项选择题

1. C。【解析】2005 年年初，我国出现了首款人民币结构性理财产品，以人民币本金投资，利用海外成熟的金融市场分享国际市场金融产品的收益。

2. D。【解析】相比于股票和债券投资，商品及衍生品投资市场较为分散，且具有高波动性、高杠杆等特点，因此，这类理财产品的收益表现往往也体现出较大的波动性，风险较大。

3. D。【解析】开放式基金赎回费一般不超过 1.5%。

4. B。【解析】ETF 在本质上是开放式基金。ETF 有三个鲜明特征：它可以在交易所挂牌买卖；ETF 基本是指数型开放式基金，它在交易所挂牌，交易非常便利；投资者只能用与指数对应的一篮子股票申购或者赎回 ETF。

5. D。【解析】按照投资对象的不同，基金可以分为股票型基金、债券型基金、混合型基金、货币市场基金。80% 以上的基金资产投资于股票的，为股票基金。

6. B。【解析】被动型基金通常被称为"指数基金"。

7. B。【解析】平衡型基金的资产构造既要获得一定的当期收入，又要追求组合资产的长期增值。

8. C。【解析】QDII 基金是指在一国境内设立，经批准从事境外证券市场的股票、债券等有价证券业务的证券投资基金。

9. A。【解析】与 ETF 不同的是，LOF 的申购、赎回都是基金份额与现金的交易，可在代销网点进行。

10. D。【解析】一般而言，各类基金的风险特征由高到低的排序依次是股票型基金、混合型基金、债券型基金和货币市场型基金。收益与风险成正比，故收益最低的是货币市场基金。

11. D。【解析】组合投资能够分散的风险是非系统风险，系统风险一般无法消除。

12. B。【解析】人身保险新型产品主要包括分红险、万能险和投连险。B 项属于财产险。

13. C。【解析】万能保险保单可以收取的费用包括初始费用、风险保险费、保单管理费、部分领取手续费、退保费用。C 项属于投连险可收取的费用。

14. A。【解析】目前，银行代理国债的种类有三种：凭证式国债、电子式储蓄国债和记账式国债。

15. D。【解析】价格风险也叫利率风险，是指国债的市场利率变化对债券价格的影响。

16. C。【解析】债券利息是基金投资固定收益类资产的主要收益来源。

二、多项选择题

1. ADE。【解析】银行理财产品要素所包含的信息可以分为三大类：产品开发主体信息、产品目标客户信息和产品特征信息。

2. BDE。【解析】2008 年中期至 2011 年年底，这一阶段属于银行理财产品市场的规范阶段，我国银行理财产品的发行数量和发行规模呈几何级数增长，投资方向不断丰富，结构类型日益精细化，合作模式不断拓展，流动性安排灵活多变，产品的风险控制措施不断优化。2005 年 11 月至 2008 年中期，这一阶段属于银行理财产品市场的起步阶段，主要特点为产品数量飙升、产品类型日益丰富和产品余额屡创新高等。

3. ABCDE。【解析】按照产品风险分类，我国银行理财产品可分为：(1)极低风险产品。(2)低风险产品。(3)中等风险产品。(4)较高风险产品。(5)高风险产品。

4. ABCD。【解析】整体来看,影响分红险收益的因素主要包括利率的波动、保险公司制定的预定死亡率、预定投资回报率及预定营运管理费用等。与固定利率非分红产品相比,分红型产品仅增加了分红功能。

5. ABD。【解析】较传统投资而言,另类投资的主要优点有:第一,另类资产多属于新兴行业或领域,未来潜在的高增长也将会给投资者带来潜在的高收益;第二,另类资产与传统资产以及宏观经济周期的相关性较低,大大提高了资产组合的抗跌性;第三,有些另类投资产品为客户提供以现金形式或实物形式获取投资本金收益的选择权,通过投资这类产品客户也可以获取某些相对较为稀缺的实物资产。

6. DE。【解析】商业银行的 QDII 产品仅可投资于银保监会合作监管市场上市的股票、银保监会合作监管市场的监管机构所批准或登记注册的公募基金、具有固定收益性质的票据和债券、符合评级要求的结构性产品及掉期、远期等衍生品。QDII 产品投资金融衍生品均应限于投资组合避险或有效管理,而不得用于投机或放大交易,也不得投资实物商品衍生品。

7. ABDE。【解析】按照投资性质不同,理财产品可分为以下四类:固定收益类理财产品、权益类理财产品、商品及衍生品类理财产品和混合类理财产品。

8. ABC。【解析】稳健型投资者的风险承受能力一般,适合的理财产品有极低风险产品、低风险产品、中等风险产品。进取型投资者还可以选择较高风险产品。激进型投资者还可以选择较高风险产品、高风险产品。

9. BD。【解析】在投资策略方面,封闭式基金不可赎回,无须提取准备金,能够充分运用资金,进行长期投资,取得长期经营绩效;而开放式基金随时面临赎回压力,需更注重流动性等风险管理,进行长期投资会受到一定限制,要求基金管理人具有更高的投资管理水平。在价格决定因素方面,封闭式基金交易价格主要由市场供求关系决定;而开放式基金依据基金的净值而定。

10. ABCE。【解析】成长型基金与收入型基金的区别包括投资目的不同、投资工具不同、资产分布不同、派息情况不同。

11. ABE。【解析】由于记账式国债的发行和交易均无纸化,所以效率高、成本低、交易安全。

12. ABCDE。【解析】影响债券类产品收益的因素主要有债券期限、基础利率、市场利率、流动性、债券信用等级、税收待遇以及宏观经济状况等。

13. ABCE。【解析】信托的特点是:(1)信托是以信任为基础的财产管理制度。(2)信托财产权利主体与利益主体相分离。(3)信托经营方式灵活、适应性强。(4)信托财产具有独立性。(5)信托管理具有连续性。(6)受托人不承担无过失的损失风险。(7)信托利益分配、损益计算遵循实绩原则。(8)信托具有融通资金的职能。

14. ACDE。【解析】黄金 T + D 产品具有以下四个特点:(1)交易时间灵活。(2)交易多样化,有做空机制。(3)保证金模式——利用杠杆方式,较实物黄金投入资金少。(4)无交割时间限制,减少了操作成本。

15. ABE。【解析】期货资产管理参照私募基金管理,单只产品投资者人数不得超过 200 人,且必须为合格投资者,即具备相应风险识别能力和风险承担能力,具有 2 年以上投资经历,家庭金融净资产不低于 300 万元,家庭金融资产不低于 500 万元,或者最近 3 年个人年均收入不低于 40 万元的个人，或者最近 1 年末净资产不低于 1 000万元的法人单位。

16. ABCE。【解析】基金子公司的业务类型有：(1)组合投资业务。(2)资本市场类业务。(3)资产证券化业务。(4)债权类投资产品。

17. BC。【解析】在注册资本方面，信托制没有规定最低实收资本，但规定了需资金一次到位。故 C 项错误。在利润分配方面，公司制利润分配一般按出资比例来分配。故 B 项错误。

三、判断题

1. A。【解析】现金管理类理财产品是主要投资于货币市场的银行理财产品。其投资方向主要是信用级别较高、流动性较好的各类金融资产，包括国债，金融债，中央银行票据，债券回购，高信用级别的企业债、公司债、短期融资券，银行存款及法律法规允许投资的其他金融工具。

2. A。【解析】权益类理财产品是指主要投资于权益市场的理财产品，根据《关于规范金融机构资产管理业务的指导意见》，该类理财产品投资股票、未上市企业股权等权益类资产的比例不低于 80%。

3. B。【解析】投连险在银行销售的新单趸交保费限制在 3 万元以上。

4. B。【解析】对于中长期债券而言，债券货币收益的购买力有可能随着物价的上涨而下降，从而使债券的实际收益率降低，这就是债券的通货膨胀风险。

5. B。【解析】FOHF 策略将投资资金在不同投资风格、不同投资方向、不同投资策略的优秀私募之间进行配置，既能分散风险，又能获得较高回报，还可以降低单个私募基金的准入门槛。

6. B。【解析】一般而言，GP 的出资比例范围是 1% ~5% 。

7. A。【解析】合伙制模式的优点是设立门槛低、浪费少、投资广、税收少。

第五章 客户分类与需求分析

考情直击

本章的主要内容是理财师对客户分类与需求的了解与分析，其中第一节强调了了解客户需求的重要性，第二节、第四节分别介绍了了解客户的主要内容和方法，第三节详细介绍了客户分类方法和客户需求分析相关理论。分析近几年的考试情况，本章的常考点有企业经营理念的发展、了解客户的主要内容、不同的客户分类方法、客户需求分析、生命周期与客户需求的关系等，在考试中占9～11分。

考纲要求

客户分类与需求分析

考试内容	能力等级
理财师了解客户需求的重要性及主要内容	熟悉
客户的分类方法及需求分析	熟悉
生命周期理论及其与客户需求分析的关系	掌握
理财师了解客户的方法	掌握

知识解读

第一节 了解客户需求的重要性

一、理财师工作的定义 ★★

理财师的工作是一种系统性、综合性的金融服务，是理财师运用专业的分析方法，评估客户财务状况和家庭情况、明确客户理财目标，并为客户提供合理的理财建议或制订完整可行的理财方案，使其能够满足客户需求、实现其人生目标的动态过程。

因此，全面深入了解客户、精准把握其需求成为理财师开展工作最关键的环节。

知识加油站

第三方理财机构由于没有自己的产品，因而能够客观分析客户的财务状况和理财需求，帮助客户选择合适的金融产品和产品组合，提供综合性的理财规划服务。

真题精练

【例1·单项选择题】理财师开展工作最关键的环节是（　　）。

A. 了解市场竞争机制

B. 建立长期良好的客户关系

C. 全面深入了解客户、精准把握其需求

D. 制定合理的理财方案

C　全面深入了解客户、精准把握其需求成为理财师开展工作最关键的环节。

二、企业经营理念的发展 ★★

1. 市场竞争的加剧

市场竞争的加剧，要求金融企业经营理念从以产品为中心转为以客户为中心，了解客户是基础和关键。

项目	内容
金融机构面临的机遇和挑战	随着金融市场的成熟发展、竞争和创新，以商业银行为主的金融机构在市场竞争中不断面临各种机遇和挑战。零售业务具有利润贡献度大、资本回报率高、抵御经济周期影响力强的特点，已经成为现代商业银行的核心和支柱业务。近年来国内金融市场也由卖方市场向买方市场转变，可供投资者选择的机构、产品和服务非常丰富。简单传统外延的扩张和粗放的经营、推销方式越来越难以满足投资者日益增长的理财和服务需求，也越发难以适应日趋激烈的市场竞争

（续表）

项目	内容
金融机构转变经营观念	复杂的金融环境促使商业银行必须转变经营观念，结合零售业务转型的有利契机，实现从以产品（销售）为中心的理念转变到以客户为中心的理念上来。这也就要求银行上下以目标客户为基础，对客户进行细分，根据不同客户的需求开发新产品，有差别、有选择地进行金融产品的营销和客户服务。理财师工作方法更应由简单的产品推销发展到综合的顾问式营销，主动为优质客户提供个性化服务，成为商业银行吸引客户的重要服务手段

2. 互联网技术的发展

互联网技术的发展，即信息技术与金融业务的有机整合，产生的影响有：

（1）使得金融机构与目标客户实现沟通，达成交易的途径和手段呈现多样化、综合化、立体化。

（2）通过广泛应用基于信息技术的客户关系管理系统（CRM），金融机构借助数据库、数据挖掘技术对客户的信息进行全面收集、整理和深度分析，大大增进了对市场和客户的了解、分析，以便为客户提供个性化定制的理财服务。

三、理财师工作职责的要求 ★★

理财师的工作职责和定位，决定其首要工作就是必须了解自己的客户。

对于理财师而言，提供专业化服务和加强客户关系主要指通过客户资料的收集、整理、分析判断，确定客户的需求，为客户制订能够满足其理财需求和承受能力的合理的综合理财方案。理财顾问服务体现了理财师对客户需求的准确理解和把握，以及对金融服务、产品综合运用的水平。

四、理财服务规范和质量的要求 ★★

了解客户、有针对性地推荐合适的投资理财产品和服务项目，日益成为社会大众和监管部门评判金融机构尤其是专业理财师服务水平、职业操守和是否违规的重要砝码。在理财师职业道德的诸多要求中，其中之一就是**理财师必须专业胜任、勤勉尽职**。也就是说，理财师应该经过严格的专业学习和训练，取得相关的行业从业资格、具备一定的专业知识和技能，并且在工作中尽其所能地去分析、了解客户，确立客户的需求和理财目标，在此基础之上提供专业投资理财建议、推荐合适的产品。同时，理财师也要做好反洗钱相关工作，树立正确的反洗钱意识，做好客户身份识别，严把开户审核关，从源头上控制风险。

第二节　了解客户的主要内容

一、了解客户的含义 ★★

了解客户，即 KYC（know your customer），是理财师提供专业化服务的重要内容和必备的工作步骤之一，同时也是作为专业人士的理财师其职业操守和监管部门所强调、要求做到的合格标准之一。

二、了解客户的主要内容 ★★

了解客户，包括全面收集、整理、分析与客户相关的信息。为了便于工作，理财师可以把与客户相关的信息进行分类收集、整理。客户信息分类方法有以下三种：

1. 从理财规划需求角度分类客户信息

根据理财规划的需求，一般把客户信息分为基本信息、财务信息、个人兴趣及人生规划和目标三个方面。

类别	内容
基本信息	客户的基本信息大体包括客户的姓名、年龄、联系方式、工作单位与职务、国籍、婚姻状况、健康状况，以及重要的家庭、社会关系信息。详细、准确的基本信息是深入了解客户、建立长期良好的客户关系，包括进一步了解、分析客户的家庭财务状况、需求和提供有针对性的投资理财建议的基础和保证
财务信息	财务信息主要是指客户家庭的收支与资产负债状况，以及相关的财务安排。财务信息是理财师制定客户个人财务规划的基础和根据，决定了客户的目标、期望是否合理，以及实现客户各项理财目标、人生规划的可能性和需要采取的相关措施，具体来说影响其理财方案以及工具的选择
个人兴趣及人生规划和目标	这方面内容包括职业和职业生涯发展，客户性格特征、风险属性、个人兴趣爱好和志向，客户的生活品质及要求，受教育程度和投资经验、人生观、财富观等。按时间长短可分为短、中、长期的理财目标

知识加油站

在预测客户的未来收入时，可以将收入分为常规性收入和临时性收入两类。常规性收入一般在上一年收入的基础上预测其变化率即可，如工资、奖金和津贴、股票和债券投资收益、银行存款利息和租金收入等。

2. 财务信息和非财务信息的分类

客户信息还可以简单分为**财务信息**和**非财务信息**两大类，如上面提到的客户家庭收支和资产负债状况信息属于财务信息，客户基本信息和个人兴趣、发展及预期目标属于非财务信息。

3. 定量信息和定性信息的分类

客户信息也可以分为**定量信息**和**定性信息**，客户财务方面的信息基本属于定量信息；非财务信息，即客户基本信息和个人兴趣爱好、职业生涯发展和预期目标等属于定性信息。

真题精练

【例2・单项选择题】下列选项中，不属于从理财规划需求角度对客户信息分类的是(　　)。

A. 基本信息　　　　B. 非财务信息

C. 财务信息　　　　D. 个人兴趣及人生规划和目标

B　根据理财规划的需求，一般把客户信息分为基本信息、财务信息、个人兴趣及人生规划和目标三个方面。

第三节　客户分类与客户需求分析

一、客户分类的作用 ★★

客户分类是客户分析的基础，客户分类不仅是为了更好地了解客户、分析客户需求，实现对客户的统一有效识别，也常用于指导客户管理的战略性资源配置与战术性服务营销对策应用，支持以客户为中心的个性化服务与专业化营销。通过客户分类，可以使银行准确地把握现有客户的状况，采取不同的服务、销售和价格策略来稳定提升高价值的客户，转化低价值的客户。

要点点拨

商业银行销售风险评级为四级(含)以上理财产品时，除非与客户书面约定，否则应当在商业银行网点进行。

二、不同的客户分类方法 ★★

1. 按风险态度分类

按照客户对待风险的态度把客户划分为风险厌恶型、风险偏好型及风险中立型三类。

(1)风险厌恶型。**对待风险态度消极，不愿为增加收益而承担风险，非常注重资金安全，极力回避风险；投资工具以安全性高的储蓄、国债、保险等为主**。

(2)风险偏好型。对待风险投资较为积极，愿意为获取高收益而承担高风险，重视风险分析和规避，不因风险的存在而放弃投资机会；投资应遵循组合设计、设置风险止损点，防止投资失败影响家庭整体财务状况。

(3)风险中立型。介于前两类投资者之间，期望获得较高收益，但对于高风险也望而生畏；投资应以储蓄、理财产品和债券为主，结合高收益的股票、基金和信托投资，优化组合模型，使收益与风险均衡化。

知识加油站

《商业银行个人理财业务风险管理指引》第十六条规定，商业银行开展个人理财顾问服务，应根据不同种类个人理财顾问服务的特点，以及客户的经济状况、风险认知能力和承受能力等，对客户进行必要的分层，明确每类个人理财顾问服务适宜的客户群体，防止由于错误销售损害客户利益。

2. 按客户资产分类

AUM，一般理解为客户的活期和定期存款，包括国债、理财、基金、保险、三方存款余额、信托、商品衍生品等资产总额。用 AUM 值区分客户，定位不同等级，方便理财师维护和管理客户，同时也有利于为客户设定不同的营销方案。**一般采用客户 AUM 月均、日均指标进行客户评级，分为大众客户、贵宾客户和私人银行客户**。

（1）大众客户。通常情况下，银行将 AUM 值在 50 万元人民币以下的客户定义为大众客户，该部分客群数量上占据银行客户的 80% 以上，但金融资产综合贡献一般低于 20%。该类客群服务需求单一，主要聚焦于银行转账、缴费支付、消费信贷等业务需求，同时该类客户占据了银行网点服务渠道的大量资源，是各类银行利用智能化、移动化服务渠道批量维护的重点客群。

（2）贵宾客户。通常情况下，银行将 AUM 在 50 万～600 万元的客户称为贵宾客户，该部分客户一般拥有较高占比的个人定期储蓄存款和个人理财，特别对个人理财业务拥有较强的需求。同时，对个人财富类产品（国债、基金、保险等）的服务需求较强，是银行个人中间业务的重点挖掘客群。

（3）私人银行客户。通常情况下，银行将 AUM 在 600 万元以上的客群定义为私人银行客户，该部分客群数量极少，但金融资产贡献却很大。私人银行级客户的金融和非金融服务需求非常广泛，涉及资产管理服务、保险服务、信托服务、税务咨询和规划、遗产咨询和规划、房地产咨询等方面。一般来说，私人银行为客户配备一对一的专职客户经理，每个客户经理身后都有一个财富管理团队做服务支持，包括会计师、律师、理财和保险顾问等，可以为客户打理分布在货币市场、资本市场、保险市场、基金市场和房地产、大宗商品和私人股本等中的各类金融资产。

3. 按客户利润贡献度分类

计量客户利润贡献度（CPA）时，可以用一个客户的所有账户在一定时期内为银行带来的收益除以成本（包括服务成本、资金成本、违约成本加上一些间接成本）得出。客户贡献度指标包括综合贡献、平均综合贡献、存款贡献、贷款贡献、银行卡贡献、中间业务贡献等。其中，综合贡献 = 综合收益 − 运营成本。

利润是反映商业银行经营状况的综合性指标，按利润贡献度对客户进行细分，实际上是一种混合多种经营与管理因素的综合分类方法。

真题精练

【例 3 · 单项选择题】下列选项中，不属于风险厌恶型客户特征的是（　　）。

A. 量入为出，买东西会精打细算

B. 非常注重资金安全，极力回避风险

C. 投资工具以储蓄、国债、保险等为主

D. 对待风险态度消极，不愿为增加收益而承担风险

A　风险厌恶型客户对待风险态度消极，不愿为增加收益而承担风险，非常注重资金安全，极力回避风险；投资工具以安全性高的储蓄、国债、保险等为主。

三、客户需求分析 ★★

与客户理财规划直接相关的客户信息，是客户的家庭财务信息和理财需求（即理财目标）。

1. 马斯洛需求层次理论

马斯洛需求层次理论由美国心理学家亚伯拉罕·马斯洛于1943年在《人类激励理论》论文中首先提出。**根据心理学家马斯洛需求层次理论，人的需求从低到高可以分五个层次，分别为生理需求、安全需求、爱和归属感的需求、被尊重的需求和自我实现的需求**。因此，准确地说，客户的理财目标也相应分为经济目标（即买房、买车、教育、养老等具体理财目标）和人生价值目标（即精神追求）。

2. 客户需求及层次

按照客户金融理财需求的层次，客户需求可以细分为生活需求和投资需求。

（1）生活需求。生活需求主要是客户对其整个生命生涯事件相关的财务计划的需求，包括职业选择、教育、购房、保险、医疗、养老、遗产、事业继承以及各种税收方面的需求。需要理财师提供生活理财服务，帮助客户保证生活品质，即使到年老体弱或者收入锐减的时候，也能够保持自己所设定的生活水准，最终实现人生的财务自由、自主和自在。

（2）投资需求。投资需求是在客户的基本生活目标得到满足的基础上，客户对资金投资于各种投资工具取得合理回报以积累财富的需求。常用的投资工具包括股票、债券、金融衍生工具、黄金、外汇、不动产以及艺术品等。需要理财师帮助客户在保证安全性和流动性的前提下，通过投资理财追求投资的最优回报，加速个人或家庭资产的成长，提高生活品质。

3. 经济目标与人生价值（精神）目标的关系

（1）客户的经济目标是很具体的，可以用金钱来衡量、实现，是理财师要帮助客户明确和通过科学规划实现的。

（2）经济目标是客户实现人生价值目标或精神追求的基础，但是后者无法完全用金钱来衡量。

（3）在理财规划中，我们一般把客户的经济目标（即理财目标）概括为以下六个方面：**现金与债务管理、家庭财务保障、子女教育与养老投资规划、投资规划、税务规划、遗嘱遗产规划**。

（4）不同年纪的客户和不同性别的客户，在理财目标上（即在经济目标与人生价值目标之间的追求，或在不同经济目标之间的选择上）侧重点不一样。

（5）客户的理财需求往往是潜在的，或不明确的，这需要专业理财师在与客户接触沟通中，询问、启发和引导才能逐步了解、清晰和明确。

要点点拨

为客户进行税收规划不能只以税负轻重作为选择纳税的唯一标准，应该着眼于实现客户的综合利益目标。

四、生命周期与客户需求的关系 ★★★

生命周期理论是由F．莫迪利安尼与R．布伦博格、A．安多共同创建的。生命周期理论对人们的消费行为提供全新的解释，该理论指出：自然人是在相当长的期间内计划个人的储蓄消费行为，以实现生命周期内收支的最佳配置。也就是说，一个人将综合考虑其当期、将来的收支，以及可预期的工作、退休时间等诸多因素，并决定目前的消费和储蓄，以保证其消费水平处于预期的平稳状态，而不至于出现大幅波动。

要点点拨

生命周期理论比较推崇的消费观念是消费水平一生中处于预期的平稳状态。

生命周期分家庭和个人生命周期两种，两者紧密相关，但又有区别。个人和家庭生命周期都有其诞生、成长、发展、成熟和衰退直至死亡的过程；在生命周期的不同阶段都有着不同的特征、需求和目标。

1. 家庭生命周期的特征

家庭的生命周期一般可分为形成期、成长期、成熟期以及衰老期四个阶段。

特征及财务状况	形成期	成长期	成熟期	衰老期
特征	从结婚到子女婴儿期	从子女幼儿期到子女经济独立	从子女经济独立到夫妻双方退休	从夫妻双方退休到一方过世
收支	收入以薪水为主，支出随子女诞生后而增加	收入以薪水为主，支出趋于稳定，子女教育费用负担重	收入以薪水为主，支出随子女经济独立而减少	以理财收入及转移性收入为主，医疗费用支出增加，其他费用支出减少
储蓄	收入稳定而支出增加，储蓄低水平增长	收入增加而支出稳定，储蓄稳步增加	收入处于巅峰阶段，支出相对较低，储蓄增长的最佳时期	支出大于收入，储蓄逐步减少
资产	积累资产有限，追求高风险高收益投资	积累资产逐年增加，注重投资风险管理	资产达到巅峰，降低投资风险	变现投资资产支付支出费用，投资以固定收益类为主
负债	承担房贷负担	承担房贷负担	房贷余额逐年减少，退休前结清所有大额负债	无大额、长期负债

2. 个人生命周期的特征

比照家庭生命周期，可以按年龄层把个人生命周期分为六个阶段。

项目	探索期	建立期	稳定期	维持期	高峰期	退休期
对应年龄	15～24 岁	25～34 岁	35～44 岁	45～54 岁	55～60 岁	60 岁以后
家庭形态	以父母家庭为生活重心	择偶结婚、有学前子女	子女上小学、中学	子女进入高等教育阶段	子女独立	以夫妻两人为主
理财活动	求学深造、提高收入	银行贷款、购房	偿还房贷、筹教育金	收入增加、筹退休金	负担减轻、准备退休	享受生活规划、遗产

（续表）

项目	探索期	建立期	稳定期	维持期	高峰期	退休期
投资工具	活期存款、定期存款、基金定投	活期存款、股票、基金定投	自用房产投资、股票、基金	多元投资组合	降低投资组合风险	固定收益投资为主
保险计划	意外险、寿险	寿险、储蓄险	养老险、定期寿险	养老险、投资型保险	长期看护险、退休年金	领退休年金至终老

教你一招

你的收入和支出随着时间的变化，是不同的。

3. 家庭生命周期与客户理财需求的关系

客户理财需求同家庭生命周期息息相关，理财师要根据客户家庭生命周期的不同阶段，结合其风险承受能力及风险主观承受意愿，将产品或产品组合的流动性、收益性与安全性同客户需求相匹配，最终形成合理、可行的理财方案，并对方案进行定期检视、适当调整，保证客户的资产安全和理财目标顺利实现。

项目	内容
形成期	家庭成员增加，收入呈上升趋势，家庭有一定风险承受能力，同时购房贷款需求较高，消费支出增多。 该阶段建议在保持流动性的前提下配置高收益类金融资产，如股票基金、货币基金、流动性高的银行理财产品等
成长期	子女教育金需求增加，购房、购车贷款仍保持较高需求，成员收入稳定，家庭风险承受能力进一步提升。 该阶段建议依旧保持资产流动性，并适当增加固定收益类资产，如债券基金、浮动收益类理财产品
成熟期	养老金的筹措是该阶段的主要目标，家庭收入处于巅峰，支出降低，财富积累加快。 该阶段建议以资产安全为重点，保持资产稳定收益回报，进一步增加固定收益类资产的比重，减少持有高风险资产
衰老期	养老护理和资产传承是该阶段的核心目标，家庭收入大幅降低，储蓄逐步减少。 该阶段建议进一步提升资产安全性，将80%以上资产投资于储蓄及固定收益类理财产品，同时购买长期护理类保险

要点点拨

家庭成熟期风险厌恶程度提高，开始追求稳定收益。

真题精练

【例4·多项选择题】下列关于家庭生命周期中的形成期的描述中，错误的有（　　）。

A. 家庭成员增加，储蓄稳步增加

B. 购房贷款需求较高，消费支出增多

C. 从结婚到子女婴儿期，是家庭的形成期

D. 积累资产逐年增加，注重投资风险管理

E. 建议在保持流动性的前提下配置高收益类金融资产

AD　形成期：家庭成员增加，收入呈上升趋势，家庭有一定风险承受能力，同时购房贷款需求较高，消费支出增多。因此，该阶段建议在保持流动性的前提下配置高收益类金融资产，如股票基金、货币基金、流动性高的银行理财产品等。

4. 个人生命周期与个人理财规划

个人一般都会历经求学、就业、成家直至退休，每个人都希望对事业、家庭、居住和退休进行规划，围绕这些规划必然涉及财务问题。个人理财规划就是根据个人不同生命周期的特点（通常以15岁为起点），综合使用银行产品、证券、保险等金融工具，来进行财务安排和理财活动。

项目	内容
探索期	每个人未来的财务状况并不只是从步入社会开始第一份工作、领取第一份收入开始，而应从学生时代尤其是大学时代开始准备。 在大学时代应培养良好的理财习惯，如财务记账、购买保险、基金定投、量入为出等，良好的理财习惯将使自己在今后的理财活动中受益无穷
建立期	自完成学业开始工作并领取第一份报酬开始，真正意义上的个人理财生涯才开始。这个时期由于刚工作，收入基数较低，还没有足够的资金与经验从事投资，无法获得投资性收入。 单身创业时代，是个人财务的建立与形成期，必须加强现金流管理，合理安排日常收支，适当节约资金进行适度金融投资，如股票、基金、外汇、期货投资，一方面积累投资经验，另一方面利用年轻人风险承受能力较强的特征博取较高的投资回报
稳定期	这一时期两人的工作、收入、家庭比较稳定，这时的理财任务是要尽可能多地储备资产、积累财富，未雨绸缪。 这一时期要做好投资规划与家庭现金流规划，以防范疾病、意外、失业等风险。可考虑采用定期定额基金投资等方式，利用投资的复利效应和长期投资的时间价值为未来积累财富
维持期	经过十余年的职业生涯，个人对于自己未来的发展有了比较明确的方向，这一时期是事业发展的黄金时期，收入和财富积累都处于人生的最佳时期，更是个人财务规划的关键时期。

（续表）

项目	内容
维持期	在此阶段，个人开始面临财务的三大考验，分别是为子女准备教育费用、为父母准备赡养费用，以及为自己退休准备养老费用，同时在这一阶段还需还清所有中长期债务。 这一阶段是个人和家庭进行财务规划的关键期，既要通过提高劳动收入积累尽可能多的财富，更要善用投资工具创造更多财富；既要偿清各种中长期债务，又要为未来储备财富。 这一时期，财务投资尤其是可获得适当收益的组合投资成为主要手段
高峰期	在我国，通常男性 60 岁退休，女性 55 岁退休。这个时期基本上没有大额支出，也没有债务负担，财富积累到了最高峰，为未来的生活奠定了一定的基础。 在此阶段，个人的主要理财任务是妥善管理好积累的财富，主动调整投资组合，降低投资风险，以保守稳健型投资为主，配以适当比例的进取型投资，多配置基金、债券、储蓄、银行固定收益理财产品，以稳健的方式使资产得以保值增值
退休期	这一时期的主要理财任务就是稳健投资保住财产，合理消费以保障退休期间的正常支出。 这一时期的投资以安全为主要目标，保本是基本目标，投资组合应以固定收益投资工具为主，如各种债券、债券型基金、货币基金、储蓄等，因为债券本身具有还本付息的特征，风险小、收益稳定，而且一般债券收益率会高于通货膨胀率。 退休期的财务支出除了日常费用外，最大的一块就是医疗保健支出，除了在中青年时期购买的健康保险能提供部分保障外，社会医疗保障与个人储备的积蓄也能为医疗提供部分费用。为了使老年有充足的健康保障，除了社保与商业保险外，还要为自己准备一个充足的医疗保障基金。同时，退休期的另一个重要任务是遗产规划以及与此相关联的税务规划

第四节 了解客户的方法

一、开户资料 ★★★

开户，通常是理财师与客户的首次接触，也是了解客户、收集信息的最好时机。

在填写开户资料时，理财师可以获得客户姓名、性别、证件信息、出生日期、联系地址、电话号码等最基础的信息，还可以协助客户填写一份“客户信息采集表”，在内容设计上，可以涵盖学历、就业情况、个人兴趣爱好，以及婚姻状况、子女情况等，辅助收集客户信息。

一般情况下在开户时，客户比较容易接受填写和提供相关的信息（尤其作为开户流程的组成部分），这时理财师不应该急于完成开户和理财产品的推荐，而应该把重点放在面前的客户了解和与其关系建立上；否则，之后许多重要信息的采集会加倍困难，也会引起客户多虑。

教你一招

开户是了解客户的最好时机。

二、调查问卷 ★★★

在初次和之后的客户接触中，结合服务和产品销售的需要，更主要是为了更全面深入地了解客户，理财师应邀请客户参与或填写有针对性的调查问卷，调查问卷是一种比较常见的有效收集客户信息和观点的方法。当然，调查问卷也包括一些测试类问卷，都起到收集信息、了解客户、明确其需求的作用。

调查问卷工具的使用，其优势包括：

(1)简便易行。

(2)有的放矢、有针对性地采集信息。

(3)容易量化。

(4)客户接受度高。

调查问卷使用的主要难点是问卷问题的设计需要精确科学，否则容易误导客户；客户有时不愿意填写或不认真填写。

三、面谈沟通 ★★★

无论是与客户初次见面，还是后续与客户接触，面对面沟通都是深入了解客户并建立长期良好客户关系的契机。在面谈中有许多方法能让理财师与客户增进彼此的互信了解，获取大量客户信息。在面对面接触中，理财师的仪表、肢体和沟通言辞对沟通效果和了解、收集客户信息至关重要。

第一，理财师在面见客户前要充分做好准备，包括面谈的内容或目的、客户的基本情况和以往接触历史等；除此之外，安排好自己的工作计划、时间，不得迟到或让客户久候。

第二，在面谈中理财师的言谈举止应符合相关商务和服务礼仪标准要求，突出专业形象，真诚、亲切、自然。取得客户信赖是了解客户、发展长期良好客户关系的前提。

第三，理财师应该掌握一些关键的沟通技巧，并能在接触中熟练自然地加以运用，如提问、聆听和肢体语言方面的技巧。

第四，做好客户后续的跟踪工作。如电话或邮件致谢，感谢客户抽空来赴约；关怀、询问面谈中客户提及的事情或问题，如小孩病愈情况、与家人休假旅游玩得如何；还有对于面谈中客户提出有待解答、解决的问题，要及时给予客户回复。

四、电话沟通 ★★★

项目	内容
电话沟通的优点	电话沟通是理财师服务客户的一项重要方式，其优点是： (1)工作效率高。 (2)营销成本低。 (3)计划性强。 (4)方便易行

（续表）

项目	内容
电话沟通的注意事项	电话沟通需要留意相关流程、技巧，如电话拨打频率、电话沟通时点选择以及通话时长等细节，要避免在电话中给客户留下不专业、不尊重人的印象

真题精练

【例5·单项选择题】下列选项中，不属于电话沟通优点的是（　　）。

A. 工作效率高　　B. 营销成本低

C. 计划性强、方便易行　　D. 有的放矢、有针对性地采集信息

D　电话沟通的优点包括工作效率高、营销成本低、计划性强、方便易行。D项属于调查问卷的优势。

五、其他方法及工作原则 ★★★

1. 其他方法

电邮、微信、微博甚至QQ等社交工具如今日益成为理财师加强与客户的沟通、全面了解客户的有效工具。随着信息技术及互联网技术的广泛应用，理财师也可以通过网络、呼叫中心收集客户信息，建立客户档案资料，为改进服务、开发新产品提供基础数据资料，由于网络和呼叫中心收集客户信息的成本低，所以越来越受到重视。

2. 理财师在接触客户、提供服务和开展业务过程中的工作原则

理财师在接触客户、提供专业理财咨询服务和开展相关业务过程中，应注意以下三点工作原则：

（1）树立以客户为中心的思想，真正认识了解客户、与其建立长期互信友好关系，一切工作从了解客户和客户的理财需求出发，并以此为自己工作和专业化服务的基础和前提。

（2）熟练掌握和应用与客户沟通、服务的技巧。理财师整天与客户打交道，仅仅掌握一些理论知识和概念是不行的，还必须具备相关的市场营销和客户服务技能，其中沟通技能至关重要。

（3）准确掌握客户需求不是一朝一夕的事情，切不可急功近利，一味追求产品销售业绩，而最终丧失客户信任，损坏金融机构和理财师的品牌形象。

六、数据挖掘 ★★★

数据挖掘就是从大量的数据中，抽取出潜在的，有价值的知识、模型或规则的过程。

1. 客户识别

在客户识别方面，对于新客户或潜在客户，理财师可以通过数据挖掘来进行客户特征多维分析，挖掘客户属性及需求，主要包括地址、年龄、性别、收入、职业、教育程度、购买习惯及风险承受能力等多个方面，进行多维的组合型分析并快速得到符合条件的客户名单和数量。通过数据挖掘，可以结合客户信息对某一客户群的消费行为进行分析，并针对不

同的消费行为及其变化，有针对性地制定个性化营销及服务策略，并从中筛选出“高端客户”。

2. 客户保留

客户保留是指留住老客户，防止客户流失的过程。一般来说，获取一个新客户的成本要比保留一个老客户的成本高得多。在留住老客户的过程中，可以运用关联分析和序列模型分析等方法进行分析。

章节自测

一、单项选择题(在以下各小题所给出的四个选项中,只有一个选项符合题目要求,请将正确选项的代码填入括号内)

1. 理财师制定客户个人财务规划的基础和根据是(　　)。
A. 财务信息　B. 基本信息
C. 个人兴趣及人生规划和目标　D. 定性信息

2. 下列选项中不属于客户经济目标的是(　　)。
A. 税务规划　B. 职业规划
C. 投资规划　D. 家庭财务保障

3. 银行通常将 AUM 值在(　　)万元人民币以下的客户定义为大众客户。
A. 10　B. 20
C. 30　D. 50

4. 赵先生的两个儿子均已参加工作,经济独立,但和妻子两人均未退休,此时赵先生的家庭处于(　　)。
A. 形成期　B. 成长期
C. 成熟期　D. 衰老期

5. 下列关于家庭生命周期各阶段的理财建议中,不合适的是(　　)。
A. 家庭衰老期可较多购买黄金期货
B. 家庭形成期可较多购买股票基金、货币基金等理财产品
C. 家庭形成期和成长期相对而言都需持有较高比例的流动性资产
D. 家庭成熟期建议减少持有高风险资产

6. 筹措养老金是家庭生命周期中(　　)的主要目标。
A. 衰老期　B. 成熟期
C. 成长期　D. 形成期

7. 下列关于调查问卷的描述中,错误的是(　　)。
A. 调查问卷的使用优势是容易量化,客户接受度高
B. 调查问卷使用的主要难点是问卷问题的设计需要精确科学
C. 调查问卷是深入了解客户并建立长期良好客户关系的契机
D. 调查问卷是一种比较常见有效的收集客户信息和观点的方法

8. 生命周期理论是由(　　)与宾夕法尼亚大学的 R. 布伦博格、A. 安多共同创建的。
A. F. 莫迪利安尼　B. 尤金・法玛
C. 威廉・夏普　D. 弗里德曼

二、多项选择题(在以下各小题所给出的选项中,至少有两个选项符合题目要求,请将正确选项的代码填入括号内)

1. 下列选项中,属于客户财务信息的有(　　)。
A. 保险情况　B. 收入情况
C. 预期目标　D. 负债情况
E. 风险属性

2. 按照客户对风险态度的不同,可以把客户划分为(　　)。

A. 风险厌恶型　　B. 风险偏好型

C. 风险消极型　　D. 风险中立型

E. 风险积极型

3. 客户贡献度指标包括(　　)。

A. 综合贡献　　B. 存款贡献

C. 平均综合贡献　　D. 贷款贡献

E. 银行卡贡献

4. 生命周期理论指出,家庭的生命周期一般可分为(　　)。

A. 形成期　　B. 成长期

C. 成熟期　　D. 维持期

E. 衰老期

5. 下列关于家庭生命周期中衰老期的描述中,正确的有(　　)。

A. 家庭房贷余额逐渐减少

B. 养老护理和资产传承是该阶段的核心目标

C. 家庭收入大幅降低,储蓄逐步减少

D. 建议购买长期护理类保险

E. 建议进一步提升资产安全性,将80%以上资产投资于储蓄及固定收益类理财产品

6. 在理财规划中,客户的经济目标一般包括(　　)。

A. 现金与债务管理　　B. 家庭财务保障

C. 投资规划　　D. 子女教育与养老投资规划

E. 税务规划

7. 理财师与客户面谈沟通前,需要准备的事项包括(　　)。

A. 客户的基本情况　　B. 面谈的主要目的

C. 面谈的主要内容　　D. 安排好自己的工作计划

E. 以往接触历史

8. 下列关于个人生命周期的描述中,正确的有(　　)。

A. 当个人的年龄处在45~54岁时,他处于稳定期

B. 自完成学业开始工作并领取第一份报酬开始是人的建立期

C. 在稳定期,基本没有大额支出,也没有债务负担,财富积累到了最高峰

D. 退休期的理财任务是稳健投资保住财产,合理消费以保障退休期间的正常支出

E. 当个人处于维持期时,财务投资尤其是可获得适当收益的组合投资成为其理财的主要手段

三、判断题(请判断以下各小题的正误,正确的选A,错误的选B)

1. 理财师要做好反洗钱相关工作,树立正确的反洗钱意识。(　　)

A. 正确　　B. 错误

2. 综合贡献=综合收益+运营成本。(　　)

A. 正确　　B. 错误

3. 客户保留是指留住新客户,防止客户流失的过程。（　　）

A. 正确　　B. 错误

4. 面谈沟通,通常是理财师与客户的首次接触,也是了解客户、收集信息的最好时机。（　　）

A. 正确　　B. 错误

5. 客户理财需求同家庭生命周期息息相关,理财师只需根据客户家庭生命周期的不同阶段,将产品或产品组合的流动性、收益性与安全性同客户需求相匹配即可。（　　）

A. 正确　　B. 错误

答案详解

一、单项选择题

1. A。【解析】财务信息是理财师制定客户个人财务规划的基础和根据,决定了客户的目标、期望是否合理,以及实现客户各项理财目标、人生规划的可能性和需要采取的相关措施。

2. B。【解析】客户的经济目标是很具体的,可以用金钱来衡量、实现,是理财师要帮助客户明确和通过科学规划实现的。在理财规划中,我们一般把客户的经济目标(即理财目标)概括为以下六个方面:(1)现金与债务管理。(2)家庭财务保障。(3)子女教育与养老投资规划。(4)投资规划。(5)税务规划。(6)遗嘱遗产规划。

3. D。【解析】银行通常将 AUM 值在 50 万元人民币以下的客户定义为大众客户。

4. C。【解析】家庭成熟期:从子女经济独立到夫妻双方退休。家庭形成期:从结婚到子女婴儿期。家庭成长期:从子女幼儿期到子女经济独立。家庭衰老期:从夫妻双方退休到一方过世。

5. A。【解析】黄金期货对投资者有较高要求,风险较大,不适合家庭衰老期客户投资。衰老期:建议进一步提升资产安全性,将 80% 以上资产投资于储蓄及固定收益类理财产品,同时购买长期护理类保险。形成期:建议在保持流动性的前提下配置高收益类金融资产,如股票基金、货币基金、流动性高的银行理财产品等。成长期:建议依旧保持资产流动性,并适当增加固定收益类资产,如债券基金、浮动收益类理财产品。成熟期:建议以资产安全为重点,保持资产稳定收益回报,进一步增加固定收益类资产的比重,减少持有高风险资产。

6. B。【解析】在成熟期,养老金的筹措是该阶段的主要目标,家庭收入处于巅峰,支出降低,财富积累加快。

7. C。【解析】无论是与客户初次见面,还是后续与客户接触,面对面沟通都是深入了解客户并建立长期良好客户关系的契机。调查问卷是一种比较常见有效的收集客户信息和观点的方法。调查问卷工具的使用,其优势包括:简便易行;有的放矢、有针对性地采集信息;容易量化;客户接受度高。调查问卷使用的主要难点是问卷问题的设计需要精确科学,否则容易误导客户;客户有时不愿意填写或不认真填写。

8. A。【解析】生命周期理论是由 F. 莫迪利安尼与 R. 布伦博格、A. 安多共同创建的。

二、多项选择题

1. ABD。【解析】C、E 两项属于个人兴趣及人生规划和目标,是客户的非财务信息。

2. ABD。【解析】按照客户对待风险的态度把客户划分为风险厌恶型、风险偏好型及风险中立型三类。

3. ABCDE。【解析】客户贡献度指标包括综合贡献、平均综合贡献、存款贡献、贷款贡献、银行卡贡献、中间业务贡献等。

4. ABCE。【解析】家庭的生命周期一般可分为形成期、成长期、成熟期以及衰老期四个阶段。

5. BCDE。【解析】衰老期：养老护理和资产传承是该阶段的核心目标，家庭收入大幅降低，储蓄逐步减少。该阶段建议进一步提升资产安全性，将 80% 以上资产投资于储蓄及固定收益类理财产品，同时购买长期护理类保险。A 项属于成熟期的特点。

6. ABCDE。【解析】在理财规划中，我们一般把客户的经济目标（即理财目标）概括为以下方面：现金与债务管理；家庭财务保障；子女教育与养老投资规划；投资规划；税务规划；遗嘱遗产规划。

7. ABCDE。【解析】理财师在面见客户前要有所准备，准备工作包括面谈的主要内容或目的、客户的基本情况和以往接触历史等；除此之外，安排好自己的工作计划、时间，不得迟到或让客户久候。

8. BDE。【解析】个人生命周期按对应年龄可分为六个阶段：探索期（15～24 岁），建立期（25～34 岁），稳定期（35～44 岁），维持期（45～54 岁），高峰期（55～60 岁），退休期（60 岁以后）。高峰期，这个时期基本上没有大额支出，也没有债务负担，财富积累到了最高峰，为未来的生活奠定了一定的基础。

三、判断题

1. A。【解析】理财师要做好反洗钱相关工作，树立正确的反洗钱意识，做好客户身份识别，严把开户审核关，从源头上控制风险。

2. B。【解析】综合贡献 = 综合收益 - 运营成本。

3. B。【解析】客户保留是指留住老客户，防止客户流失的过程。

4. B。【解析】开户，通常是理财师与客户的首次接触，也是了解客户、收集信息的最好时机。

5. B。【解析】客户理财需求同家庭生命周期息息相关，理财师要根据客户家庭生命周期的不同阶段，结合其风险承受能力及风险主观承受意愿，将产品或产品组合的流动性、收益性与安全性同客户需求相匹配，最终形成合理、可行的理财方案，并对方案进行定期检视、适当调整，保证客户的资产安全和理财目标顺利实现。

第六章 理财规划计算工具与方法

考情直击

本章的主要内容是理财规划计算工具与方法的相关介绍与分析，其中第一节详细阐述了货币时间价值的相关内容，第二节、第三节分别介绍了规则和不规则现金流的相关计算指标，第四节详细介绍了理财规划的各项计算工具与方法。分析近几年的考试情况，本章的常考点有货币时间价值的影响因素、现值与终值的计算、期末年金与期初年金、净现值和内部回报率、复利与年金系数等，在考试中占14～16分。

考纲要求

知识解读

第一节 货币时间价值的基本概念

一、货币时间价值的概念 ★★

货币的时间价值是个人理财业务的基础理论之一，几乎涉及所有的理财活动。也有人称货币时间价值为理财的“第一原则”。时间价值既是资源稀缺性的体现也是人类心理认知的反应，表现在信用货币体制下，当前所持有的货币比未来等额的货币具有更高的价值。

货币的时间价值是指货币在无风险的条件下，经历一定时间的投资和再投资而发生的增值，或者是货币在使用过程中由于时间因素而形成的增值，也被称为资金时间价值。同等数量的货币或现金流在不同时点的价值是不同的，货币时间价值就是这两个时点之间的价值差异。

货币之所以具有时间价值，主要是因为以下三点：

(1)现在持有的货币可以用作投资，从而获得投资回报。

(2)货币的购买力会受到通货膨胀的影响而降低。

(3)未来的投资收入预期具有不确定性。

教你一招

现在的钱和未来的钱永远是不能比的，10 万元存银行，2 年后得到 12 万元，10 万元是现值，12 万元是终值，2 万元是货币时间价值。

二、货币时间价值的影响因素 ★★

1. 时间

时间的长短是影响货币时间价值的首要因素，时间越长，货币时间价值越明显。

2. 收益率或通货膨胀率

收益率是决定货币在未来增值程度的关键因素，而通货膨胀率则是使货币购买力缩水的关键因素。

3. 单利与复利

单利始终以最初的本金为基数计算收益，而复利则以本金和利息为基数计息，从而产生利上加利、息上添息的收益倍增效应。

知识加油站

真实收益率（货币的纯时间价值）、通货膨胀率和风险补偿三部分构成了投资者的必要收益率，它是进行一项投资可以接受的最低收益率。

真题精练

【例1·单项选择题】下列选项中，不属于货币时间价值的影响因素的是（ ）。

A. 时间　　B. 货币数量

C. 单利与复利　　D. 收益率或通货膨胀率

B 货币时间价值的影响因素有时间、收益率或通货膨胀率、单利与复利。

三、货币时间价值的基本参数 ★★★

项目	内容
现值	货币现在的价值，也即期间发生的现金流在期初的价值，通常用 PV 表示
终值	货币在未来某个时间点上的价值，也即期间发生的现金流在期末的价值，通常用 FV 表示。一定金额的本金按照单利计算若干期后的本利和，称为单利终值；一定金额的本金按照复利计算若干期后的本利和，称为复利终值
时间	货币价值的参照系数，通常用 t 表示
利率（通货膨胀率）	影响货币时间价值程度的波动要素，通常用 r 表示

要点点拨

实际利率 = 名义利率 − 通货膨胀率。

四、现值与终值的计算 ★★★

1. 单期中的终值

单期中的终值指某笔资金在投资一期后的价值。一般用于计算单次收益，比如一年期的定期存款，一期的理财产品等。

单期中终值的计算公式为：

$$FV = PV \times (1 + r)$$

2. 单期中的现值

单期中的现值是单期中的终值的逆运算，它一般用于在已知一期投资后的价值，来计算现在需要投资的金额。一般广泛运用在债券价格的计算。

单期中现值的计算公式为：

$$PV = FV/(1 + r)$$

3. 多期中的终值

多期中的终值表示一定金额投资某种产品，并持续好几期，在最后一期结束后所获得的最终价值。

多期中终值的计算公式为：

$$FV = PV \times (1 + r)^t$$

终值和利率成正比，终值和时间成正比，时间越长，利率越高，终值则越大。终值和通货膨胀率成反比，通货膨胀率越高，终值则越小。

4. 多期中的现值

多期中的现值一般指在复利情况下投资者若要在连续几期后获得指定金额，现在需要投资的金额。

多期中现值的计算公式为：

$$PV = FV/(1+r)^t$$

现值与时间、利率成反比。利率越高，时间越长，现值则越小。在计算现值中的利率也称为贴现率。

教你一招

单利只是本金计息，复利是本金和利息，加一起利滚利。

真题精练

【例2·单项选择题】李先生将10 000元存入银行，假设银行的5年期定期年存款利率是6%，按照单利计算，5年后能取到的总额为（　　）元。

A. 13 000　　B. 10 600

C. 600　　D. 3 000

A　按单利计算，FV = 10 000 × (1 + 6% × 5) = 13 000（元）。

【例3·单项选择题】假设有一款固定收益类理财产品，理财期限为6个月，理财期间固定年收益率为3%，客户小王用30 000元购买该产品，则6个月后，小王连本带利共可获得（　　）元。

A. 30 000　　B. 30 180

C. 30 225　　D. 30 450

D　单期中终值的计算公式为 FV = PV × (1 + r) = 30 000 × (1 + 3%/2) = 30 450（元）。

五、72法则 ★★★

金融学上的72法则是用作估计一定投资额倍增或减半所需要的时间的方法，即**用72除以收益率或通胀率就可以得到固定一笔投资（钱）翻番或减半所需的时间**。假设以6%的复利来计息，那么需要72/6 = 12年就可完成翻一番这个目标。但这个法则只适用于利率（或通货膨胀率）在一个合适的区间内的情况下，若利率太高则不适用。72法则可以有效地节约计算时间，估算结果也与公式计算出的答案非常接近。

真题精练

【例4·单项选择题】王老板打算投资100万元，希望在12年后可以变为200万元，那么他需要选定投资回报率为（　　）的金融产品才能够达到预期目标。

A. 5%　　B. 6%

C. 7%　　D. 8%

B　按72法则计算的话，这项投资在12年后增长了一倍，那么估算此产品年利率要大概在72/12=6，即产品年利率要在6%左右。

六、有效利率的计算 ★★★

1. 复利期间与复利期间数量

复利期间数量是指一年内计算复利的次数。例如以季度为复利期间，则复利期间数量为4；以月份为复利期间，则复利期间数量为12。

2. 有效年利率

不同复利期间投资的年化收益率称为有效年利率(EAR)。

名义年利率r与有效年利率EAR之间的换算即为：

$$EAR=(1+r/m)^m-1$$

其中，r是指名义年利率，EAR是指有效年利率，m是指一年内复利次数。

3. 连续复利

当复利期间变得无限小的时候，相当于连续计算复利，被称为连续复利计算。

在连续复利的情况下，计算终值的一般公式为：

$$FV=PV\times e^{rt}$$

其中，PV为现值，r为年利率，t为按年计算的投资期间，e为自然对数的底数，约等于2.718 2。

要点点拨

年内计息多次的情况下，实际利率会高于名义利率，而且在名义利率相同的情况下，计息次数越多，实际利率越高。

真题精练

【例5·单项选择题】已知名义年利率为10%，每季度计息1次，按复利计息，则有效年利率为(　　)。

A. 10.47%　　B. 10.38%

C. 10.25%　　D. 10.00%

B　有效年利率 $EAR=(1+r/m)^m-1=(1+10\%/4)^4-1\approx10.38\%$。

第二节　规则现金流的计算

一、年金的概念 ★★★

年金(普通年金)是指在一定期限内，时间间隔相同、不间断、金额相等、方向相同的一系列现金流。例如，退休后每个月固定从社保部门领取的养老金就是一种年金，定期定额缴纳的房屋贷款月供、每个月进行定期定额购买基金的月投资额款、向租房者每月固定领取的租金等均可视为一种年金。在金融计算器中，年金通常用 PMT 表示。在公式中，年金通常用 C 表示。

二、期末年金与期初年金 ★★★

根据等值现金流发生的时间点的不同，年金可以分为期初年金和期末年金。期初年金指在一定时期内每期期初发生一系列相等的收付款项，即现金流发生在当期期初，如生活费支出、教育费支出、房租支出等；期末年金即现金流发生在当期期末，如房贷支出等。期初年金与期末年金并无实质性的差别，两者仅在于收付款时间的不同。

项目	内容
期末年金	（期末）年金现值的公式为 $PV = C[1-(1+r)^{-t}]/r$ （期末）年金终值的公式为 $FV = C[(1+r)^{t}-1]/r$
期初年金	期初年金现值等于期末年金现值的 $(1+r)$ 倍，即 $PV_{BEG} = PV_{END}(1+r) = C[1-(1+r)^{-t}](1+r)/r$ 期初年金终值等于期末年金终值的 $(1+r)$ 倍，即 $FV_{BEG} = FV_{END}(1+r) = C[(1+r)^{t}-1](1+r)/r$

知识加油站

递延年金终值与递延期无关，因此递延年金终值的计算不需要考虑递延期。递延年金是指第一次等额收付发生在第二期或第二期以后的年金。

三、永续年金 ★★★

永续年金是指在无限期内，时间间隔相同、不间断、金额相等、方向相同的一系列现金流。比如优先股，它有固定的股利而无到期日，其股利可视为永续年金；未规定偿还期限的债券，其利息也可视为永续年金。

（期末）永续年金现值的公式为：

$$PV = C/r$$

真题精练

【例 6 · 单项选择题】只有现值没有终值的年金是（　　）。

A. 永续年金　　B. 先付年金
C. 后付年金　　D. 延期年金

A　永续年金是指在无限期内，时间间隔相同、不间断、金额相等、方向相同的一系列现金流。因为是“无限期”，所以没有“终值”。

【例7·单项选择题】某科研所准备存入银行一笔基金，预计以后无限期的于每年年末取出利息10 000元，用以支付年度科研奖金。若存款年利率为8%，则该科研所现在需要存入的资金为(　　)元。

A. 120 000　　B. 160 000

C. 125 000　　D. 200 000

C　这是一个永续年金求现值的过程，该科研所需要存入的资金 $PV = C/r = 10\ 000/8\% = 125\ 000$(元)。

四、增长型年金 ★★★

1. 普通增长型年金

增长型年金(等比增长型年金)是指在一定期限内，时间间隔相同、不间断、金额不相等但每期增长率相等、方向相同的一系列现金流。

(期末)增长型年金现值的计算公式为：

当 $r>g$ 时，$PV=C[1-(1+g)^t/(1+r)^t]/(r-g)$。

当 $r<g$ 时，$PV=C[1-(1+g)^t/(1+r)^t]/(r-g)$。

当 $r=g$ 时，$PV=tC/(1+r)$。

(期末)增长型年金终值的计算公式为：

当 $r>g$ 时，$FV=C(1+r)^t[1-(1+g)^t/(1+r)^t]/(r-g)$。

当 $r<g$ 时，$FV=C(1+r)^t[1-(1+g)^t/(1+r)^t]/(r-g)$。

当 $r=g$ 时，$FV=tC(1+r)^{t-1}$。

其中，C表示第一年现金流，g表示每年固定增长比率，r表示现金流的收益率或贴现率。

2. 增长型永续年金

增长型永续年金是指在无限期内，时间间隔相同、不间断、金额不相等但每期增长率相等、方向相同的一系列现金流。

(期末)增长型永续年金的现值计算公式($r>g$)为：

$$PV=C/(r-g)$$

第三节　不规则现金流的计算

一、净现值(NPV) ★★★

净现值(NPV)是指所有现金流(包括正现金流和负现金流在内)的现值之和。净现值为正值，说明投资能够获利；净现值为负值，说明投资是亏损的。

$$NPV=\sum_{t=0}^{T}\frac{C_t}{(1+r)^t}$$

对于一个投资项目，如果 $NPV>0$，表明该项目在r的回报率要求下是可行的，且NPV越大，投资收益越高。相反地，如果 $NPV<0$，表明该项目在r的回报率要求下是不可行的。

教你一招

净现值大于零，有收益；净现值等于零，收支相抵；净现值小于零，有亏损。

二、内部回报率（IRR） ★★★

内部回报率（IRR）又称内部报酬率或者内部收益率，是指使现金流的现值之和等于零的利率，即净现值等于0的贴现率。即当某项目的 r 为 IRR 时，该项目不亏也不赚，此时的 r 表示贴现率，也就是项目成本，通常是贷款利率。

$$NPV = \sum_{t=0}^{T} \frac{C_t}{(1+IRR)^t}$$

对于一个投资项目，如果 $r < IRR$，表明该项目有利可图；相反地，如果 $r > IRR$，表明该项目无利可图。其中，r 表示融资成本。

教你一招

内部回报率，就是把未来的钱贴现到现在，等于现在投入的钱，如果算出来收益率大于融资成本，这生意可以做，如果收益率小于融资成本，这生意不能做。

第四节 理财规划计算工具

一、复利与年金系数 ★★★

在求取货币时间价值的方法中，查表法是较为简单的一种方式，比较适合初学者。通常情况下银行与财务系统都会附有货币时间价值系数表。在没有电脑或财务计算器的情况下，理财师通过比对对应的两个参数，可以迅速地找到对应的系数。但查表法一般只有整数年与整数百分比，无法得出按月计算的现值、终值，相比之下查表法的答案就显得不够精确。因此查表法一般通常适应于大致的估算，是比较基础的算法之一。

1. 复利终值

复利终值通常指单笔投资在若干年后所反映的投资价值，包括本金、利息、红利和资本利得。理论上，复利终值计算公式为：

$$FV = PV \times (1+r)^n$$

其中，FV 代表终值（本金 + 利息）；PV 代表现值（本金）；r 代表利率、投资报酬率或通货膨胀率；n 代表期数；$(1+r)^n$ 代表复利终值系数。

以上参数中，n 与 r 为查表时对照的变量。复利终值系数表中 PV（现值）已假定为 1，FV（终值）即为终值系数。

真题精练

【例 8 · 单项选择题】陈小姐将 10 000 元用于投资某项目，该项目的预期年收益率为 10%，项目投资期限为 3 年，则 3 年投资期满时，陈小姐将获得的本利和为（　　）元。

A. 13 310　　B. 13 000

C. 13 210　　D. 13 500

A 利用查表法，当 r = 10%，n = 3 时，复利终值系数为 1.331，则 FV = 10 000 × 1.331 = 13 310（元）。

2. 复利现值

复利现值一般指当要实现期末期望获得的投资价值时，在给定投资报酬率和投资期限的情况下，以复利计算出投资者在期初应投入的金额，是复利终值的逆运算。理论上，复利现值计算公式为：

$$PV = FV/(1+r)^n = FV \times (1+r)^{-n}$$

其中，PV 代表现值（期初投资金额）；FV 代表终值（期末获得投资价值）；r 代表折现率、投资报酬率或通货膨胀率；n 代表期数；$(1+r)^{-n}$代表复利现值系数。

以上参数中，n 与 r 为查表时对照的变量，复利现值系数表中已假定终值（FV）为 1，现值（PV）就是复利现值系数。

真题精练

【例 9 · 单项选择题】李女士准备投资一笔钱用于 8 年后买一套房子，预计需要 50 万元作为首付，她准备投资期望年收益率为 6% 的基金产品，那么她需要准备（　　）元购房资金。

A. 300 000　　B. 245 869

C. 279 355　　D. 313 500

D 利用查表法，当 r = 6%，n = 8 时，复利现值系数为 0.627，则 PV = 500 000 × 0.627 = 313 500（元）。

3. 普通年金终值

普通年金终值是通过货币时间价值，在给定的回报率下，计算年金现金流的终值之和，以计算期期末为基准。

普通年金现金流必须具备两个特征：**等额与连续，即每期的现金流入与流出的金额必须固定且出入方向一致，并保证在计算期内各期现金流量不能中断。没有满足以上两个特征都不算是普通年金。**

根据现金流发生的时间，年金可以分为期末普通年金与期初普通年金。在查表法中，通常采用检查当 n = 1 的时候年金终值系数是否为 1 来判断是期末普通年金还是期初普通年金。期初普通年金在期初就有现金流入，所以期末价值大于 1；期末普通年金由于在期末才发生资金投入，因此期末价值等于 1。通常在没有特别情况说明时，年金是指期末普通年金。

理论上，期末普通年金终值的表达式是：

$$\begin{aligned} FV_{END} &= PMT(1+r)^{n-1} + PMT(1+r)^{n-2} + PMT(1+r)^{n-3} + \cdots + PMT \\ &= PMT[(1+r)^{n-1} + (1+r)^{n-2} + (1+r)^{n-3} + \cdots + 1] \\ &= PMT \times [(1+r)^n - 1]/r \end{aligned}$$

如果要求计算期初普通年金，则其表达式为：

$$FV_{BGN} = FV_{END} \times (1+r)$$

期初普通年金终值系数(n，r)＝期末普通年金终值系数(n，r)－1＋复利终值系数(n，r)。

其中，FV代表期末普通年金终值；PMT代表年金；$[(1+r)^n-1]/r$代表期末普通年金终值系数；r代表投资回报率；n代表期数。

以上参数中，n与r作为普通年金终值系数表的参照变量。表中的系数即为当年金为1元钱的时候，在某固定投资报酬率下的期末普通年金终值。

真题精练

【例10·单项选择题】某企业拟制订一项基金计划，每年年初投入10万元，若年利率为10%，则5年后该项基金的本利和将为(　　)元。

A. 671 550　　B. 564 100

C. 871 600　　D. 610 500

A　期初普通年金终值计算公式为 $FV_{BGN}=C\times[(1+r)^n-1]\times(1+r)/r$，可查普通年金终值系数表，当 $r=10\%$，$n=5$ 时，系数为6.105，则 $FV=100\,000\times6.105\times(1+10\%)=671\,550$(元)。

4. 普通年金现值

普通年金现值是以计算期期末为基准，按照货币时间价值计算未来每期在给定的报酬率下可收取或者给付的年金现金流的折现值之和。其中的每期(n)可为年、月或者季度等。类似普通年金终值，它也分为期初年金与期末年金。

期末普通年金现值的表达式为：

$$\begin{aligned}PV_{END} &= PMT/(1+r) + PMT/(1+r)^2 + PMT/(1+r)^3 + \cdots + PMT/(1+r)^n \\ &= PMT\times[1-(1+r)^{-n}]/r\end{aligned}$$

其中，PV_{END}代表期末普通年金现值；PMT代表年金；$[1-(1+r)^{-n}]/r$代表普通年金现值系数；r代表报酬率；n代表折现期数。

真题精练

【例11·单项选择题】假定年利率为10%，某投资者欲在3年内每年年末收回10 000元，那么他当前需要存入银行(　　)元。

A. 30 000　　B. 24 869

C. 27 355　　D. 25 832

B　已知期末年金求现值：查普通年金现值系数表，当 $r=10\%$，$n=3$ 时，系数为2.486 9，则 $PV=10\,000\times2.486\,9=24\,869$(元)。

二、财务计算器 ★

专业财务计算器是理财规划中最方便、全面可靠的计算工具，相比查表法，它可以

计算到小数点后若干位，精确到每月的现金流量，直接算出投资报酬率及期数。这里以德州仪器的财务计算器为例，讲解其在理财规划中的应用。

1. 基本功能

项目	内容
主要功能按键	主键都印在按键上，比如右上方的 ON/OFF 键，表示开关机，可直接操作
次要功能按键	按键上方的次要功能键，可以按 2ND 键（切换键）+主键调用，比如 2ND PMT 表示调用 BGN 功能
货币时间价值操作键	PV 为现值；FV 为终值；PMT 为年金；N 为期数；I/Y 为利率
显示小数位数的设置	默认值为显示小数点后两位数字，之后按 2ND 可以调用为 FORMAT 功能，屏幕出现 DEC＝2.00 的字样，若想更改为 4 位小数，则输入 4，再按 ENTER，则出现 DEC＝4.000 0，表示已更改成功。小数位设置将保持有效，开关机并不会需要重置，若要重新设置，必须使用 FORMAT 功能才会改变
日期键	在计算利息时需要算持有存款或债券的天数。在已知购入日、卖出日和相隔天数中任意两个数字的情况下，通过使用计算器的日期键可以算出第三个变量。按 2ND DATE 键可调用出 DATE 日期功能
重新输入	数字重新输入按 CE/C 键；若是一般计算需要重新设置，则按 2ND CPT 键调用 QUIT 功能，计算器显示 0.000 0，退出到主界面
功能键中数据的清除	PV FV N I/Y PMT 五个货币时间价值功能键中会存有上次运算的结果，如果只是按 OFF 或 CE/C 是无法清除其中的数据的。清空方法是按 2ND FV 调用 CLR TVM 功能即可。 CF 是输入现金流量计算 NPV 和 IRR 的功能键，它通常会存有上次输入的现金流量。如果需要清空，则必须进入 CF 后再按 2ND CE/C 键来调用 CLR WORK 功能。其他功能键中数据的清除也可运用同样方式清空数据，比如 BOND 键中的数据，也是先进入 BOND 键再使用 CLR WORK 键清空数据
清除数据	清除储存单元中保存的所有数据，应先进入 MEM 键，再按 2ND CE/C 键；如果需要清除所有数据，包括恢复计算器内所有的设置，则直接按 RESET 键（2ND +/－），换而言之就是计算器的格式化

（续表）

项目	内容
一般四则运算	括号与一般代数运算规则相同，必须对称，否则无法算出正确值，算式练完后按 = 键可以求出答案，用 ANS 可以调出前一个计算结果
数学函数计算	操作顺序是先输入数字，再输入该函数所代表的符号
付款与复利计算设置	P/Y 表示每年付款次数，再按 ↓ C/Y 表示每年计算复利的次数。计算器中 P/Y 与 C/Y 默认值均设定为1，如果每月付款一次，每季度计算复利一次，就应修改设定为P/Y = 12，C/Y = 4。一般建议P/Y与C/Y均设定为1。这种情况下计算每月付款额(PMT)时，就输入i/12(月利率)，N ×12(月数)的数据进行计算
名义年利率换算为有效年利率	同样的名义年利率随着复利频率的不同，有效年利率也会不同。功能键 ICONV（2ND 2）可以帮助进行名义年利率向有效年利率的自动转换

2. 货币时间价值的计算功能

项目	内容
货币时间价值的输入顺序	(1)以财务计算器做货币时间价值的计算式，N I/Y PV PMT FV 的输入顺序不会影响计算结果。 (2)Excel 表格的财务函数设置顺序一般是 I/Y N PMT PV FV
现金流量正负号的决定	(1)对于客户来说，现金流出记为负数，现金流入记为正数。PMT PV FV 一般通过理解题目意思来决定正负符号。 (2)在一个货币时间价值算式中，现金流应有负有正，否则在求值中 I/Y 和 N 会出现 Error 提示，无法计算出正确答案。一般情况下，利率 I/Y 以及期数 N 都为正数
货币时间价值(TVM)的计算	(1)输入顺序一般为数字在先，变量键或功能键在后。输入负数时，一般先输入数字再按 +/- 键。输出答案时按 CPT 和变量键，即可求出答案。 (2)在 P/Y（每年付款次数）和 C/Y（每年复利次数）都设置为1的情况下，若是期数以月计算，则要输入月利率，年金部分也为月现金流量
期初年金与期末年金的设置	(1)设置期末年金：按 2ND PMT，如果屏幕显示 END，表示设置默认为期末年金。

（续表）

项目	内容
期初年金与期末年金的设置	(2)设置期初年金：再按 SET 键（2ND ENTER），显示 BGN，这表示已修改为期初年金。一般此时计算器的屏幕会出现小字显示的 BGN，就意味着计算器将用期初年金的模式进行计算。 (3)如果希望再恢复到期末年金计算模式，就只需要继续按 SET 键（2ND ENTER），屏幕上的 BGN 就消失了。 (4)理财规划在通常情况下，生活费、房租与保险费是先支付的，属于期初年金；收入的取得、每期房贷本息的支出、利用储蓄来投资等通常计为期末年金

三、Excel 的使用 ★

Excel 软件中的财务函数为理财师们计算货币时间价值提供了极大的便利。Excel 财务功能包括利率函数、终值现值函数、年金函数、内部报酬率函数等。它集查表法与财务计算器法的优势于一体，能够迅速又准确地计算出相关财务结果，同时也能够方便地将各个工作表格计算出来的数字相互链接，方便最终结果的计算。

调用 Excel 财务函数的方法如下：

(1)打开 Excel 电子表格，在菜单中选择【公式】的功能。

(2)选择插入【函数】中的【财务】。

(3)在财务函数中选择需要用的终值、现值或年金函数：

①FV 终值函数。

②PV 现值函数。

③PMT 年金函数。

④NPER 期数函数。

⑤RATE 利率函数。

(4)输入剩下四个变量：如 RATE 要输入 10% 或者 0.1；TYPE 中 1 表示期初，0 表示期末；输入数字的时候，投资、存款、生活费用支出、房贷本息支出等为现金流出输入负号；收入、赎回投资、借入本金等为现金流入，记为正号。输完所有数字之后按确定键即可求出所需函数。

四、金融理财工具的特点及比较 ★

工具名称	优点	缺点
复利与年金表	简单，效率高	计算答案不够精准
财务计算器	便于携带，精准	操作流程复杂，不易记住
Excel 表格	使用成本低，操作简单	局限性较大，需要电脑
专业理财软件	功能齐全，附加功能多	局限性大，内容缺乏弹性

真题精练

【例 12 · 多项选择题】下列选项中，属于专业理财软件的缺点的有（　　）。

A. 操作流程复杂　　B. 计算答案不够精准

C. 局限性大　　D. 使用成本高

E. 内容缺乏弹性

CE　专业理财软件的优点是功能齐全，附加功能多；缺点是局限性大，内容缺乏弹性。

↓码上看总结↓

章节自测

一、单项选择题(在以下各小题所给出的四个选项中,只有一个选项符合题目要求,请将正确选项的代码填入括号内)

1. 通常将一定数量的货币在两个时点之间的价值差异称为(　　)。
   A. 货币时间差异　　B. 货币投资价值
   C. 货币时间价值　　D. 货币投资差异
2. (　　)是使货币购买力缩水的关键因素。
   A. 时间　　B. 利率
   C. 收益率　　D. 通货膨胀率
3. 理财的“第一原则”是(　　)。
   A. 市场利率　　B. 产品风险
   C. 货币时间价值　　D. 客户风险承受能力
4. 王先生现有资产 50 万元,投资一项预期年收益率 5% 的投资项目,复利计息,两年后王先生的资产为(　　)万元。(答案取近似数值)
   A. 55.13　　B. 52.50
   C. 55.19　　D. 55.00
5. 某项投资的年利率为 5%,某人想通过一年的投资得到 1 万元,那么其在当前的投资应该为(　　)元。(答案取近似数值)
   A. 8 765.21　　B. 6 324.56
   C. 9 523.81　　D. 1 050.00
6. 复利现值系数是(　　)。
   A. $1+r$　　B. $(1+r)^t$
   C. $1/(1+r)$　　D. $1/(1+r)^t$
7. 已知某理财产品名义年利率为 12%,按季度计算复利,则有效年利率为(　　)。
   A. 10%　　B. 12%
   C. 12.55%　　D. 12.68%
8. 72 法则指用 72 除以(　　)或通货膨胀率就可以得到固定一笔投资(钱)翻番或减半所需的时间。
   A. 必要报酬率　　B. 投资收益率
   C. 有效年利率　　D. 内部报酬率
9. 下列选项中,有效年利率等于名义年利率的是(　　)。
   A. 按月计算复利　　B. 按季度计算复利
   C. 按半年计算复利　　D. 按年计算复利
10. 下列不属于期初年金的是(　　)。
    A. 房租支出　　B. 房贷支出
    C. 生活费支出　　D. 教育费支出
11. 确定一个投资方案可行的必要条件是(　　)。
    A. 内部报酬率大于 0　　B. 净现值大于 0
    C. 净现值小于 0　　D. 内部报酬率小于 0

12. 净现值等于零的贴现率是(　　)。

A. 内部收益率　　B. 当期收益率

C. 必要收益率　　D. 持有期收益率

13. 下列关于内部收益率的说法中,正确的是(　　)。

A. 任何一个小于内部收益率的折现率会使净现值为负

B. 拒绝 IRR 大于要求回报率的项目

C. 使现金流的现值之和为零的利率为内部收益率

D. 接受 IRR 小于要求回报率的项目

14. 复利终值系数是(　　)。

A. $(1+r)^{-n}$　　B. $(1+r)^{n}$

C. $[(1+r)^{n}-1]/r$　　D. $[1-(1+r)^{-n}]/r$

15. 下列关于增长型年金的计算公式中,错误的是(　　)。

A. 当 $r>g$ 时,$PV=C\times[1-(1+g)^{t}/(1+r)^{t}]/(r-g)$

B. 当 $r>g$ 时,$FV=C\times(1+r)^{t}\times[1-(1+g)^{t}/(1+r)^{t}]/(r-g)$

C. 当 $r=g$ 时,$PV=tC(1+r)^{t-1}$

D. 当 $r<g$ 时,$FV=C\times(1+r)^{t}\times[1-(1+g)^{t}/(1+r)^{t}]/(r-g)$

16. 财务计算器中 FORMAT 的功能是(　　)。

A. 更改日期　　B. 更改期数

C. 更改年金　　D. 更改小数位数

二、多项选择题(在以下各小题所给出的选项中,至少有两个选项符合题目要求,请将正确选项的代码填入括号内)

1. 下列关于货币时间价值参数的描述中,正确的有(　　)。

A. 时间即资金经过的时间,通常用 t 表示

B. 货币时间价值的基本参数有现值、终值、时间、利率

C. 利率是影响货币时间价值程度的波动要素,通常用 r 表示

D. 一定金额的本金按照单利计算若干期后的本利和,称为单利终值

E. 现值是货币现在的价值,也即资金在期初的价值,通常用 PV 表示

2. 货币之所以具有时间价值,主要是因为(　　)。

A. 人们偏好在未来消费

B. 货币可以作为财富的象征

C. 未来的投资收入预期具有不确定性

D. 货币的购买力会受到通货膨胀的影响而降低

E. 现在持有的货币可以用作投资,从而获得投资回报

3. 年金(普通年金)是指在一定期限内,(　　)的一系列现金流。

A. 规律相同　　B. 方向相同

C. 金额相等　　D. 不间断

E. 时间间隔相同

4. 下列关于净现值的说法中,正确的有(　　)。
   A. 净现值法能灵活地考虑投资风险
   B. 当净现值大于0时,项目可行
   C. 净现值为负数,说明投资方案的实际报酬率为负数
   D. 其他条件相同时,净现值越大,投资收益越高
   E. 净现值用 NPV 表示
5. 常用于判断一个投资项目是否可行的指标包括(　　)。
   A. 协方差　　　　B. 相关系数
   C. 净现值　　　　D. 方差
   E. 内部收益率
6. 下列关于金融理财工具的特点的描述中,正确的有(　　)。
   A. 复利与年金系数表计算简单而且数据精准
   B. 财务计算器便于携带但操作流程复杂
   C. Excel 表格使用成本低,操作简单
   D. 专业理财软件功能齐全,附加功能多
   E. Excel 表格和专业理财软件的局限性都较大
7. Excel 财务函数包括(　　)。
   A. 利率函数　　　　B. 终值函数
   C. 年金函数　　　　D. 期数函数
   E. 现值函数
8. 王先生将 20 万元存入银行,下列说法中,正确的有(　　)。
   A. 若按平均 3% 的单利来计算,每年固定增加 0.6 万元
   B. 若按平均 3% 的复利来计算,每年固定增加 0.6 万元
   C. 若按每年 3% 的单利来计算,10 年后资金变为 26.88 万元
   D. 若按每年 3% 的复利来计算,10 年后资金变为 26.88 万元
   E. 若年利率为 3%,则 10 年后资金按复利计算比按单利计算多 8 800 元
9. 下列关于现值和终值的说法中,正确的有(　　)。
   A. 将 5 000 元进行投资,年利率为 12%,每半年计息一次,则 3 年后该笔资金的终值为 7 024.64 元
   B. 在未来 10 年内每年年初获得 1 000 元,年利率为 8%,则 10 年后这笔年金的终值为 15 645.96 元
   C. 若年利率为 5%,拿出 10 000 元投资,一年后将得到 10 500 元
   D. 如果未来 20 年的通货膨胀率为 5%,那么现在的 100 万元相当于 20 年后的 265.3 万元
   E. 在未来 10 年内每年年底获得 1 000 元,年利率为 8%,则 10 年后这笔年金的终值为 14 487 元

三、判断题(请判断以下各小题的正误,正确的选 A,错误的选 B)

1. 时间的长短是影响货币时间价值的首要因素,时间越短,货币时间价值越明显。(　　)
   A. 正确　　　　B. 错误

2. 72 法则在任何情况下都可适用。（　　）

A. 正确　　B. 错误

3. 同等数量的货币或现金流在不同时点的价值是不同的。（　　）

A. 正确　　B. 错误

答案详解

一、单项选择题

1. C。【解析】同等数量的货币或现金流在不同时点的价值是不同的，货币时间价值就是两个时点之间的价值差异。

2. D。【解析】收益率是决定货币在未来增值程度的关键因素，而通货膨胀率则是使货币购买力缩水的关键因素。

3. C。【解析】货币的时间价值是个人理财业务的基础理论之一，几乎涉及所有的理财活动。也有人称货币时间价值为理财的“第一原则”。

4. A。【解析】$FV = 50 \times (1 + 5\%)^2 = 55.125 \approx 55.13$（万元）。

5. C。【解析】单期中的现值 $PV = FV/(1+r)$，结合本题题干，当前投资金额 $PV = 10\ 000/(1+5\%) = 9\ 523.81$（元）。

6. D。【解析】B 项是复利终值系数。

7. C。【解析】有效年利率 $EAR = (1 + r/m)^m - 1 = (1 + 12\%/4)^4 - 1 \approx 12.55\%$。

8. B。【解析】金融学上的 72 法则是用作估计一定投资额倍增或减半所需要的时间的方法，即用 72 除以收益率或通胀率就可以得到固定一笔投资（钱）翻番或减半所需的时间。

9. D。【解析】有效年利率 $EAR = (1 + r/m)^m - 1$，当 $m = 1$ 时，$EAR = r$。

10. B。【解析】期初年金指在一定时期内每期期初发生一系列相等的收付款项，即现金流发生在当期期初，如生活费支出、教育费支出、房租支出等；期末年金即现金流发生在当期期末，如房贷支出等。期初年金与期末年金并无实质性的差别，两者仅在于收付款时间的不同。B 项属于期末年金。

11. B。【解析】对于一个投资项目，如果净现值 $NPV > 0$，表明该项目在 r 的回报率要求下是可行的，且 NPV 越大，投资收益越高。相反地，如果 $NPV < 0$，表明该项目在 r 的回报率要求下是不可行的。

12. A。【解析】内部回报率（IRR）又称内部报酬率或者内部收益率，是指使现金流的现值之和等于零的利率，即净现值等于 0 的贴现率。

13. C。【解析】任何一个小于内部收益率的折现率会使净现值为正。投资者接受 IRR 大于要求回报率的项目，拒绝 IRR 小于要求回报率的项目。

14. B。【解析】A 项是复利现值系数，C 项是普通年金终值系数，D 项是普通年金现值系数。

15. C。【解析】当 $r = g$ 时，$FV = tC(1 + r)^{t-1}$，$PV = tC/(1 + r)$。

16. D。【解析】显示小数位数的设置：默认值为显示小数点后两位数字，之后按 [2ND] 可以调用为 [FORMAT] 功能，屏幕出现 DEC = 2.00 的字样，若想更改为 4 位小数，则输入 4，再按 [ENTER]，则出现 DEC = 4.000 0，表示已更改成功。小数位设置将保持有效，开关机并不会需要重置，若要重新设置，必须使用 [FORMAT] 功能才会改变。

二、多项选择题

1. ABCDE。【解析】货币时间价值的基本参数有现值、终值、时间、利率(通货膨胀率)。故B项正确。现值:货币现在的价值,也即资金在期初的价值,通常用PV表示。故E项正确。终值:货币在未来某个时间点上的价值,也即资金在期末的价值,通常用FV表示。一定金额的本金按照单利计算若干期后的本利和,称为单利终值;一定金额的本金按照复利计算若干期后的本利和,称为复利终值。故D项正确。时间:货币经过的时间即资金经过的时间,通常用t表示。故A项正确。利率(通货膨胀率):影响货币时间价值程度的波动要素,通常用r表示。故C项正确。

2. CDE。【解析】货币之所以具有时间价值,主要是因为以下三点:(1)现在持有的货币可以用作投资,从而获得投资回报。(2)货币的购买力会受到通货膨胀的影响而降低。(3)未来的投资收入预期具有不确定性。

3. BCDE。【解析】年金(普通年金)是指在一定期限内,时间间隔相同、不间断、金额相等、方向相同的一系列现金流。

4. ABDE。【解析】净现值为负,方案不可取,说明方案的实际报酬率低于所要求的报酬率,但不一定为负数,所以,选项C的说法不正确。

5. CE。【解析】净现值和内部收益率是常用于判断投资项目是否可行的重要指标。

6. BCDE。【解析】复利与年金系数表计算简单,效率高,但计算答案不够精准。

7. ABCDE。【解析】Excel财务函数包括:(1)FV终值函数。(2)PV现值函数。(3)PMT年金函数。(4)NPER期数函数。(5)RATE利率函数。

8. ADE。【解析】若按平均3%的单利来计算,每年固定增加$20\times3\%=0.6$(万元)。若按复利来计算,每年增加的金额非固定。若按每年3%的单利来计算,10年后资金变为$20\times(1+3\%\times10)=26$(万元)。若按每年3%的复利来计算,10年后资金变为$20\times(1+3\%)^{10}\approx26.88$(万元),比按单利计算多8 800元。

9. BCDE。【解析】A项,可利用查表法:当$r=6\%$,$n=6$时,查复利终值系数表,系数为1.419,得$FV=5\ 000\times1.419=7\ 095$(元)。B项,可以用查表法(普通年金终值系数表)得出普通年金终值系数为14.487,则期初年金终值$FV=1\ 000\times14.487\times(1+8\%)=15\ 645.96$(元)。C项,1年后本利和:$FV=PV\times(1+r)=10\ 000\times(1+5\%)=10\ 500$(元)。D项,可利用查表法(复利终值系数表)得复利终值系数为2.653,得$FV=100\times2.653=265.3$(万元)。E项,利用查表法,可得出普通年金终值系数为14.487,代入公式得$FV=1\ 000\times14.487=14\ 487$(元)。

三、判断题

1. B。【解析】时间的长短是影响货币时间价值的首要因素,时间越长,货币时间价值越明显。

2. B。【解析】72法则是用作估计一定投资额倍增或减半所需要的时间的方法,即用72除以收益率或通胀率就可以得到固定一笔投资(钱)翻番或减半所需的时间。它只适用于利率或通货膨胀率在一个合适的区间内的情况,若利率太高则不适用。

3. A。【解析】同等数量的货币或现金流在不同时点的价值是不同的,因为货币具有时间价值。

第七章

理财师的工作流程和方法

考情直击

本章的主要内容是作为一名专业理财师需要的工作流程和方法，第一节概括了理财师的完整工作流程，第二节至第七节分别详细地介绍了每个工作流程的方法和相关内容，明确其工作目标和重心。分析近几年的考试情况，本章的常考点有收集客户信息的必要性和基本技巧、客户信息的内容、理财目标确定的原则和步骤、理财规划方案的内容、执行理财规划方案的原则和注意因素、不定期评估和方案调整等，在考试中占9～11分。

考纲要求

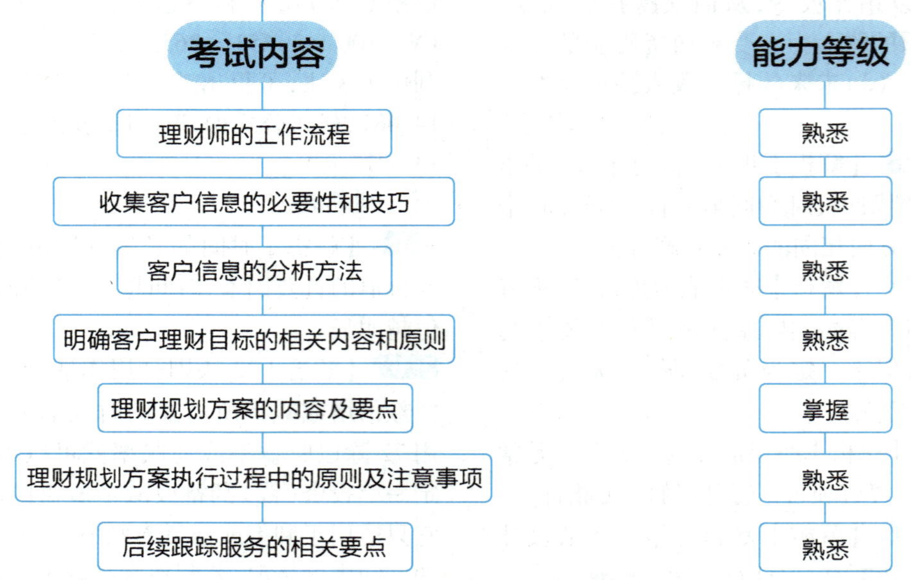

知识解读

第一节　概　述

理财师的工作流程 ★★

作为一名专业理财师需要有一套规范科学的工作流程、方法，这样才能减少主、客观环境影响，有条不紊地开展对客户的专业咨询服务，这是一名专业理财师必须要拥有的基本专业素质。

专业理财师的工作目标和重心是“帮助客户解决问题，实现其理财目标”。要达成这一目标，理财师需要做以下工作：

(1)接触客户、建立信任关系。

(2)收集、整理和分析客户的家庭财务状况。

(3)明确客户的理财目标。

(4)制订理财规划方案。

(5)执行理财规划方案。

(6)后续跟踪服务。

这就是专业理财师的工作流程。

真题精练

【例1·单项选择题】理财师在做好收集、整理和分析客户的家庭财务状况这一步骤后，应首先(　　)。

A. 建立信任关系　　B. 做好基础规划

C. 制订理财规划方案　　D. 明确客户的理财目标

D　专业理财师的工作流程是：(1)接触客户，建立信任关系。(2)收集、整理和分析客户的家庭财务状况。(3)明确客户的理财目标。(4)制订理财规划方案。(5)理财规划方案的执行。(6)后续跟踪服务。

第二节　接触客户、建立信任关系

一、接触客户

初次接触客户阶段，理财师重点工作包括如下内容：

(1)礼节性问候。

(2)了解客户需求。

(3)寻找突破口。

(4)业务操作环节。

（5）跟踪服务。

当面对一个潜在客户时，理财师首先要做的是了解客户。了解客户的过程也就是收集客户信息和理财需求的过程，然后才能判断客户是否需要理财规划服务、需要哪方面的服务。并不是每一个客户都需要综合的理财规划服务，也不是每一个客户对理财师（包括金融机构）的服务形式和内容都能全部接受，这需要理财师通过初步了解接触作出判断；有的客户开始只是购买一款理财产品，需要理财师后续跟踪、挖掘需求和逐步开发。

在这里收集信息和了解客户的过程（包括了解需求）只是初步的，更多的是为了确定当前的客户是不是合适的客户或是适合哪类服务（产品）的客户；在为客户做综合理财规划时，则需要更加全面、深入地了解客户（财务）信息，确立具体的理财目标，同时也需要更长的工作时间。

知识加油站

理财规划师在与客户语言交流中需要注意的问题有：（1）词语的特定意思。（2）注意语速和长度。（3）避免主观臆断。（4）理财规划师亲切的话语有助于促进交流，巩固客户关系。（5）不要使用“保证”“肯定”“必然”或其他具有承诺性质的措辞。（6）不得有直接或间接地贬损其他机构或理财规划师的语言。（7）避免使用命令语气。

二、建立信任关系

1. 信任关系的重要性

信任关系的重要性主要表现在以下四个方面：

（1）在这一阶段，与了解客户同样重要的是让客户了解我们，这是后续所有服务的基础。

（2）没有好感、信任，再多的方法都很难打动客户，客户也不愿接受理财师的服务。

（3）能不能获得客户的信任，和理财师在和客户接触过程中的表现有着直接的关系。

（4）理财师要在客户面前表现什么以及如何表现，是一名专业理财师最基本的专业素质之一。

知识加油站

客户关系建立的过程是客户和专业理财师从不认识到熟悉，从熟悉到了解，从了解到理解的过程。客户关系的基础是信任，没有好感、信任，理财师难以了解客户，客户也不愿接受理财师的服务。

2. 如何建立信任

项目	内容
明确自身定位，树立专业形象	理财师的专业形象对于客户关系建设至关重要。在任何时候，专业理财师都应该由心而发地表现出一名专业理财人员的风范，这不仅是良好的客户关系建设的基础，同样也是自身长期职业生涯发展的需求。 专业理财师应向客户明确自身的定位，向客户解释理财师将利用综合理财规划技巧，去科学地规划客户现在和未来的财务资源，全面衡量客户

（续表）

项目	内容
明确自身定位，树立专业形象	的财务问题和目标所涉及的各种因素，助其做好家庭财务决策，并为其确定规划方案。 因此，在接触客户、建立关系的阶段，专业理财师需要和客户一起交流，明确综合金融理财规划服务要解决的问题，以及如何达成目标。这样才有助于树立自己的专业形象
关注自身礼仪和工作的状态	（1）商务礼仪是在商务活动中体现相互尊重的行为准则。它是理财师个人素质和修养的体现，同时也代表了所属金融机构的形象。专业理财师在自身的穿着、肢体语言上都要表现出其专业简洁整齐的形象。 （2）专业理财师的工作状态在客户接触的过程中起到非常重要的作用。专业理财师在和客户接触的过程中，应精神饱满，谈吐清晰，让客户感受到理财师对工作的激情。要做到这一点，理财师需要在生活中注意休息，保持充足的睡眠，使自己有良好健康的身体，在和客户接触的时候有良好的精神状态。 （3）应更多地关心客户的需求。一名专业理财师在客户面前需要传递出自己的工作是“以客户为中心”的意愿，这种意愿是在和客户沟通的过程中自然流露出来的。理财师需要更多地了解客户，尽可能地了解客户的家庭财务状况和需求，要学习如何有技巧地通过提问来引导客户。同时，做一定的笔录，表现出希望能尽力帮助客户解决其财务问题的诚意

三、明确理财服务的基本要求

在接触客户、建立信任关系阶段，理财师需要坦诚地让客户对理财规划服务有如下三方面的认识，这也是与客户建立长期信任关系的基础。

项目	内容
解决财务问题的条件和方法	在初次接触客户时，理财师需要了解并明确客户的财务问题或理财目标，并利用自身的专业能力为客户分析该财务问题或目标可能涉及的其他因素。基于普通人可以利用的财务资源是有限的假设，任何家庭财务决定都不是独立的，专业理财师应帮助客户了解这些财务决定所涉及的其他因素的影响
了解、收集客户相关信息的必要性	一开始在向客户介绍专业理财服务时，理财师应向客户说明，为了帮助其解决当前以及未来的财务问题，理财师需要系统性地收集、整理和分析其家庭财务状况和生活状况。 专业理财师不要纠结于自己是否会触犯客户的隐私，或者客户会不会告诉自己，而应把重心放在引导客户、了解其财务问题和涉及其他家庭财务信息的事实上

（续表）

项目	内容
如实告知客户自己的能力范围	理财师应该坦诚地让客户知道自己的工作职责，清楚表达能为客户提供和不能为客户提供的服务。没有一个专业人士是全能的，专业理财师没有必要去假装或默认自己并不能胜任的角色。专业理财师应利用所有可以利用的社会资源，帮助客户一起做好家庭财务决定。**如果遇到自己无法解决的问题时，要对客户如实告知，并且向客户介绍可以帮助他解决问题的渠道或者专业人士，如律师、会计师、公证处等**

真题精练

【例2·单项选择题】在收集客户理财相关信息时，专业理财师应（　　）。

A. 考虑客户会不会告诉自己

B. 考虑是否触犯了客户的隐私

C. 重心放在了解客户的期望目标上

D. 引导客户、了解其财务问题和涉及的其他家庭财务信息

D　一开始在向客户介绍专业理财服务时，理财师应向客户说明，为了帮助其解决当前以及未来的财务问题，理财师需要系统性地收集、整理和分析其家庭财务状况和生活状况。专业理财师不要纠结于自己是否会触犯客户的隐私，或者客户会不会告诉自己，而应把重心放在引导客户、了解其财务问题和涉及其他家庭财务信息的事实上。

第三节　分析客户家庭财务现状

一、收集客户信息的必要性和基本技巧 ★★

1. 信息收集的重要性

（1）深入了解客户是提供理财咨询专业服务的前提条件。

（2）对于理财规划服务而言，没有较完整的客户信息，理财师难以提供综合全面合适的建议。因此，客户信息不仅要收集，而且需要完整。除了必要的定量信息，如财务信息等数据外，对于客户的工作背景、家庭情况、生命周期等定性信息也需要做必要的收集，这是专业理财服务不可或缺的环节。

2. 信息收集的方法和步骤

收集客户财务信息的具体步骤包括：

（1）理财师自己没有心理障碍。我们是站在为客户解决问题的立场上，需要去深入了解客户的财务信息。

（2）引导客户，告诉客户为什么我们要了解这些信息，我们能通过这些信息，可以向

他反馈那些能够帮助他做好家庭财务决定的资讯。

(3)在具体提问的时候,尽可能先围绕客户关心的问题,不要去问那些与其不相关的信息。

(4)制订系统性收集客户信息的框架,以便于把问题延伸出来,较为全面地了解客户信息。

二、客户信息的内容

项目	内容
定量信息	定量信息包括以下五个主要方面的信息: (1)家庭各类资产额度。 (2)家庭各类负债额度。 (3)家庭各类收入额度。 (4)家庭各类支出额度。 (5)家庭储蓄额度。 定量信息主要靠理财师收集
定性信息	定性信息包含的内容比定量信息更加广泛，包括: (1)家庭基本信息：联系方式、住址、家庭主要成员结构等。 (2)职业生涯发展状况：所在行业、职业职位、职业生涯发展前景等。 (3)家庭主要成员的情况：客户及其配偶的风险属性、性格特征、受教育程度、投资经验、人生观、财富观等，子女的情况，如是否财务独立或者学程阶段等。 (4)客户的期望和目标：客户的生活品质要求，以及按时间长短可分为短期、中期、长期的理财目标。 定性信息更多是靠与客户沟通过程中的观察和了解。因此理财师在成长过程中，沟通能力是非常重要的技能。所谓沟通，一定是双向的，也就是说，专业理财师不仅要拥有非常良好的表达能力，还需要学会主动引导客户发表自己的观点，从中了解到客户的真实观点和想法。同时，理财师需要在工作中养成观察客户的习惯，客户在沟通过程中的肢体语言、所表现出来的性格特征，都是理财师深入了解客户信息的重要内容

要点点拨

在收集客户信息的过程中,投资偏好属于定性信息,奖金收入、资产与负债额、客户的投资规模属于定量信息。

三、客户信息的整理

客户信息的整理通常是针对定量信息的,一般汇总为家庭资产负债表和收支储蓄表。

通过资产负债表对客户家庭的资产负债进行分类、统计。

通过家庭收支储蓄表对客户的收入、支出和储蓄结构、状况进行分类、统计。

要点点拨

资产负债表反映的是客户资产和负债在某一时点上的基本情况。用来说明在过去一段时期内个人的现金收入和支出情况的财务报表是收支储蓄表。

四、分析客户财务现状

家庭财务现状分析主要是根据信息整理情况，重点分析那些不在合理范围内的比率，主要包括以下五个方面：

(1)流动性方面。

(2)信用和债务管理方面。

(3)收支结余方面。

(4)投资和资产配置方面。

(5)家庭财务保障方面。

通过分析，理财师可对客户的财务状况作出初步的诊断，以便进行有针对性的修改建议，包括但不限于税务筹划、流动性调整、流动性安排、债务整合、资产配置以及保障规划等安排。

要点点拨

家庭财务信息的内容主要包括以下五个方面：

(1)收入信息。

(2)支出信息。

(3)资产信息。

(4)负债信息。

(5)其他相关的家庭财务信息。

第四节 明确客户的理财目标

一、理财目标的内容 ★★

(一)理财目标的基本内容

客户的理财目标一般包括以下七方面的内容：

(1)家庭收支与债务管理。

(2)家庭财富保障。

(3)投资规划。

(4)教育投资规划。

(5)退休养老规划。

(6)税务规划。

(7)财富传承及遗产分配。

有教科书把客户的理财目标内容概括为以下四个方面：

（1）财富积累，主要讨论的是家庭收支与债务管理。

（2）财富保障，主要指针对人身、财产保障等的保险计划。

（3）财富增值，主要解决的财务问题是教育和养老的资金需求和投资规划。

（4）财富分配，包含税务安排和遗产分配。

（二）理财目标的层次

从一般的角度而言，人的理财目标无论做何种分类，都可以归结为两个层次：实现财务安全和财务自由。

1. 实现财务安全

财务安全指个人或家庭对自己的财务现状充满信心，认为现有的财富足以应对未来的财务支出和其他生活目标的实现，不会出现大的财务危机。

一般来说，衡量一个人或者家庭的财务安全，主要包括以下内容：

（1）是否有稳定、充足的收入。

（2）个人事业是否有发展的潜力。

（3）是否有充足的现金准备。

（4）是否有舒适的住房。

（5）是否购买了适当的财产和人身保险。

（6）是否有适当、收益稳定投资。

（7）是否享受社会保障。

（8）是否有额外的养老保障计划。

2. 实现财务自由

财务自由是指个人和家庭的收入主要来源于主动投资而不是被动工作。

一般来说，个人或家庭的收入来自以下部分：

（1）以工资薪金为主的综合所得。

（2）经营所得。

（3）投资所得（利息、股息、红利）。

（4）财产转让所得。

（5）偶然所得。

通常，工资薪金和经营所得等收入除了实现自身价值之外，也是维持正常生活所需，性质上往往会带来一定的“被动感受”，心理上的“成就感”受到一定制约。另外，工资薪金或经营所得类收入的增长幅度和频率通常情况下都不会很大，所以通常仅能达到或争取达到财务安全的程度。而投资所得则完全具有主动争取更高收益的性质，投资带来的资金积累效应如果得到实现，投资规模越做越大，投资水平越做越高，投资带给个人或家庭的收入也会越来越多，并逐步成为个人或者家庭收入的主要来源。当投资的固定收益可以完全覆盖个人或者家庭发生的各项支出时，我们认为就达到了财务自由的层次，个人或者家庭的生活目标在财务自由的层次下有了更强大的经济保障。

教你一招

你的投资收益，每月赚 1 万元，你每月固定支出 8 000 元，这就财务自由？

二、理财目标确定的原则 ★★

理财目标的确定，必须遵循一定的原则，通常必须遵循SMART原则。

项目	内容
理财目标要具体明确（specific）	目标只有具体明确，理财师才能制订切实可行的理财方案。在客户对家庭财务安排和目标只有笼统的意愿，并没有明确具体的要求时，理财师需要启发引导、分析而得出客户的理财目标
理财目标必须是可以量化和检验的（measurable）	目标只有具体明确才能量化，目标具体、量化后理财方案实施中才能跟踪、检验执行效果。而且，理财方案的执行和目标实现是个过程，可以分不同阶段；理财目标不具体、不可量化，将无法中途监督、检验和修正方案，这不仅让理财规划的专业性失去衡量标准，而且对客户和金融行业理财业务的发展带来巨大风险
理财目标必须具备合理性和可行性（attainable）	客户现在的以及未来的财务资源是其理财目标得以实现的最重要的基础。也因为这个原因，一些客户认为理财就是实现资产的增值保值，尤其是资产增值后，自己很多原来不能实现的愿望也能实现，因此把理财活动限制在投资活动的范畴中，但往往忽视投资中的风险，使投资变成投机。事实上，改善自身的财务状况，使得家庭财务更加健康，资产结构和投资目标更加合理，往往能带来更多的利益，相对于通过投机创造收益，投资更具稳健性和确定性。所以，专业理财师需要通过对客户家庭已有的财务资源进行全面的了解，并和客户一起对其未来的财务资源进行合理的假设，使客户了解自身可以运用的财务资源，在确定理财目标的过程中，了解自身的期望将受制于有限的财务资源
实事求是（realistic）	理财目标的合理性和可行性同样也告诉我们要尊重金融实务中客观规律的存在。比如，客户可用于投资的资金是10 000元人民币，其理财目标之一是该笔资金在年底变成100 000元人民币，显然是不现实的；同样，客户要追求高收益低风险甚至无风险的投资结果，也是有悖于客观规律的
理财目标要有时限和先后顺序（time-binding）	理财目标的量化离不开时限条件，理财师在区分客户短期、中期和长期目标的基础上，应结合客户的具体情况对其理财目标按照重要和急迫程度进行排序，从而在理财计划中确定实现的步骤以及财务资源的配置

如前所述，理财目标的明确事实上已经是理财规划的重要内容，理财师通过帮助客户评估其自身期望目标的可行性，并在此基础上进行合理的调整，这一个过程本身就是理财规划的重要组成部分。**理财目标越具体、明确，越具有操作性，理财师越能了解如何根据既定的目标，提供专业的理财建议。**

教你一招

理财目标得合理一点，而且要可行，不能说给你100万元，给我赚1亿元，肯定不行，如果客户不知道理财目标，可以启发客户。

真题精练

【例3·单项选择题】下列选项中，不属于理财目标确定的原则的是(　　)。

A. 理财目标应个性化　　B. 理财目标要具体明确

C. 理财目标要有时限和先后顺序　　D. 理财目标必须是可以量化和检验的

A　理财目标的确定，必须遵循一定的原则，通常必须遵循SMART原则：(1)理财目标要具体明确(specific)。(2)理财目标必须是可以量化和检验的(measurable)。(3)理财目标必须具备合理性和可行性(attainable)。(4)实事求是(realistic)。(5)理财目标要有时限和先后顺序(time－binding)。

三、确定理财目标的步骤

理财师在了解客户需求、明确具体理财目标时应遵循三大步骤：

(1)理财师应确保了解客户的基本信息、财务状况、可以运用的财务资源，并且通过交流和沟通，了解客户风险偏好、投资需求和目标等主观判断信息。在确定客户理财目标前，先征询其期望目标。

(2)理财师根据对客户财务状况及期望目标的了解，初步评估客户的理财目标的可行性和合理性。这时候，可能会出现三种情况：

①客户的目标定得太低，导致生活品质没有能体现出客户的财富水平。

②客户的目标定得太高，超过了客户的财务资源能够支持的水平。

③有一些理财目标客户先前没有意识到，理财师需要与客户沟通、确认，譬如遗嘱遗产规划。

(3)根据具体情况，对理财目标进行调整，从而确定理财目标，使其具体、明确、合理、可行。

第五节　制订理财规划方案

一、理财规划方案概述

理财规划方案可以是单项理财目标的规划，也可以是涵盖客户所有主要理财目标的综合理财规划方案，两者的选择主要是由客户愿意提供的信息和需求所决定。单项(目标)理财规划方案分类主要包括家庭收支或债务规划、风险管理规划、税务筹划、投资规划、退休养老规划、教育投资规划、财产传承规划等。因为资源的稀缺性，单项(目标)理财规划理论上都不是“独立”的；综合理财规划方案注重各个目标规划的合理平衡、财务资源配置，整体设计组合，是真正符合客户做到一生收支平衡的理财规划方案。用一个较为形象的比喻就是单项目标理财规划是“线”性的，而综合理财规划考虑的是“面”。

二、理财规划方案的内容 ★★★

1. 家庭收支和债务规划

家庭收支和债务规划，即家庭收支平衡规划，包含以下内容：

（1）家庭收支平衡规划的内容包括**家庭消费支出、债务管理和现金管理；债务管理其实就是个人、家庭不同时期收支平衡的问题**。

（2）家庭收支平衡规划的目的不是简单保持家庭月或年收支平衡或略有盈余，它包括在不影响客户家庭生活品质和兼顾客户中、长期理财目标财务安排的基础上的收支平衡管理。

（3）家庭收支储蓄表和资产负债表是分析家庭财务状况、进行家庭收支规划最重要的指标和工具。

（4）家庭消费开支规划主要是基于一定的财务资源下，对家庭消费水平和消费结构进行规划，以达到适度消费，保证家庭的生活品质，满足客户一生的收支平衡。家庭消费支出规划主要包括住房消费计划、汽车消费计划以及信用卡与个人信贷消费规划等。家庭消费开支规划的一项核心内容是债务管理，涉及举债目的、借贷能力和借贷渠道、方式、条件等选择、规划。

（5）与家庭开支管理对应的是家庭收入规划，两者往往是相互关联、一起筹划的，也就是俗话说的“增收节支”。许多时候理财师不仅要给客户建议如何管理、合理支出和减少不必要的支出，同时还需要给客户建议如何增加收入，包括财产性收入。

（6）现金管理规划是进行家庭或者个人日常的、日复一日的现金及现金等价物的管理。**现金规划的核心是建立应急基金，保障个人和家庭生活质量和状态的持续性稳定，是针对家庭财务流动性的管理**。

知识加油站

在债务管理中应当注意以下事项：（1）债务总量与资产总量的合理比例。（2）债务期限与家庭收入的合理关系。（3）债务支出与家庭收入的合理比例。（4）短期债务和长期债务的合理比例。（5）债务重组。

真题精练

【例4·单项选择题】家庭收支平衡规划的内容不包括（　　）。

A. 债务管理　　B. 现金管理

C. 家庭收入结构　　D. 家庭消费支出

C　家庭收支平衡规划的内容包括家庭消费支出、债务管理和现金管理。

2. 财富保障规划

在理财规划中，风险管理规划是指通过对风险的识别、衡量和评价，并在此基础上选择与优化组合各种风险管理工具和方法，对风险实施有效管理和妥善处理风险所导致损失的后果，以尽量小的成本去争取较为完善的安全保障和经济利益的行为。

一个家庭在其不同的人生阶段，会涉及不同的风险，这些风险主要包括投资风险、信用风险、责任风险、意外财产风险以及因为人身风险而引发的家庭财务危机。

财富保障规划主要是指财产保险、人身和重大疾病保险计划。理财师进行风险管理规划的服务意在通过对客户经济状况和保障需求的深入分析，帮助客户选择最合适的风险管理措施、工具，以有效实现家庭财富的保障和各项理财目标。

3. 退休养老规划

制订退休养老规划的目的是保证客户在将来有一个自立、尊严、高品质的退休生活。退休规划的关键内容和注意事项包括以下三点：

(1) 根据客户的财务资源对客户未来可以获得的退休生活进行合理规划，内容包括理想退休后生活设计、退休养老成本计算、退休后的收入来源估计和相应的储蓄、投资计划。

(2) 由于通货膨胀、生活水平提高等因素，退休养老成本高，远超许多人的预期。与此同时，大多数退休人士的收入较退休前有较大的落差，而退休人士往往对其退休后的生活品质极为关注，很多兴趣爱好退休前因为工作繁忙而留至退休后去实现，因此对退休后的财务资源要求非常高。

(3) 退休养老收入一般分为三大来源：社会养老保险、企业年金和个人储蓄投资。当前大多退休人士退休后的收入来源主要为社会养老保险，部分人有企业年金收入，但这些财务资源远远不能满足客户退休后的生活品质要求。因此，理财师要建议客户尽早地进行退休养老规划，以投资、商业养老保险以及其他理财方式来补充退休收入的不足。

教你一招

企业年金就是原来单位效益很高，在交了社保之后，公司又给你交了一份年金，到退休后，多了一份保障。

4. 教育规划

教育规划包括子女教育规划和客户自身教育规划两种情况。

项目	内容
子女教育规划	子女教育规划的主要内容包括对教育费用需求的定量分析，通过储蓄和投资积累教育专项资金，金融产品的选择和资产配置等内容
客户自身教育规划	教育规划同时还包括年轻客户群体自身的进一步进修和学习费用的规划。这类客户通常还比较年轻，是否要辞职脱产学习、学费的筹措以及因为脱产学习给年轻家庭带来的影响等，都是教育规划中的主要内容

5. 投资规划

投资的方式很多，普通家庭可以直接投资股票、债券等证券，可以进行房产、黄金、白银等实物投资，也可以通过掌握企业经营权进行实业投资。

由于投资经验、分析能力和资讯的缺乏使得大部分普通投资者进行投资的时候，往往显得无所适从，因此催生了"资产管理"行业，由专业的投资团队集合社会资金进行专业管理，并形成各种不同的金融产品。

在专业理财服务中，理财师在投资规划中最重要的工作是根据客户的需求、风险属性，以及相关投资方法，按不同的比例把客户的资产科学地配置在不同的资产类别中，其中包括股票、债券、不动产、现金等，即资产配置；然后再根据每一类资产所配置的比例，为客户提供不同投资方式和产品的建议。

要点点拨

资产配置是指根据客户投资需求将资金在不同资产类别之间进行合理分配。

6. 税务规划

税务规划是帮助纳税人在法律允许的范围内，通过对经营、理财和薪酬等经济活动的事先筹划和安排，充分利用税法提供的优惠与待遇差别，以减轻税负，达到整体税后收入最大化的过程。

在理财行业得到蓬勃发展后，理财师的工作重心逐渐由早期的"投资顾问"服务转向包括"财务分析、财务规划"在内的财务资源综合规划服务，以使其在财务资源效用最大化的基础上，能够实现客户的各项财务目标、财务自由。财务规划包括对客户的收入进行合理合规的税务规划。

7. 财富分配和传承规划

财富分配和传承规划是指为了使家庭财产及其产生的收益在家庭成员之间实现合理的分配而做的财务规划，是为了保证家庭财产实现代际相传、安全让渡而设计的财务方案。

财富分配和传承规划是当事人提前通过制订财产分配方案，并选择传承工具，将拥有或控制的各种资产或负债进行安排，确保在自己去世或丧失行为能力时，财产能够根据自己的意愿分配、处置。

财富分配和传承规划是客户家庭综合理财规划的重要组成部分。

要点点拨

理财规划方案一般包含以下基本规划：

(1)家庭收支、债务规划。

(2)财富保障规划。

(3)退休养老规划。

(4)教育规划。

(5)投资规划。

(6)税务筹划。

(7)财富分配和传承规划等。

三、制订和提交书面理财规划方案

专业理财师需要以书面的形式向客户提交理财规划方案，即理财规划书，并当面对理财规划方案的内容进行完整详细的介绍。

项目	内容
步骤	制订和提交书面理财规划方案一般包括以下步骤： (1)在规划书文本制作完毕后，理财师应主动与客户联系确定会面的时间和地点。 (2)会面后，理财师在向客户解释理财规划书内容时应尽量做到简明扼要、通俗易懂，帮助客户建立起对方案的整体印象。 (3)在帮助客户建立起对方案的整体印象后，理财师可开始对理财方案进行具体的分项说明。在方案说明过程中，理财师应根据情况主动引导客户提出问题并做出回答。对于方案重点问题则应当详细阐述，并提请客户一一确认。 (4)理财师将规划书经过必要修改后最终交付客户，客户签署客户声明
注意事项	在上述过程中，理财师应注意以下八个方面的要求： (1)使用通俗易懂的语言使得客户清楚地了解理财规划书的内容和方案建议。 (2)对各类假设情况、一些概念名词和(面临不确定情况时的)选择决定要具体说明。 (3)在介绍理财师分析、建议时，要紧密结合客户的情况，把如何解决客户理财需求(目标)放在中心地位，避免产品宣传、推销的嫌疑。 (4)应多注意客户的反应和反馈，尽可能地鼓励客户多问问题。同时对客户的问题进行耐心地解释，自始至终让客户参与其中。 (5)给客户足够的时间消化并理解理财规划书的内容和建议。 (6)建议客户和家人讨论理财规划书的内容和建议。 (7)如实告知客户方案实施中可能涉及的风险、方案实施成本、免责条款，以及规划方案中没有解决的遗留问题和需要其他专业人士协助解决的问题等。 (8)必要时根据客户的反馈对理财规划书进行进一步修改，然后再与客户沟通、确认。 当规划书经过必要修改最终交付客户后，客户相信自己已经完全理解了整套方案，并且对方案内容表示满意，此时理财师可以要求客户签署客户声明。这是理财师提供理财服务的必要程序，有助于明确责任

知识加油站

完全同意由理财规划师对理财方案进行具体实施不属于客户声明的内容。

第六节 理财规划方案的执行

一、执行理财规划方案的原则 ★★

在理财方案执行过程中，专业理财师应遵循了解原则、诚信原则和连续性原则等。

了解原则

应以充分了解客户真实需求为基础，选择与客户情况、财务目标及方案实施要求相一致的金融产品和服务。

诚信原则

理财师应对提供给客户的产品和服务进行深入的调查和恰当的评估，在有效的信息基础上形成专业判断，帮助客户选择和确定相应的金融产品和服务。

连续性原则

理财师一方面应向客户提供持续的信息反馈、建议和专业指导意见，另一方面要为客户建立完整的客户档案，即使在本人因为工作调动等原因不能再服务客户时，也应向客户说明原因，并协助新接手的理财师做好平稳交接，为客户提供连续性金融服务。

真题精练

【例5·单项选择题】下列选项中，不属于执行理财规划方案的原则的是（　　）。

A. 诚信原则　　B. 客观原则

C. 了解原则　　D. 连续性原则

B　在理财方案执行过程中，专业理财师应遵循以下相应的原则：(1)了解原则。(2)诚信原则。(3)连续性原则。

二、执行理财规划方案的注意因素 ★★

1. 时间因素

理财规划方案中的理财规划目标是一个复杂的集合体，既包括客户不同方向的财务目标（投资规划、税务规划、现金规划等），也包括客户的时间目标（短期目标、中期目标和长期目标）。为实现这些目标，通常会有许多具体工作安排，这时候理财师需要对具体工作按照轻重缓急进行排序，即编制一个具体的时间计划，明确各项工作先后次序，从而提高方案实施效率，节约客户的实施成本。

2. 人员因素

理财规划方案是一个复杂的整体性方案，多数情况下单靠理财师自身难以完成全部方案的实施工作。方案实施计划必然涉及许多其他领域的专业人士，**如保险经纪人、律师和会计师、证券公司的投资顾问、房产中介、移民留学顾问等**，有时方案实施过程中还需要客户家人一起参与。

知识加油站

个人理财规划制订出来以后，必须遵守一定的纪律以保证个人理财规划的执行。个人理财规划的执行需要一些专业知识，因此在实际执行过程中，很多人会接受专业人员例如会计师、个人理财规划师、投资顾问和律师的建议和帮助。

3. 资金成本因素

财富管理即意味着通过**投资规划、现金规划、风险管理规划**等子计划的实施对客户财务资源进行综合管理、调整优化，这就必然涉及客户的资金调用和调整成本。

在这方面理财师应注意把握好三个原则：

（1）事先反复沟通，让客户有明确的预期。

（2）强调理财规划方案的整体性，以及每个涉及资金调动、理财产品选择和执行成本具体决策的理由和目的。

（3）从客户的利益出发，跟踪分析、比较市场变化趋势和面临的不同选择，提高整体方案执行效果和客户满意度。

三、客户档案管理

理财师在理财规划方案的具体实施过程中，应当对产生的大量文件资料进行存档管理，形成客户档案。

在实施过程中，保存客户的记录和相关文件是相当重要的，原因在于：

（1）这些标明了日期的资料记录了客户的要求和承诺，理财师或者所在公司向客户提供的信息、意见和建议等与整个业务过程相关的重要信息。如果以后发生了针对理财师或者所在金融机构的法律纠纷，这些资料就可以作为有力的证据，从而使理财师和所在机构能免于承担不必要的法律责任。

（2）这些真实而详细的信息、记录，都是理财师不断加深对客户的了解、提升理财师服务水平和维护良好客户关系管理的重要支持。

第七节　后续跟踪服务

一、后续跟踪服务的必要性 ★★

（1）理财规划服务是个过程，不是一次性完成的。它除了包括**接触客户、收集客户信息、分析客户财务状况、明确理财目标、制订理财方案、执行理财方案之外，还包括交付方案之后对客户提供长期的服务和客户关系管理**。

（2）客户的理财目标有短期的，也有长期的，金融机构和理财师理想的情况是给客户提供终生的专业理财服务，甚至成为客户家庭世代的理财师，这就需要理财师提交理财规划方案之后不断做好客户的后续跟踪服务。

（3）综合理财方案所依据的数据是建立在预测基础上的，对未来的预估不可能完全准确或一直不变，这会导致方案的最终效果与当初的预期、目标产生较大差异。因此在制订成方案并提交给客户开始执行后，仍需要理财师根据新情况来不断地调整方案，帮助客户及其财务安排更好地适应变化，达到预定的理财目标。

（4）从金融机构和理财师业务发展角度来说，接受全面理财规划和书面理财规划书服务的理财客户绝大多数都是价值较高的优质客户，如何通过后续跟踪服务，提升客户满意度、加强客户关系以实现客户生命周期价值最大化是每个理财师必须思考和努力实践的工作。此外，业务人员都明白开发一个新客户付出的努力是维护一个现成客户的数倍，对服务非常满意的优质客户还可以给理财师介绍更多优质新客户。

理财师需要定期或者不定期地为客户的规划方案进行跟踪检视，并长期提供后续跟踪服务。

二、实施方案跟踪和评估服务 ★★

客户家庭情况、市场趋势和政策法规不断变化更新，这就需要理财师定期对理财方案的执行和实施情况进行监控与评估，了解阶段性的理财方案实施效果，以便及时与客户沟通，并对方案进行及时调整。定期评估是理财服务的必要步骤和要求，也是理财师应尽的责任。

定期评估的频率主要取决于以下三个因素。

（1）**客户的投资金额和占比**。资产配置中权益投资占比越大越需要经常对其理财规划方案进行监测与评估，因为权益市场资产价值波动较大，导致整体投资风险增加，客户的心理负担也会越大。

（2）**客户个人财务状况变化幅度**。如果客户处于不同生命周期的交替时期或者家庭财务状况发生巨大改变，就需要理财师经常评估和修改理财方案。反之，家庭生活和财务状况比较稳定的客户就可以相应减少评估次数。

（3）**客户的风险偏好**。有些客户偏爱高风险高收益的投资产品，投资风格积极主动；而有些客户属于风险厌恶型的投资者，投资风格谨慎、稳健，注重长期投资。前者比后者更需经常性的理财方案评估。

显然，评估频率越高对客户理财方案执行越有利，从而有助于建立公司与理财师个人的信誉与形象。不过，这还取决于客户的个性化要求，同时频率高也会增大理财师的工作量，增加理财方案的执行成本。

每次评估和修正可以是局部、单项的财务安排或投资产品组合的调整，也可能是较大规模或整体方案的修改。

要点点拨

商业银行向客户推介理财产品时，应了解客户的风险偏好和承受能力。

真题精练

【例6·多项选择题】理财师对理财方案需定期评估，其评估的频率主要取决于（　　）。

A. 客户的风险偏好　　B. 金融市场的变动情况

C. 宏观经济政策的变更　　D. 客户的投资金额和占比

E. 客户个人财务状况变化幅度

ADE　定期评估的频率主要取决于以下三个因素：(1)客户的投资金额和占比。(2)客户个人财务状况变化幅度。(3)客户的风险偏好。

三、不定期评估和方案调整 ★★

因素	具体情况	应对措施
外部因素的变化	(1)宏观经济政策、法规等发生重大改变，如《中华人民共和国民法典》的颁布，税收政策的调整等。如果政府决定对某个领域进行改革或整顿，导致相关法律法规的修订，会引起金融市场各类投资品种的价格波动。 (2)金融市场的重大变化，比如经济形势、经济数据明显异于理财方案的估计值，行业变革创新、战争、自然灾害带来的新的投资机会和风险	外部因素发生变化导致理财规划方案需要调整的情况比较多。理财师由于专业能力和资源优势，往往更早获悉或觉察到外部因素的变化，也应该意识到这些变化能给客户带来什么影响。因此应该主动联系客户，尽快通知，提醒客户采取正确的应对措施
客户自身因素变化	客户自身情况的突然变动，例如客户继承大笔遗产，家庭主要收入来源者病故或失业，投资移民、客户投资实物资产(如房产、商铺、汽车)的计划、客户股权投资等。还有一种情况就是客户的理财目标发生改变，如提前退休、投资产品组合期限由长期改为短期等	对于客户自身情况变化，一般是客户主动与理财师联系，寻求建议。理财师应该耐心地对待客户，如果是客户家中发生了不幸的事情还应该注意说话的语气，表现出对客户的关心与理解。当客户自身情况有重大变故时，理财师应予以高度重视，耐心了解、理解和支持，必要的话，需要重新制订一个理财规划方案

四、从跟踪服务到综合规划的螺旋式提升 ★★

我国的理财行业还在起步阶段，但作为一名理财师，不能停留在初级阶段，而应把专业理财规划服务作为核心竞争力。在实践过程中，对客户进行不断引导，展示自身的专业价值，抓住每次机会，把标准化服务流程的最后一步，即跟踪服务包括方案调整，都当作新的规划或服务流程的开始，实现真正的服务升级。这同样也是理财师职业生涯得以持续健康发展的基础。

在此过程中，理财师要实现由“对客户可投资性资产提供投资产品建议”转向“客户家庭资产负债的全面管理”，更重要的是要帮助客户“做好每一个家庭财务决定”，实现其理财目标和人生幸福。

理财师应注意**长期价值创造与品牌提升**。专业理财师所要做的是严格遵守行业相关的政策法规和职业操守，通过自己的专业技能和优质客户服务，获取客户的信赖和认可，从而真正做到机构利益、客户利益以及自身的职业生涯发展三者之间的共赢。

↓码上看总结↓

章节自测

一、单项选择题(在以下各小题所给出的四个选项中,只有一个选项符合题目要求,请将正确选项的代码填入括号内)

1. 下列选项中,属于专业理财师的工作目标和重心的是(　　)。
   A. 向客户推荐合适的理财计划
   B. 提高自己的专业能力、服务好客户
   C. 帮助客户解决问题、实现其理财目标
   D. 提升自我的专业素养、完善职业规划
2. 下列关于收集客户财务信息的具体步骤,描述错误的是(　　)。
   A. 制订系统性收集客户信息的框架
   B. 引导客户,使之理解收集信息的必要性
   C. 理财师消除自己的心理障碍,克服畏难情绪
   D. 具体提问时,尽量使对方放松警惕,多聊些其他问题
3. 下列客户信息中,不属于定性信息的是(　　)。
   A. 家庭住址　　B. 客户的生活品质要求
   C. 客户风险属性　　D. 家庭储蓄额度
4. (　　)主要讨论的是家庭收支与债务管理。
   A. 财富保障　　B. 财富积累
   C. 财富增值　　D. 财富分配
5. 提供理财咨询专业服务的前提条件是(　　)。
   A. 深入了解客户　　B. 理财师的专业能力
   C. 理财师的沟通能力　　D. 完善的理财制度体系
6. 下列有关客户信息的整理的描述中,正确的是(　　)。
   A. 客户信息的整理通常是针对定性信息的
   B. 客户信息的整理一般汇总为现金流量表和收支储蓄表
   C. 通过现金流量表对客户家庭的现金流入流出进行分类、统计
   D. 通过家庭收支储蓄表对客户的收入、支出和储蓄结构、状况进行分类、统计
7. 理财目标中,(　　)主要解决的财务问题是教育和养老的资金需求和投资规划。
   A. 财富保障　　B. 财富积累
   C. 财富增值　　D. 财富分配
8. (　　)是分析家庭财务状况、进行家庭收支规划最重要的指标和工具。
   A. 个人收支储蓄表　　B. 个人资产负债表
   C. 家庭现金流量表　　D. 家庭收支储蓄表和资产负债表
9. 下列选项中,不属于家庭消费支出规划内容的是(　　)。
   A. 现金消费规划　　B. 住房消费计划
   C. 汽车消费计划　　D. 个人信贷消费规划

10. 执行理财规划时，理财师应注意的因素不包括（　　）。

A. 时间因素　　B. 市场因素

C. 人员因素　　D. 资金成本因素

11.（　　）是整个理财规划中最实质性的一个环节。

A. 理财目标的确定　　B. 理财方案的制定

C. 理财方案的执行　　D. 理财方案的回访

二、多项选择题（在以下各小题所给出的选项中，至少有两个选项符合题目要求，请将正确选项的代码填入括号内）

1. 理财师的工作流程包括（　　）。

A. 接触客户、建立信任关系　　B. 明确客户的理财目标

C. 理财规划方案的制订和执行　　D. 后续跟踪服务

E. 收集、整理和分析客户的家庭财务状况

2. 理财师与客户建立信任关系时，需要注意（　　）。

A. 关注自身礼仪　　B. 明确自身定位，树立专业形象

C. 较多关注客户的社会地位　　D. 注意自己的工作状态

E. 强调银行等金融机构的服务理念

3. 接触客户、建立信任关系阶段，理财师需要告知客户的理财服务信息有（　　）。

A. 客户理财意识的不足之处　　B. 解决财务问题的条件和方法

C. 如实告知客户自己的能力范围　　D. 银行等金融机构的相关制度体系

E. 了解、收集客户相关信息的必要性

4. 衡量个人财务是否安全的标准包括（　　）。

A. 是否有遗嘱准备　　B. 是否享受社会保障

C. 个人事业是否有发展的潜力　　D. 是否有舒适的住房

E. 是否有额外的养老保障计划

5. 客户的理财目标一般包括（　　）。

A. 家庭财富保障　　B. 投资规划

C. 教育投资规划　　D. 现金储蓄规划

E. 财富传承及遗产分配

6. 理财目标的层次分为（　　）。

A. 实现财务安全　　B. 实现财务独立

C. 实现财务自由　　D. 实现财务自主

E. 实现财务平衡

7. 理财规划方案包含的基本规划有（　　）。

A. 退休养老规划　　B. 财富保障规划

C. 家庭收支和债务规划　　D. 税务规划

E. 财富分配和传承规划

三、判断题(请判断以下各小题的正误,正确的选 A,错误的选 B)

1. 理财服务中,客户定性信息主要靠理财师收集,定量信息更多的是靠与客户沟通过程中的观察和了解。( )

A. 正确 B. 错误

2. 财务自由是指个人和家庭的收入主要来源于主动工作而不是被动投资。( )

A. 正确 B. 错误

3. 家庭收支平衡规划的目的是保持家庭月或年收支平衡或略有盈余。( )

A. 正确 B. 错误

4. 现金规划的核心是建立应急基金,保障个人和家庭生活质量和状态的持续性稳定,是针对家庭财务流动性的管理。( )

A. 正确 B. 错误

5. 专业理财师可以以电子邮件形式向客户提交理财规划方案,即理财规划书。( )

A. 正确 B. 错误

6. 专业理财师必须要拥有的基本专业素质是有一套规范科学的工作流程、方法。( )

A. 正确 B. 错误

7. 综合理财规划是“线”性的,而单项目标理财规划考虑的是“面”。( )

A. 正确 B. 错误

答案详解

一、单项选择题

1. C。【解析】专业理财师的工作目标和重心是“帮助客户解决问题、实现其理财目标”。

2. D。【解析】收集客户财务信息的具体步骤是:首先,理财师自己没有心理障碍。我们是站在为客户解决问题的立场上,需要去深入了解客户的财务信息。其次,引导客户,告诉客户为什么我们要了解这些信息,我们能通过这些信息,可以向他反馈那些能够帮助他做好家庭财务决定的资讯。再次,在具体提问的时候,尽可能先围绕客户关心的问题,不要去问那些与其不相关的信息。最后,制订系统性收集客户信息的框架,以便于把问题延伸出来,较为全面地了解客户信息。

3. D。【解析】定量信息包括了以下五个主要方面的信息:(1)家庭各类资产额度。(2)家庭各类负债额度。(3)家庭各类收入额度。(4)家庭各类支出额度。(5)家庭储蓄额度。定性信息包含的内容比定量信息更加广泛,包括:(1)家庭基本信息。(2)职业生涯发展状况。(3)家庭主要成员的情况。(4)客户的期望和目标。A 项是家庭基本信息,B 项是客户的期望和目标,C 项是家庭主要成员的情况,都属于定性信息。D 项是定量信息。

4. B。【解析】财富积累主要讨论的是家庭收支与债务管理。财富保障主要指针对人身、财产保障等的保险计划。财富增值主要解决的财务问题是教育和养老的资金需求和投资规划。财富分配包含税务安排和遗产分配。

5. A。【解析】深入了解客户是提供理财咨询专业服务的前提条件。

6. D。【解析】客户信息的整理通常是针对定量信息的，一般汇总为家庭资产负债表和收支储蓄表。通过家庭资产负债表对客户家庭的资产负债进行分类、统计。通过家庭收支储蓄表对客户的收入、支出和储蓄结构、状况进行分类、统计。

7. C。【解析】财富积累主要讨论的是家庭收支与债务管理。财富保障主要指针对人身、财产保障等的保险计划。财富增值主要解决的财务问题是教育和养老的资金需求和投资规划。财富分配包含税务安排和遗产分配。

8. D。【解析】家庭收支储蓄表和资产负债表是分析家庭财务状况、进行家庭收支规划最重要的指标和工具。

9. A。【解析】家庭消费支出规划主要包括住房消费计划、汽车消费计划以及信用卡与个人信贷消费规划等。

10. B。【解析】执行理财规划时，理财师应注意以下三个方面的因素：(1)时间因素。(2)人员因素。(3)资金成本因素。

11. C。【解析】理财方案的执行是整个理财规划中最实质性的一个环节，执行的好坏决定着整个理财方案的效果。

二、多项选择题

1. ABCDE。【解析】理财师的工作流程概括为以下六个方面：(1)接触客户、建立信任关系。(2)收集、整理和分析客户的家庭财务状况。(3)明确客户的理财目标。(4)制订理财规划方案。(5)执行理财规划方案。(6)后续跟踪服务。

2. ABD。【解析】建立信任关系时应注意：(1)明确自身定位，树立专业形象。(2)关注自身礼仪和工作的状态。

3. BCE。【解析】在接触客户、建立信任关系阶段，理财师需要坦诚地让客户对理财规划服务有如下三方面的认识，这也是与客户建立长期信任关系的基础：(1)解决财务问题的条件和方法。(2)了解、收集客户相关信息的必要性。(3)如实告知客户自己的能力范围。

4. BCDE。【解析】衡量一个人或家庭的财务安全，主要包括以下内容：(1)是否有稳定、充足的收入。(2)个人事业是否有发展的潜力。(3)是否有充足的现金准备。(4)是否有舒适的住房。(5)是否购买了适当的财产和人身保险。(6)是否有适当、收益稳定投资。(7)是否享受社会保障。(8)是否有额外的养老保障计划。

5. ABCE。【解析】客户的理财目标一般包括以下七方面的内容：(1)家庭收支与债务管理。(2)家庭财富保障。(3)投资规划。(4)教育投资规划。(5)退休养老规划。(6)税务规划。(7)财富传承及遗产分配。

6. AC。【解析】从一般的角度而言，人的理财目标无论做何种分类，都可以归结为两个层次：实现财务安全和财务自由。

7. ABCDE。【解析】理财规划方案一般包含以下基本规划：(1)家庭收支和债务规划。(2)财富保障规划。(3)退休养老规划。(4)教育规划。(5)投资规划。(6)税务筹划。(7)财富分配和传承规划。

三、判断题

1. B。【解析】定量信息主要靠理财师收集，定性信息更多的是靠与客户沟通过程中的观察和了解。

2. B。【解析】财务自由是指个人和家庭的收入主要来源于主动投资而不是被动工作。

3. B。【解析】家庭收支平衡规划的目的不是简单保持家庭月或年收支平衡或略有盈余,它包括在不影响客户家庭生活品质和兼顾客户中、长期理财目标财务安排的基础上的收支平衡管理。

4. A。【解析】题干表述正确。

5. B。【解析】专业理财师需要以书面的形式向客户提交理财规划方案,即理财规划书,并应当面对理财规划方案的内容进行完整详细的介绍。

6. A。【解析】专业理财师需要有一套规范科学的工作流程、方法,这样才能减少主、客观环境影响,有条不紊地开展对客户的专业咨询服务,这是一名专业理财师必须要拥有的基本专业素质。

7. B。【解析】单项目标理财规划是"线"性的,而综合理财规划考虑的是"面"。

附　录
理财师金融服务技巧

考情直击

本章的主要内容是理财师进行理财规划相关金融服务的常识和技能，第一部分介绍了理财师的商务礼仪与沟通技巧，第二部分强调了工作计划与时间管理的重要性，第三部分介绍了电话沟通的相关技巧，第四部分阐述了金融产品服务推荐流程与话术。分析近几年的考试情况，本章在考试中出题频率较低，可作为了解内容。

考纲要求

理财师金融服务技巧

考试内容	能力等级
理财师的商务礼仪与沟通技巧	了解
工作计划与时间管理的方法及重要性	熟悉
电话沟通的技巧	了解
金融产品服务推荐流程与话术	了解

知识解读

第一部分 理财师的商务礼仪与沟通技巧

一、概述

理财规划为金融服务的核心内容,金融从业人员尤其是一线业务人员(客户经理、理财师或投资顾问等)必须具备一些基本的与客户打交道的常识或技能。

理财师的言谈举止不仅反映其个人素养,更能影响公众尤其客户对他们专业服务的评价,良好的仪态才能培养客户的信任感,有利于各项业务的开展。银行理财师和保险、证券等行业的理财师一样,首先应该是一名称职或合格的一线业务人员,然后才能逐步成长为给广大客户提供保值增值服务的专业人士。

商务礼仪是在职场交流或商务活动中,对合作者、客户等表示尊重和友好的一系列行为规范,是礼仪在商务活动过程中的具体运用。商务礼仪以礼仪为基础和内容。它与礼仪有着共同的基本原则:尊重、友好、真诚。

二、理财师的仪表礼仪 ★

1. 个人形象六要素

一般而言,影响个人形象有六方面要素:

(1)仪表——仪表者外观也。

(2)表情——第二语言,此时无声胜有声。

(3)风度——优雅的举止。

(4)服饰——教养与阅历的最佳写照。

(5)谈吐语言——低音量、慎选内容、礼貌用语。

(6)待人接物——诚信为本、遵守时间。

2. 着装的"TOP"原则

着装的"TOP"原则有:

(1)time(时间):着装也分春夏秋冬,比如秋冬季节穿件夏天凉爽短袖肯定不合时宜。

(2)objective(目的):第一次与 VIP 客户见面,着装应该比较正式一点,这样显得专业和尊重。男女朋友约会与老朋友会面着装也应有区别。

(3)place(场合):约见客户和闲暇逛街对着装的选择肯定有所不同。

3. 男女着装具体注意事项

项目	内容
男士着装三个三原则	(1)三色原则:男士在正式场合穿着西服套装时,全身颜色尽量限制在三种之内,否则就会显得不伦不类,失之于庄重。 (2)三一定律:即三位一色,指男士穿着西服、套装时,鞋子、腰带、公文包的色彩最好统一起来。 (3)三大禁忌:袖口商标没有拆;正规场合穿黑皮鞋、白袜子;正规场合短袖配领带

（续表）

项目	内容
女士着装六不准	（1）不杂乱无章。 （2）不过分鲜艳。 （3）不过分暴露。 （4）不过分透视。 （5）不过分短小。 （6）不过分紧身

4. 女性理财师化妆注意事项

化妆的注意事项有：

（1）自然，“妆成有却无”的状态。

（2）美化，不过分时尚，不标新立异，符合常规审美标准。

（3）避人，理财师是专业人士，有品位教养，不应当众化妆。

（4）协调，颜色协调、质地协调，如指甲油与唇彩要一个颜色；唇彩与衬衫的主色调要协调。

（5）佩戴首饰总的要求：符合身份，以少为佳。

真题精练

【例 1 · 单项选择题】下列选项中，不属于女士着装六不准的是（　　）。

A. 不过分鲜艳　　B. 不过分暴露

C. 不过分醒目　　D. 不过分透视

C　女士着装六不准是：（1）不杂乱无章。（2）不过分鲜艳。（3）不过分暴露。（4）不过分透视。（5）不过分短小。（6）不过分紧身。

三、会见客户的相关礼仪 ★

1. 守时

预约与守时已经成为现代职场标准的商务礼仪。理财师主动约见客户，应当事先沟通好，尽量提前几分钟或者准时赴约。如果提前或晚到时间较多（如十分钟以上），应当通知客户。

2. 握手与自我介绍

项目	内容
握手	（1）握手要面带笑容、稍许用力，目视对方、稍事寒暄。 （2）伸手握手还有先后次序的讲究，一般是： ①男女之间，女士先。 ②长幼之间，长者先。 ③上下级之间，上级先，下级趋前相握。

（续表）

项目	内容
握手	④迎接客人，主人先。 ⑤送走客人，客人先。 （3）握手的动作是： ①身体前趋，右臂向前伸出，与身体略呈五六十度的角度，目视对方；手掌心微向左上，拇指前指，目视对方，四指并拢，虎口相对，全掌相握。 ②握手的力度，热烈而有力，代表信心、热情、勇气和责任心。 ③握手的时间，轻摇 3 ~4 下，整个过程不超过 5 秒。 （4）握手注意事项有： ①不可滥用双手。 ②不可交叉握手。 ③双眼要注视对方。 ④不可手向下压。 ⑤不可用力过度
自我介绍	初次与客户相见，首先要自我介绍。 常规做法是先递名片再介绍；介绍时间简短；内容规范、完整；自我介绍的内容一般包括单位、部门、职务、姓名等

3. 交换名片

（1）名片的准备。准备名片的注意事项有：

①名片不要和钱包、笔记本等放在一起，原则上应该使用名片夹。

②名片可放在上衣口袋（但不可放在裤兜里）。

③要保持名片或名片夹的清洁、平整。

（2）接收名片。接收名片的注意事项有：

①必须起身接收名片。

②应用双手接收。

③接收的名片不要在上面作标记或写字。

④接收的名片不可来回摆弄。

⑤接收到名片时，要认真地看一遍，熟悉对方的姓名、职务等。

⑥不要将对方的名片遗忘在座位上，或存放时不注意落在地上。

（3）递名片。递名片的注意事项有：

①递名片的次序是由下级或访问方先递名片，如是介绍时，应由先被介绍方递名片。

②递名片时，名片应正面向着对方，方便对方看名片，并说“请多关照”“请多指教”等寒暄语。

③互换名片时，应用右手拿着自己的名片，用左手接对方的名片后，用双手托住。

④在会议室如遇到多数人相互交换名片时，可按对方座次排列交换名片。

⑤应称呼对方的职务、职称，如“×经理”“×教授”等。无职务、职称时，称“×先生”“×小姐”等，而尽量不使用“你”字，或直呼其名。

4. 交谈礼仪

理财师在与客户面对面交谈时，应该做到以下四点：

（1）表情认真。

（2）动作配合。

（3）语言合作。

（4）谈话要温和委婉。

5. 站姿、坐姿、行走、鞠躬礼仪

项目	内容
站姿	基本要求：站立时抬头、目视前方，挺胸直腰、肩平、双臂自然下垂、收腹，两脚分开、比肩略窄，将双手合起，放在腹前或背后
坐姿	（1）走到座位正面，轻轻落座，避免扭臀寻座或动作太大引起椅子发出响声。 （2）造访生客时，落座在座椅前1/3处；造访熟客时，可落座在座椅前2/3处，不得靠倚椅背。 （3）女士落座时，应用两手将裙子向前轻拢，以免坐皱或显出不雅。 （4）听人讲话时，上身微微前倾或轻轻将上身转向讲话者，用柔和的目光注视对方；根据谈话内容确定注视时间长短和眼部神情。不可东张西望或显得心不在焉
行走	基本要求：身体协调、姿势优美，步伐从容、步态平稳、步幅适中、步速均匀，走成直线。 女走一字步，男走两条线；脚抬起，不要拖着地走；男不扭腰，女不晃臀
鞠躬	鞠躬也是表达敬意、尊重、感谢的常用礼节。鞠躬时应从心底发出对对方表示感谢、尊重的意念，从而体现于行动，给对方留下有诚意、守信用的印象

四、沟通技巧 ★

1. 表达能力

表达能力分为口头表达能力和书面表达能力。

类别	内容
口头表达能力	在和客户交谈的过程中要吐字清晰、语速中等，说话简明扼要、层次分明、用词妥当、有逻辑性、有针对性，既不夸夸其谈，也不避重就轻。 这里给理财师两点建议： （1）在面对客户前可以把要讲的话打好草稿，练习几遍。 （2）把复杂问题简单化、把专业内容通俗化。 为了加强交流效果，可用“我们”来代替“我”，用公司的商誉、各类资源来加深客户的信任感。但同时，理财师必须了解，表达能力再好，

（续表）

类别	内容
口头表达能力	也必须顾及客户的感受，更要聆听客户的需求和困惑。一味地谈公司品牌，谈金融理财理念，谈自己，会使客户不能感同身受，甚至怀疑理财师是否夸大其词。最后一点可能也是最重要的一点，要注意不要使用“保证”“肯定”“一定”等承诺性的语言，特别是在讲到理财的收益时更要注意，以避免对客户产生误导，使其对投资回报等产生不切实际的过高预期
书面表达能力	理财师撰写理财规划报告时的书面表达能力是和客户成功沟通的关键之一，因此理财规划书的制作必须按照一定的标准格式和制作流程完成

2. 聆听的技巧

所谓沟通，一定是双向的，它不仅包括说，也包括听。成功的沟通，应该能做到下列三点：角色互换、鼓励发言、仔细倾听。

合格的理财师往往是一个很好的聆听者，因为聆听可以使理财师对客户有更深层次的了解和理解，同时通过聆听，也加深了客户对理财师的信任，因为客户觉得你对他的情况、想法感兴趣，而不是一味讲理财师自己（知道、推广）的东西。与此同时，在聆听客户讲话时，理财师可以不时微笑、点头，加短语“嗯”“哦”“是”“没错”等，认可、鼓励客户的讲话。了解客户、与客户互动和鼓励客户多讲话的有效方法是理财师多问客户相关的问题。

3. 提问的技巧

一般可以先对提问的问题进行分类，这样就能根据工作需要找出更有效的提问技巧或方式。

类别	内容
两种题型的问题	(1)开放式问题。开放式问题是指能让客户充分阐述自己的意见、看法及陈述某些事实现状的提问方式，可以让客户自由发挥。这种提问方式便于充分发掘客户需求、获取更多有用信息，让客户多说话。 (2)封闭式问题。封闭式问题是让客户针对某个主题在限制选择中明确回答的提问方式，即答案为“是”或“否”，或是量化的事实
两大类内容的问题	根据问题的内容，理财师要问的问题包括两种： (1)事实性的问题(facts)。理财师必须注意，事实性的问题不要问得太突兀。在问一些客户比较敏感的事实性问题时，可以先有一些铺垫。 (2)感受性的问题(feelings)。感受性的问题多要求对方叙述对事物的认识、态度。感受性问题的典型代表是了解客户对金融理财服务以及相关的一些领域比如保险、投资的看法

4. 肢体语言运用能力

沟通交流其实可以通过两种形式达到：语言沟通和非语言沟通。在语言沟通中，沟通双方应该积极交流和认真倾听与应答；非语言沟通包含的元素很多，如表情、目光、体姿、动作、服饰与发型等。

在面对面沟通中，肢体语言往往比语言本身对沟通效果的影响更重要。肢体语言的形式包含三方面：**面部表情、身体角度、动作姿势。肢体语言传递的信息有认可、犹豫和拒绝**。

下表列举了三种肢体形式传递认可、犹豫和拒绝的典型表现。

传递的信息	形式	状态和表现
认可	面部表情	轻松、微笑，直接且柔和的目光接触，积极与富有情感的语调
	身体角度	身体前倾，双手摊开，握手有力
	动作姿势	双臂放松，一般不再交叉，双腿交叉叠起并朝向你
犹豫	面部表情	迷茫或者困惑，躲避的目光，伴随着疑问或者中性的语调
	身体角度	朝远离你的方向倾斜
	动作姿势	双臂交叉，略显紧张，双手摆动或手上拿着笔等物品不停地摆弄着，握手乏力
拒绝	面部表情	表现出生气与紧张或者忐忑不安的样子，紧锁双眉，不再与你有目光接触，伴随着低沉与消极的语调
	身体角度	突然起身，整个身体背向你或者缩紧双肩，身体向后倾斜，显示出“拒人以千里之外”或者“心不在焉”的态度。一些客户利用清嗓子，擦手或用力地一捏耳朵，环顾左右等方式传达明显的抵制情绪
	动作姿势	双臂交叉并紧紧抱在胸前，握手乏力或做出拒绝的手势，双腿交叉并远离你

理财师在实际工作中经常与客户当面交谈。一般而言，理财师的表述能力较强。经验不足的理财师往往容易顾及不到客户的感受而滔滔不绝。如果客户在理财师谈话期间有不解、反对、不耐烦、不在乎等反应的时候，往往是通过其细小的肢体语言表现出来的，如果理财师不能敏锐地感受到这些细微的变化，很有可能加深客户的负面感受，影响沟通效果。

有的时候，当感受到客户负面情绪后，一个很好的方法就是停下来问客户“您对我们刚才讲的内容有什么问题吗？”。这样一方面可以及时解决客户的问题，又可以使自己表现得从容和镇定。理财师切忌在发现客户的负面情绪后，还继续滔滔不绝地讲下去，这样不但使自己的慌乱情绪表露在客户面前，而且很有可能不断重复刚才讲过的内容，使客户反感。

当客户对理财师的谈话内容表现出很高兴趣时，理财师也不应该自己打乱自己的节奏，这时不要去故作幽默，以免有得意忘形之嫌，也不应该转移话题。理财师应该把握机会，一方面不断地得到客户的认同，另一方面把自己的观点流畅、简明地向客户解释，以达到预期的会面成果。

第二部分　工作计划与时间管理

一、时间管理概述

所谓时间管理，是指研究如何合理、有效地组织、运用时间资源，以达到工作和生活的目标。

美国著名管理学大师史蒂芬·柯维认为，犹如人类社会从农业革命演进到工业革命，再到资讯革命，对时间管理的认识、实践也可分为四个阶段：

(1)第一代时间管理着重利用便条与备忘录，在忙碌中调配时间与精力，但缺点在于并不存在“优先概念”，对于重要而非必要的事情并无突出。

(2)第二代时间管理强调行事日历与日程表，反映出时间管理已注意到规划未来的重要，但仍然缺少轻重缓急之分。

(3)第三代时间管理是目前正流行、讲究优先顺序的观念，也就是依据轻重缓急设定短、中、长期目标，再逐日制订实现目标的计划，将有限的时间、精力加以分配，争取最高的效率。缺点在于可能会过于死板，个性化、人性化不够；关于理财师的工作时间管理也是在这层面上讨论的。

(4)第四代时间管理理论与前三代截然不同，它从根本上否定了“时间管理”这个名词，主张关键不在于时间管理，而在于个人管理。与其着重于时间与事务的安排，不如把重心放在维持产出与产能的平衡上。也就是说，**以原则为中心，考虑个人对使命的认知，兼顾重要性与紧迫性，着重完成战略性事务**。

二、时间管理的重要性 ★★

时间管理是日常事务中执行的一种有目标的可靠的工作技巧，关键是合理有效地利用可以支配的时间。时间管理的重要性主要体现在以下几个方面：

(1)对人生和生命的管理。管理好时间就是管理好人生，人们可以靠有效地利用时间来获得更多的资源。

(2)工作效率的提高。在实际工作中，时间管理的目的就是将时间合理投入在与目标相关的工作上，从而可以提高工作效率，减轻工作压力，同时也有更充裕的时间对下一步工作包括家庭生活有所安排。

对于管理者而言，管理时间还可以使其获得更多的“空闲时间”，从事更多重要但不紧急的事务，提升组织效能，最终促进团队和组织目标的达成；对于个人而言，有效管理时间则可能升职加薪，获得事业上的进步和家庭生活的幸福。

(3)生活质量的改善。进行良好的时间管理，能够省出更多时间来与家人和朋友共享欢乐，做自己想做的事情，从而劳逸结合，增加生活的乐趣。

合理利用时间，增加悠闲时光，是一种高明的时间管理。进行时间管理是一个良性循环的过程，对于工作、生活的改善都能大有帮助。

三、时间管理的方法 ★★

1. 时间管理优先矩阵

根据时间管理理论，可以把事件或工作按其紧迫性和重要性分成重要紧迫、重要不紧迫、紧迫不重要、不紧迫不重要四类，形成时间管理的优先矩阵，以此来进行时间管理。

时间管理的优先矩阵如下图所示：

紧急——→不紧急

重要↓不重要		
	A 重要 紧迫	B 重要 不紧迫
	C 紧迫 不重要	D 不紧迫 不重要

时间管理的重要性与紧迫性如下图所示：

紧急——→不紧急

重要↓不重要		
	A 危机 紧急情况 有限期压力的计划	B 学习新技能 建立人际关系 保持身体健康
	C 某些电话 不速之客 某些会议	D 琐碎的事情 某些信件 无聊的谈话

优先矩阵的应用如下表所示：

重要程度	紧急	不紧急
重要	第一象限 危机、客户投诉 紧迫的问题 有期限压力的任务 突发事件 与核心价值观联系紧密的事	第二象限 防患于未然 改进产能 建立人际关系 开拓新市场 规划、目标管理 体育锻炼
不重要	第三象限 不速之客 没有预约的电话 邮件或无预约当面面谈 必要但不紧急、不重要的会议	第四象限 琐碎的工作 某些信件或邮件 浪费时间的事情 有趣的休闲活动

要点点拨

在进行象限分类之后，应当记住，良好的习惯应该是：先做重要又紧急的事情，多做重要不紧急的事情，少做紧急不重要的事情，不做不重要不紧急的事情。

2. 制定合理目标

除了按照事件的紧迫性和重要性来进行时间管理之外，还可以通过“制定目标—达成目标”来进行时间管理。

其中目标的设定应当遵循五个原则，可以用SMART来表示：

(1)具体的(specific)，目标越具体越可以把控和具有约束力。

(2)可以计量的(measurable)，目标应该有判断标准，而且能分阶段衡量。

(3)可以达到的(attainable)，目标科学、可行，是理想，否则就是幻想。

(4)合理的(reasonable)，只有制定目标的流程、条件判断合理，目标才科学可行。

(5)有时限性的(time)，设定没有期限的目标没有约束力。

在制定和修订目标的过程中，还有以下两点值得理财师注意和尝试：

(1)重视书面目标。

(2)目标设定要用文字描述出来。

3. 遵循二八定律

二八定律适用于生活工作中的很多事情。在工作上，理财师应当集中时间精力去完成重要艰巨的工作，即把80%的时间放在20%最重要的事情上。

四、理财师时间管理实践

时间是心态、心境的表现，即如何看待时间，如何运用时间，是一个人心态和心境的表现。良好的时间管理，是一种习惯的养成，是理财师高效工作的基础技能。

在理财师实际工作中，常常会有许多外在因素和内在因素影响着理财师的时间管理行为。外在因素包括电话干扰、不速之客、社交闲谈、权责混淆、沟通不良、资料不全、会议耽搁、文件繁多、工作搁置等。内在因素包括危机应付、计划欠妥、贪求过多、事必躬亲、条理不清、欠缺自律、无力拒绝、做事拖延等。

良好的习惯养成将有助于减少这些时间管理不良现象的发生。日常工作中，理财师可以使用下列时间管理小技巧。

1. 创造良好的办公桌环境

办公桌就是每个职业人的第一战场，是时间管理的行为标志。维持办公桌环境干净整洁、井然有序有助于提高工作效率，增加工作专注度。创造干净整洁的办公桌环境的方法包括但不限于：

(1)尽量保持桌面整洁，只留正在做的事情的相关文件。

(2)工作中经常要用到的用品应容易取得。

(3)每一件物品应摆放在固定的位置，用完之后即刻归于原位。

(4)定期处理不需要的文件，避免东西的无谓增加。

(5)原则上，办公桌不摆放私人物品。

2. 养成及时高效的邮件处理习惯

(1)收邮件时：

①通常对接收到的邮件有“3R”政策，即read(阅读)，respond(回复)和remove(清理)。

②限制每天处理邮件的次数，这样，你就可以更加专注、更有创造性、精神更为集中地处理既定工作。同时，尽量避免在工作时处理私人邮件。

③需要处理的邮件要尽快处理，不要让邮件堆积起来，及时删除不再需要的邮件。如果没有时间详细回复邮件，可以先根据要点进行简短回复，并说明稍后细说；或者将邮件放入“须回复”文件夹，进行统一回复。

④对于需要保留的邮件及时进行分类，并放在规定的文件夹内。

⑤过滤垃圾邮件。及时删除垃圾邮件以及自己订阅却很少阅读的邮件。

（2）发邮件时：

①使用有意义的标题，让收信人一下就能明白里面是什么，同时也区别于垃圾邮件。

②邮件简明扼要。

③不要忘记电话。

3. 养成档案及时归档的习惯

相关电子、书面档案应按档案管理制度等有关制度要求按时进行归档处理，避免遗失或长期未归档导致查找困难；档案管理制度等有关制度未要求统一归档的，要自行定期整理集中保管，便于查询。

办公电脑里的电子文件，要及时整理，避免无序保存在电脑桌面的情况。可以按电子文件的性质、时间（如年度、季度）两个维度，分类存入不同文件夹。对于文件名称不规范的，先修改文件名称为便于查找的名字，再存入对应归类的文件夹。

4. 进退得宜地处理社交事项

项目	内容
解决过多电话的时间管理方法	频繁的电话的确会对理财师的工作产生干扰，造成很多时间的浪费，会影响个人的时间管理，解决方法主要有阻绝干扰和集合电话。 学会过滤电话，阻绝干扰有以下四个步骤： (1)处理，如果有可能尽量由助理或前台回答来电者的需求，并记下有关的信息。 (2)转接，如果助理无法处理电话，下一步就是把电话转给团队里其他能够协助的人。 (3)暂缓，如果遇到只有你能处理的状况，助理要试着写下留言，避免使你受到打扰，你可以下一步再去处理这个事情。 (4)速办，如果来电者合乎你们事先约定好的原则，紧急事或者重要人物的电话可以直接接听，速办可以把时间压缩更短。 集合所有电话：在某时间段把电话一起回掉，这样能够高效地解决所有电话问题，避免工作时间的被动割裂。 和客户、同事养成预约的习惯：尽量降低客户特别是重要客户随机拜访的比例，增加约访的比例。 工作事务中非紧急事务和同事以及合作伙伴协商在双方约定时间集中处理；非紧急文案工作在不接待客户时间段，提高效率集中处理

（续表）

项目	内容
解决过多机动事项干扰的时间管理方法	理财师有时会面对这样的局面，朋友或同事因其本身职责范围外的事寻求帮助，理财师无力拒绝、怕冒犯别人等原因导致了时间的分流、浪费。 解决这一问题的方法包括： (1)不要一味苛求受到别人的赞许或者接纳。 (2)不要怕会冒犯别人。 (3)对于义务的认识要正确。 (4)学会如何拒绝，聆听别人的要求

5. 有效利用零散时间

零星时间的高效运用，可以在时间管理上起到事半功倍的效果，我们称之为碎片化时间的利用。

第三部分 电话沟通技巧

一、电话沟通概述

在日常工作中，电话是理财师与客户最常见的沟通方式之一，无论是约见客户、信息了解、礼节问候或推荐产品服务，电话沟通比面对面沟通和书信（包括电邮）沟通使用得多、也频繁得多。同时，由于和面对面沟通相比电话沟通只能通过声音传递信息，效果有所影响，因此，理财师掌握一定的电话沟通技巧有助于避免误解，提升客户感受，提高工作效率。

二、一般电话礼仪 ★

1. 影响电话效果的三要素

(1)时间和空间的选择。打电话有个时间和时机的问题（接听电话例外），而且这一问题有两面，即什么时间打电话给客户方便和效果好，以及什么时间打电话理财师更在工作状态和更有效。理财师每天最好在固定的时间、集中一段时间拨出电话。打电话不要选择过于嘈杂的环境。

(2)通话的态度。其重要性类似见面时的肢体语言。与面对面沟通不同，在电话里理财师不能借助姿态语言影响沟通效果，但是理财师通话时的声音、语调、语速和用词会大大影响电话沟通的结果。

(3)通话的内容。应力求通俗易懂、简明扼要；电话中应避免使用对方不能理解的专业术语或简略语。

2. 电话沟通态度的四个要点

因为不能看见对方，所以理财师在电话中表现的“态度”就非常关键。

（1）声音。热情悠扬的声音可以为你的客户增加对你和公司的信任度。

（2）语调。柔和并突出和强调重要的词语，适当的沉默可以使客户感觉到你在倾听。

（3）语速。稍慢的表达可以使你和客户之间有轻松的气氛，适当的停顿能帮助你更清楚地表达。

（4）词语。使用礼貌、专业、适当的词语；简明扼要，必要时事先打好草稿。

3. 电话接听的基本程序和注意事项

（1）迅速接听电话。一般电话铃响不超过三声，应拿起电话。如果在超过四次铃响以后才接起来，一定要说一声致歉的话。

（2）致以简单问候。接电话后，一般在自报单位或部门名称和自己姓名之前，要有简短的问候，语气力求柔和亲切。

（3）自报单位名称和个人姓名。比较正规的电话应答可能要求单位、部门和个人姓名三者内容都要有。

（4）认真倾听。接通客户电话后一定要全神贯注，譬如不能同时还与身边的人说话，耐心、认真倾听对方的电话事由，不急于下结论或结束电话；如需传呼他人，应请对方稍候，然后轻轻放下电话，走去传呼他人，切忌在原位大声呼唤同事。如是对方通知或询问某事，应按对方要求逐条记下，并复述或回答对方。

（5）必要时认真记录谈话内容或对方要求。譬如，记下对方通知或留言的事由、时间、地点、号码和姓名；并把你所记录的内容复述给对方核实。

（6）感谢对方来电。在结束通话前应该礼貌性感谢对方来电；有时再加一句“祝您有一个愉快的下午”，会让客户倍感亲切。

（7）结束通话时要后放电话。在通话结束后金融机构工作人员要等对方放下电话后，自己再轻轻放下。否则给客户的感觉是你急于打发自己、对自己不重视。

（8）中途断线应致歉。如果电话讲到中途断线，接听电话的一方，应把电话放下，并等候对方再拨电话来，而打电话的一方要再拨一次，在再次接通电话后，应加上一句“刚才中途断线，真是抱歉”。

4. 电话沟通的常用语、称呼和其他注意事项

项目	内容
电话常用语	（1）您好，这是××银行。 （2）我的名字是××。请问您是××先生/女士吗？ （3）对不起，您拨错了电话号码。 （4）不要客气。 （5）请问需要我留言吗？ （6）对不起，请讲慢一点。 （7）刚才电话断了，很对不起。 （8）请等一下，不要挂断。 （9）××先生/女士外出了

（续表）

项目	内容
正确使用称呼	(1)按职务称呼。了解客户的姓名和职务，按照姓氏冠以职务称呼。如只知其姓氏而不知其职务，也可按照姓氏冠以“先生”或“小姐”“女士”进行称呼。 (2)按年龄称呼。在无法了解姓名和职务的情况下，可根据客户的年龄状况予以尊称，如先生、太太、小姐、老人家、小朋友等。 (3)按身份称呼。对军队官员有军衔、职务称呼，暂时不清楚军衔的官员可统称“首长”；对无官衔的士兵可称“解放军同志”。对地方官员按职务称呼，如暂不清楚职务的可统称“先生”。对宗教人士，按教名称呼，如天主教称主教、神甫；基督教称牧师；道教称道士、道长；佛教称方丈、师父
其他电话沟通时的注意事项	(1)正确使用敬语。 (2)对容易造成误会的同音字和词要特别注意咬字清楚。 (3)接听电话，语言要简练、清楚、明了，不要拖泥带水、浪费客户时间，引起对方反感。 (4)接听或打电话时，无论对方是熟人或是陌生人，尽量少开玩笑或使用幽默语言。因双方在电话中既无表情又无手势的配合，开玩笑或幽默语言往往容易造成事与愿违的效果。 (5)对方拨错电话时，要耐心地告诉对方“对不起，您拨错电话号码了”，千万不要得理不让人，造成客户不愉快。自己拨错了电话号码，一定要先道歉，然后再挂线重拨

三、外拨电话的步骤和注意事项 ★

1. 陌生电话约访

陌生电话约访是理财人员开发新客户的重要手段，陌生电话约访的客户名单可来自外部收集的潜力客户名单、银行内部资源（如信用卡名单）、举办投资报告说明会活动收集的名单或客户转介绍等。

项目	内容
陌生电话前的准备工作	陌生电话前的准备工作有： (1)了解电访客户的背景。理财人员在电访客户前要对客户的相关背景资料有一个了解的准备工作，对客户的潜在需求进行初步分析判断，掌握客户信息资料越多，在电话中更容易直接切入客户的需求，销售成功的概率就越高。 (2)了解本行的产品服务及其优势。事先了解本行与竞争对手有差别的地方，了解本行的产品服务有哪些特点、优势，以建立销售信心。

（续表）

项目	内容
陌生电话前的准备工作	(3)明确电话目的和内容、话术。建议理财师事先写下每次电话的目标和话术，甚至设计、准备好开场白和了解客户提问的问题。 (4)做好心理准备。业务人员打电话时，常见的恐惧心理主要有：怕客户赔钱、怕看错市场、怕被客户拒绝、不知道如何应答等。缓解以上心理压力的方法是做好充分的信息和心理准备
开场的基本认知	呼出电话开始有两点非常重要，一是自信，另一点是亲和力。 想要电访成功，必须让客户相信你。要做到这一点，必须让客户感受到电话里你的自信，具体有以下三点注意事项，需要理财师尽量避免： (1)用字遣词充满了“可能”“或许”“好像”“应该”等不确定的字眼，说话声调微弱甚至颤抖。 (2)不太敢介绍自己的银行或表明自己的身份，在介绍产品的时候畏畏缩缩。 (3)在初次介绍产品之后，总是会问客户“不知道×先生有没有兴趣？”习惯说“参考看看”。只要客户稍微质疑或拒绝就立刻退缩、放弃。 “开场”是通话、沟通的开始，给客户的第一印象在短短的几分钟甚至几秒钟内就能决定，必须靠令人舒服的亲和力取得客户的好感。“微笑”“热诚”等声音技巧都可以协助提升亲和力
陌生电话沟通的步骤和关键	(1)在简单开场、寒暄后理财师应通过运用简单提问技巧，获得线索，发掘客户需求；接着向客户提问事先设计好的简单问题，得到想要的线索，了解客户需要及在意的到底是什么。 (2)理财师应尽量争取第一时间引发客户的兴趣。第一次陌生电访时间最好控制在5分钟之内，如果已经确定客户是目标客户，找到客户在意点，打动客户。 (3)在通话中，当客户有一点意愿时，理财师应与客户敲定见面时间或下一步安排。约时间要用封闭式问题，让客户二选一，当客户犹豫的时候，可以提及进行中的促销活动或产品畅销，用时间的紧迫感推动一下客户敲定时间。 (4)如果客户表明没有意愿，或目前没有闲置资金不可能投资，仍要留伏笔或者创造其他销售机会。 (5)客户暂时无投资意愿，对于经过判断有潜力的客户，可以征求意见通过邮寄资料或者发送电子资料的方式保持沟通，同时可请求客户推荐客户

2. 一般外拨电话注意事项

一般外拨电话注意事项有：

(1)预先将电话内容整理好(以免届时遗漏信息或讲话混乱)。

(2)电话接通后致以简单问候。

(3)作自我介绍。

(4)使用敬语。

(5)说明自己要找的人的姓名:这时也可能理财师不找或不知道找谁,可以简要说明要找的部门或电话事由。

(6)确定对方为要找的人并致以简单的问候。

(7)按事先准备的事由逐条简述。

(8)确认对方是否明白或是否记录清楚。

(9)致谢语、再见语。

(10)等对方放下电话后,自己再轻轻放下。

第四部分 金融产品服务推荐流程与话术

一、概述

理财师是专业人士,但是理财师的专业技能不仅仅局限于了解、分析客户需求,进行资产配置和理财规划。当结合客户情况做出了正确的决策或投资理财建议后,理财师如何把专业意见包括合适的产品选择有效地给客户解释清楚,得到客户良好的反馈和贯彻执行,这是非常关键的一步。如果理财师给客户制作了一份漂亮专业的理财计划,里面包括合理的产品组合和推荐意见,但在当面向客户说明时表达不清楚、不流畅、不专业,可能功亏一篑。这就涉及理财师应该掌握的另一关键沟通技巧,即投资理财产品和服务推荐流程、话术。

二、产品卖点总结方法 ★

当理财师要向客户推荐或说明银行的一项服务或产品时,涉及产品(或服务)的卖点总结、表述。产品或商品有有形和无形之分,其实金融产品和服务都可以归纳为无形产品或商品。当然金融机构的产品有其特殊性,譬如在风险提示、合规方面的要求更高,部分产品结构较为专业复杂。**在总结产品卖点时,不论有形还是无形,都可以从安全、性能、外观、舒适、经济、耐用等方面去概括,即 SPACED 法。**

SPACED 是一般产品,包括有形产品和无形产品的卖点总结办法,非常全面;但是在实际工作中推荐产品时,无论是面对面还是电话沟通时,理财师不可每次都面面俱到地从那么多方面去介绍一个产品或服务,而是从最为重要的或最具特色的、客户可能感兴趣的方面着手。结合金融行业尤其金融服务,包括理财规划的特殊性,有人提出更有针对性的金融产品服务卖点总结 SCORE 法,即任何金融产品或服务卖点可以从如下五方面概括:

（1）安全性（safety），会不会输钱、有无风险。

（2）灵活性（control），取钱或兑现问题。

（3）规范性（order），规范操作、管理问题，如每日公布净值、每月邮寄对账单、资金托管在银行等。

（4）回报（results），收益率。

（5）其他一些特殊的卖点或优势（etc.），如有奖销售或费率优惠。

三、产品服务推荐的流程 ★

1. FABE 法则简介

FABE 法则是由美国奥克拉荷马大学企业管理博士、中国台湾中兴大学商学院院长郭昆漠总结的，是指销售人员运用产品的特征 F（feature）和优势 A（advantage）作为支持，把产品的利益 B（benefit）和潜在顾客的需求联系起来，详细介绍所销售的产品如何满足潜在顾客的需求，并用"证据"E（evidence）来说服顾客。它通过四个关键环节，极为巧妙地处理顾客关心的问题，从而顺利地实现产品的销售。在当今的时代，越来越多的人已经把它应用到销售或市场推广中，在对客户提供金融服务和产品推荐中具有代表性。

2. FABE 应用

如果一名理财师在推介相关服务时，一味强调产品的特征、卖点，不把落脚点放到资产配置服务如何能满足客户的需求或解决其家庭财务问题上，也就是说在面对客户时他反复强调的仅仅是第一层或前两层意思（特征和优点），这样的销售或推介就不十分有效。掌握 FABE 法则，并不断地熟练应用，就等于打开了与顾客沟通的法门，在以后的市场营销中理财师就可能成为顾客信赖喜欢的专家顾问。

3. FABE 产品服务推介法使用原则

原则	内容
巧妙引导、激发需求	在金融服务中，通过介绍产品来引起顾客的兴趣，从而激发顾客的需求。我们使用 FABE 法则是为了促成交易的完成，而交易的完成也就是为了满足顾客的需求。因此，在金融服务中，激发顾客需求是第一步
突出核心价值、展示亮点	每个顾客在购买产品时，都希望自己所买的产品能最大限度地满足自己的需求。如何给顾客介绍产品在很大程度上决定了顾客的购买行为。我们在推销过程中，应突出产品的核心价值内容，展示出产品的与众不同点
强调利益、因客而异	决定顾客是否实施购买行为的关键点是：产品所提供的利益是否与顾客的需求相匹配。如果不匹配，顾客就会拒绝购买。因此在推销中，应根据顾客的需求来强调此产品能给顾客带来的利益。让顾客感受到：这就是我所需要的产品。但是萝卜白菜各有所爱，这就要求我们因客而异来强调利益

（续表）

原则	内容
罗列证据、反复证明	在当今社会，王婆卖瓜自卖自夸的人越来越多。这也就造成了很多不诚信的现象。如果要促进销售的顺利进行，不妨用“证据”来说话。用证据来说服顾客，这是一种非常有效的方法，尤其对那些性格比较谨慎的人来说更为有效

真题精练

【例2·多项选择题】FABE产品服务推介法的使用原则包括（　　）。

A. 巧妙引导、激发需求　　B. 全面介绍、展示细节

C. 强调利益、因客而异　　D. 罗列证据、反复证明

E. 突出核心价值、展示亮点

ACDE　在使用FABE法则时，理财师还需要遵循以下四个原则：(1)巧妙引导、激发需求。(2)突出核心价值、展示亮点。(3)强调利益、因客而异。(4)罗列证据、反复证明。

↓码上看总结↓

章节自测

一、单项选择题（在以下各小题所给出的四个选项中，只有一个选项符合题目要求，请将正确选项的代码填入括号内）

1.（　　）是在职场交流或商务活动中，对合作者、客户等表示尊重和友好的一系列行为规范，是礼仪在商务活动过程中的具体运用。

A. 职场礼仪　　B. 商务礼仪

C. 文明礼仪　　D. 仪表礼仪

2. 下列选项中，不属于着装的“TOP”原则的是（　　）。

A. 时间　　B. 目的

C. 场合　　D. 色彩

3.（　　）是指男士穿着西服、套装时，鞋子、腰带、公文包的色彩最好统一起来。

A. 三色原则　　B. 三一定律

C. 三大禁忌　　D. 不杂乱无章

4. 下列关于会见客户时伸手握手先后次序的讲究，描述错误的是（　　）。

A. 男女之间，女士先　　B. 长幼之间，长者先

C. 迎接客人，客人先　　D. 上下级之间，上级先，下级趋前相握

5. 下列不属于肢体语言的形式的是（　　）。

A. 目光表情　　B. 面部表情

C. 身体角度　　D. 动作姿势

6. 下列选项中，不属于时间管理的方法的是（　　）。

A. 制定合理目标　　B. 遵循二八定律

C. 时间管理优先矩阵　　D. 邮件处理习惯

7. 下列选项中，不属于解决过多机动事项干扰的时间管理方法是（　　）。

A. 尽力得到所有人的赞许　　B. 对于义务的认识要正确

C. 不要怕会冒犯别人　　D. 学会如何拒绝，聆听别人的要求

8. 下列选项中，不属于影响电话效果的要素的是（　　）。

A. 通话的态度　　B. 通话的内容

C. 通话的主体　　D. 时间和空间的选择

二、多项选择题（在以下各小题所给出的选项中，至少有两个选项符合题目要求，请将正确选项的代码填入括号内）

1. 商务礼仪与礼仪共同的基本原则包括（　　）。

A. 尊重　　B. 友好

C. 理解　　D. 包容

E. 真诚

2. 个人形象的要素包括（　　）。

A. 表情　　B. 风度

C. 服饰　　D. 谈吐语言

E. 待人接物

3. 女性理财师化妆的注意事项包括(　　)。

A. 自然,"妆成有却无"的状态

B. 美化,不过分时尚,不标新立异,符合常规审美标准

C. 避人,理财师是专业人士,有品位教养,不应当众化妆

D. 协调,颜色协调、质地协调

E. 佩戴首饰总的要求:符合场合,以多为佳

4. 握手的注意事项包括(　　)。

A. 不可双眼注视对方　　B. 不可滥用双手

C. 不可交叉握手　　D. 不可用力过度

E. 不可手向下压

5. 成功的沟通,应该能做到(　　)。

A. 角色互换　　B. 鼓励发言

C. 言听计从　　D. 仔细倾听

E. 目视对方

6. 在理财师实际工作中,影响理财师的时间管理行为的外在因素包括(　　)。

A. 电话干扰　　B. 计划欠妥

C. 社交闲谈　　D. 事必躬亲

E. 资料不全

7. 在时间管理优先矩阵中,需要紧急处理的重要事件包括(　　)。

A. 建立人际关系　　B. 防患于未然

C. 危机、客户投诉　　D. 有期限压力的任务

E. 与核心价值观联系紧密的事

三、判断题(请判断以下各小题的正误,正确的选 A,错误的选 B)

1. 男士着装的三大禁忌是:袖口商标没有拆;正规场合穿黑皮鞋、白袜子;正规场合长袖配领带。(　　)

A. 正确　　B. 错误

2. 理财师初次与客户相见,首先要自我介绍。(　　)

A. 正确　　B. 错误

3. 当理财师发现客户有负面情绪时,应加快谈话速度,快速介绍理财产品。(　　)

A. 正确　　B. 错误

4. 在时间管理中,理财师对于零星时间的高效运用,可以在时间管理上起到事半功倍的效果,我们称之为"碎片化时间"的利用。(　　)

A. 正确　　B. 错误

答案详解

一、单项选择题

1. B。【解析】商务礼仪是在职场交流或商务活动中,对合作者、客户等表示尊重和友好的一系列行为规范,是礼仪在商务活动过程中的具体运用。

2. D。【解析】着装的"TOP"原则有:

(1)time（时间）。(2)objective（目的）。(3)place（场合）。

3. B。【解析】三一定律即三位一色，指男士穿着西服、套装时，鞋子、腰带、公文包的色彩最好统一起来。

4. C。【解析】伸手握手有先后次序的讲究，一般是：(1)男女之间，女士先。(2)长幼之间，长者先。(3)上下级之间，上级先，下级趋前相握。(4)迎接客人，主人先。(5)送走客人，客人先。

5. A。【解析】肢体语言的形式包含三方面：面部表情、身体角度、动作姿势。

6. D。【解析】时间管理的方法包括：时间管理优先矩阵、制定合理目标、遵循二八定律。

7. A。【解析】解决过多电话的时间管理方法主要有阻绝干扰和集合电话。解决过多机动事项干扰的时间管理方法包括：(1)不要一味苛求受到别人的赞许或者接纳。(2)不要怕会冒犯别人。(3)对于义务的认识要正确。(4)学会如何拒绝，聆听别人的要求。

8. C。【解析】影响电话效果的三要素是：(1)时间和空间的选择。(2)通话的态度。(3)通话的内容。

二、多项选择题

1. ABE。【解析】商务礼仪与礼仪有着共同的基本原则：尊重、友好、真诚。

2. ABCDE。【解析】一般而言，影响个人形象的因素有：(1)仪表。(2)表情。(3)风度。(4)服饰。(5)谈吐语言。(6)待人接物。

3. ABCD。【解析】佩戴首饰总的要求：符合身份，以少为佳。

4. BCDE。【解析】握手的注意事项有：(1)不可滥用双手。(2)不可交叉握手。(3)双眼要注视对方。(4)不可手向下压。(5)不可用力过度。

5. ABD。【解析】所谓沟通，一定是双向的，它不仅包括说，也包括听。成功的沟通，应该能做到下列三点：角色互换、鼓励发言、仔细倾听。

6. ACE。【解析】在理财师实际工作中，常常会有许多外在因素和内在因素影响着理财师的时间管理行为。外在因素包括电话干扰、不速之客、社交闲谈、权责混淆、沟通不良、资料不全、会议耽搁、文件繁多、工作搁置等。内在因素包括危机应付、计划欠妥、贪求过多、事必躬亲、条理不清、欠缺自律、无力拒绝、做事拖延等。

7. CDE。【解析】在时间管理优先矩阵中，第一象限属于重要事件，需要紧急处理，主要包括：(1)危机、客户投诉。(2)紧迫的问题。(3)有期限压力的任务。(4)突发事件。(5)与核心价值观联系紧密的事。

三、判断题

1. B。【解析】男士着装的三大禁忌是：袖口商标没有拆；正规场合穿黑皮鞋、白袜子；正规场合短袖配领带。

2. A。【解析】理财师初次与客户相见，首先要自我介绍。

3. B。【解析】理财师切忌在发现客户的负面情绪后，还继续滔滔不绝地讲下去，这样不但使得自己的慌乱情绪表露在客户面前，而且很有可能不断重复刚才讲过的内容，使得客户产生反感。

4. A。【解析】题干表述正确。

温馨提示

“恭喜您，已完成本书全部考点学习，完成打卡100分，请继续乘风破浪下一段旅程！”